21世纪本科应用型经管规划教材

U1018610

广告学概论

（第3版）

Introduction to Advertising

印富贵◎主　编
唐　纯◎副主编
刘成娟◎参　编

電子工業出版社
Publishing House of Electronics Industry
北京·BEIJING

图书在版编目（CIP）数据

广告学概论 / 印富贵主编．—3 版．—北京：电子工业出版社，2014.2
21 世纪本科应用型经管规划教材
ISBN 978-7-121-22005-0

Ⅰ．①广… Ⅱ．①印… Ⅲ．①广告学－高等学校－教材Ⅳ．①F713.80

中国版本图书馆 CIP 数据核字（2013）第 281691 号

责任编辑：袁桂春
印　　刷：北京京华虎彩印刷有限公司
装　　订：北京京华虎彩印刷有限公司
出版发行：电子工业出版社
　　　　　北京市海淀区万寿路 173 信箱　邮编 100036
开　　本：787×980　1/16　印张：17.75　字数：355 千字
版　　次：2006 年 3 月第 1 版
　　　　　2014 年 2 月第 3 版
印　　次：2018 年 1 月第 6 次印刷
定　　价：38.00 元

凡所购买电子工业出版社图书有缺损问题，请向购买书店调换。若书店售缺，请与本社发行部联系，联系及邮购电话：（010）88254888，88258888。
质量投诉请发邮件至 zlts@phei.com.cn，盗版侵权举报请发邮件至 dbqq@phei.com.cn。
本书咨询联系方式：（010）88254199，sjb@phei.com.cn。

出版说明

21 世纪既是一个竞争日益激烈的世纪，也是一个充满机遇的世纪。《中共中央国务院关于深化教育改革全面推进素质教育的决定》指出："当今世界，科学技术突飞猛进，知识经济已见端倪，国力竞争日趋激烈。教育在综合国力的形成中处于基础地位，国力的强弱越来越取决于劳动者的素质，取决于各类人才的质量和数量，这对于培养和造就我国 21 世纪的一代新人提出了更加迫切的要求。"为了密切配合国务院及教育部对我国教育改革的部署，更好地满足社会经济发展的需求，适应大跨度的生产技术及不同地区发展区域经济对多种类型的人才需求，解决传统人才培养层次单一化与社会需求多样化的矛盾，我国高等教育的人才培养与教学模式正在发生着巨大的变化，有相当数量的高等院校正在由传统的学术研究型"精英教育"向实践应用型的"大众教育"转变，它们以培养面向生产、建设、管理、服务第一线的高素质应用型人才为主要目标，积极主动为地方经济建设、区域社会和行业发展服务，以本科教学和学生基本素质与工程技术与管理应用能力培养为主导，强调学用结合、学做结合，学创结合，产学研合作教育，培养多元化的实用型人才。

教材是教学的主要依据，也是教学改革的重要组成部分。教学改革的种种设想和试验，大多要通过教材建设来具体体现；教材建设反过来又推动和促进教学改革。面对高等教育对象的扩展、教学模式的变革、教材组织形式的变化和教学服务方式的转变，为了更好地适应当前我国高等教育这种大跨度发展的需要，满足我国高校从精英教育向大众化教育的重大转移阶段中社会对高校应用型人才培养的各类要求，电子工业出版社在 2003 年组织了全国近 100 所以培养应用型人才为主的高等院校进行深入的研讨，确立了一系列应用型本科教材出版规划，21 世纪本科应用型经管规划教材就是其中之一。其指导思想和目标是新教材要体现教育思想和教育观念的转变，依据教学内容、教学方法和教学手段的现状和趋势精心策划，建设一批符合新型人才培养目标的、适应新型人才培养模式的应用型系列精品教材。其具体特点是：

1. 强调教材为人才培养目标服务，与教学方法匹配。

2. 有明确的具有高等教育水平的技术能力及反映这些技术能力内涵的理论知识的目标系统。

3. 有完成理论教学、具有应用型教育特色的教学方法和达到一定运用能力的训练方法。

4. 在保证理论知识达到本科教育水平的基础上，注意使读者掌握基本概念和结论的实际意义，掌握基本方法，把重点放在概念、方法和结论的实际应用上。

5. 技术能力的掌握必须通过专门的实践训练，要有配合这类训练的案例或实训材料。

6. 教材内容紧随技术、经济发展变化或区域经济的需求而调整。

7. 教材内容具有一定的弹性，内容应尽量采用模块化组织。

8. 以问题引出概念与知识，多用具有实际应用价值的示例、案例，促进对概念方法的理解。

9. 文、图、表有机结合，使教材具有很强的可读性，同时便于学生理解与记忆。

10. 充分利用现代信息网络技术平台，以教材为中心，提供一个全方位的教学服务体系。配备分别面向教师教学与学生学习的支持性资源，为老师选书及购书提供便捷周到的服务。(可在电子工业出版社华信教学资源网 www.hxedu.com.cn 查询下载和提出需求)

编写高质量的教材是一项任重而道远的长期工作，我们希望全国高等院校的师生在教学实践中积极提出意见与建议，以便我们对已出版的教材不断修订，同时也欢迎工作在教学第一线的老师积极给我们投稿，使我们不断完善整个教材体系，为社会奉献更新更多更好的高质量教材。

21世纪本科应用型经管规划教材出版编委会

E-mail: lmliu@phei.com.cn

第 3 版前言

本书是在 2009 年出版的《广告学概论》（第 2 版）的基础上改编而成的。在第 3 版的编写过程中，我们根据近年来教学情况和相关院校反馈的信息，在参阅了大量国内外优秀的新教材、新的研究成果、新的实践经验的基础上，对本书的内容进行了较大幅度的调整，具体表现在以下几个方面：

1．增加“广告理论”一章，主要介绍广告的核心理论，对于学习其他章节起理论指导作用。

2．将“网络广告”一章修改为“新媒体广告”。由于近年来新媒体发展迅猛，并深刻影响广告业和每个消费者，本章内容对于新媒体的了解与研究有现实意义。

3．调整了各章前后的“引导案例”、“专论”及正文部分的“相关链接”等内容，将原版中一些陈旧的内容和资料数据进行了更新。

4．调整了课后练习题，设计了“问题理解”、“案例分析”、“调查研究”、“技能训练”等项目，加强了课程实践环节的练习。

由于第 2 版的体例比较新颖，所以第 3 版仍沿用了原来的体例，主要由以下几方面构成：

1．通过章前“引导案例”让读者对本章主题产生兴趣。

2．每章开头设“本章学习目标”，让读者在学习前先明确学习目标。

3．提炼各章的关键词汇并设“关键术语”栏。

4．在正文中插入“相关链接”、“案例分析”及大量的经典广告作品，拓展正文内容，也使正文更具可读性。

5．各章末设“专论”，对各章内容进行扩展和补充，尤其侧重于有关各章主题的相关理论观点和实践经验总结。

6．各章后设多种形式的练习和技能训练题，可供老师和学生进行选择练习，通过练习和训练，强化理论教学效果。

本书在编写过程中，借鉴和参考了各著名院校成熟的广告学教材、各科研院所的理论研究成果及大量的广告作品，我们在编写过程中也尽可能标注出处，但还是有一些资料可能没有明确标示，在此表示歉意。

本书各章理论部分的写作分工：印富贵（第1～6、10章），唐纯（第7～9、11章），刘成娟（第12章），由印富贵设计各章的案例、专论，并承担了本书的统稿和审订工作。

由于资料收集的局限及编者水平有限，书中不免有谬误之处，恳请广大读者给予批评和指正。

编者

目　录

第1章

广告概述

引导案例

2010年夏，北京街头随处可见这样的广告语："爱表演，不爱扮演；爱漂亮衣服，更爱打折标签。不是米莱，不是钱小样，不是大明星，我是王珞丹。我没什么特别，我很特别；我和别人不一样，我和你一样，我是凡客。"新鲜的语言方式和韩寒、王珞丹的形象代言，让人们熟知了一个互联网"快时尚"品牌——凡客诚品（VANCL）。随后不久，凡客"中毒"。凡客"中毒"是在凡客诚品的这组广告推广不久。因为广告语中鲜明的个人态度和表现形式立刻受到网民追捧，于是，互联网上出现了一个新名词——凡客体。凡客体，指韩寒和王珞丹代言的凡客诚品这组品牌广告的文案写法，以一系列"爱××，爱××，我不是××，我是××"的短句组成。古今中外，名人糗事，凡是热点几乎都会被网民拿来"凡客体"。"凡客体"在微博、开心网等互动平台上迅速传播，对其传播速度有个形象的比喻——病毒式迅速蔓延。"每个人都有平凡和不凡的一面。""我是凡客。""让每个平凡的人变得不凡，而每个不平凡的人也可以变得平凡。"作为国内知名的服装电子商务网站，凡客诚品的广告最早都是在网络上投放，韩寒和王珞丹代言的平面广告，是凡客诚品第一次推出的品牌广告。在这次"凡客"的广告推广中，采用的方式迥然不同于传统方式，用业内的话来说就是"病毒式传播"。优秀的广告创意加上良好的传播意识和平台，是广告传播成功的基础和前提。

➲ **辩证性思考**：阅读案例，体会广告的魅力和价值。

本章学习目标

- 掌握广告的含义和特性；
- 掌握广告的分类；
- 认识现代广告的影响和作用；
- 了解广告学的学科体系和研究重点；
- 清楚广告学与其他学科的关系。

关键术语

广告　公益广告　政治广告　广告主　广告媒体　广告受众

1.1　广告的含义和特性

1.1.1　广告的含义

1．广告一词的来源

广告一词最早源于拉丁文“Adverture”，意思是引起注意、进行诱导。中古时代英语演变为“Advertise”，其含义为“某人注意到某事”，后演变为引起别人注意，通知别人某件事。在 17 世纪，由于英国工业革命的兴起和发展，“Advertise”开始被广泛使用。随着历史的推进和人们对广告认识的加深，原来带有静止意义的词汇“Advertise”被人们赋予了现代意义，转化为具有活动色彩的词汇“Advertising”。广告也不单指某一个广告，更多的是指一系列的广告活动。

2．广告的定义

随着社会的发展和科学技术的进步，新的媒体不断出现，广告的形成日趋多样化，广告的运作越来越复杂。由于历史条件限制和理解角度的差异，不同的历史时期和不同的学者对广告含义的理解各不相同，下面列举几种比较有代表性的释义：

- 被称为现代广告之父的拉斯克（Lasker Albert D）——广告是“印在纸上的推销术”。
- 美国市场营销协会（AMA）——广告是由明确的广告主在付费的基础上，采用非人际传播的形式，对观念、商品或劳务进行介绍、宣传的活动。
- 日本广告行业协会（JAAA）——广告是明确表示出的信息发送方，作为一种信息活动，针对想要呼吁（诉求）的对象，所进行的有偿信息交流。

- 台湾广告学专家樊志育——广告者，系信息中明示的广告主，将商品、劳务或特定的观念，为了使其对广告主采取有利的行为所做的非个人有偿的传播。

上述释义都有一定的差别，如拉斯克认为“广告是印在纸上的推销术”，原因是拉斯克时代还没有电子媒体，当时的主流媒体是印刷媒体。而美国市场营销协会的释义则更符合现代广告的含义。

根据现代广告发展的现状，我们可以把广告定义为：

广告是广告主在付费的基础上，将企业、商品、劳务或观念等信息，通过传播媒介向特定的对象进行传播，有效影响目标公众心理和行为，促成整体营销计划的活动。

1.1.2　广告的特性

1．广告有明确的广告主

《广告法》对广告主有明确的界定，即为了推销商品或者提供服务，自行或者委托他人设计、制作、发布广告的法人、其他经济组织或者个人。广告之所以要明确广告主，主要有两个方面的原因：一方面，自我宣传，通过广告展现企业风采，介绍产品和服务，提高企业和产品的知名度，提高产品销量；另一方面，明确责任，广告是一种责任承诺性的宣传活动，明确了广告主，一旦有了虚假的、误导的广告信息，就能分清责任，有利于追究和纠正。

2．广告是付费传播

广告活动的整个过程，包括策划、制作、通过媒体传播、进行效果调查等每个环节，都需要付出一定的费用。这不同于新闻报道和公关活动。由于是付费传播，广告主也就购买了广告信息传播的控制权，在法律和道德许可的情况下，有权决定广告传播的内容、表现方式、信息发布的时间和空间等。

3．广告是非人际传播

传播方式主要有人内传播、人际传播、组织传播和大众传播等几种。人们获取商业信息主要通过两种方式：一是人际传播，即个人与个人之间的信息交流，如消费者之间相互转告消费信息等；二是非人际传播，即通过一定的媒体得到有关的信息。广告主要通过报纸、电视、广播、杂志、网络等大众传媒和其他媒体，向消费者进行传播，是一种非人际传播。

4．广告具有特定的信息内容

广告信息不同于新闻信息，现代商业广告传播的信息，不仅包括商品、劳务方面的信息，而且涉及形象、观念方面的内容。由于是付费传播信息，广告媒体的版面或时段受到限制，广告主可以根据自身的广告目标，确定广告所要宣传的内容。同时，广告诉求的内容还要符合社会规范和道德规范，要受到一定的管理和约束。

5．广告采用说服方式

广告的最终目的是促使目标消费者接受广告发出的信息，从而影响购买行为，促进销售。随着买方市场的形成，产品同质化日益显著，消费者购买过程中挑选余地非常大，因此需要用广告来进行说服。广告要能在与消费者进行沟通的过程中，使消费者在一种愉悦的状态下，接受广告信息，产生心理变化，采取相应的购买行动。这就要求广告要有较高的创意和表现技巧，根据不同传播对象的需求和特点，迎合消费者的兴趣和欲望。如步步高点读机“哪里不会点哪里”、“妈妈再也不用担心我的学习”，对父母和孩子都有非常强的诱惑力（见图 1-1）。因此广告须针对目标受众，采用最恰当的劝导说服方式，使消费者易于和乐于接受广告信息。

图 1-1　步步高点读机广告

6．广告传播对象具有选择性

广告活动不是以所有的消费者为传播对象，而是向特定的目标市场进行信息传播的。目标市场根据企业营销的重点来确定，目标市场的消费者即为广告传播对象。企业首先要确定自己的目标市场，广告创作和媒体策略围绕市场展开，这样针对性更强，有利于减少成本，增加广告的效益。

1.1.3　广告的要素

广告作为一个整体系统，包括广告主体、广告中介、广告内容和广告客体四个构成要素，缺一不可。

1. 广告主体

广告主体是广告活动的基础。广告主体包括广告主、广告经营者和广告发布者。根据《中华人民共和国广告法》的解释，广告主特指“为推销商品或者提供服务，自行或者委托他人设计制作和发布广告的法人、其他经济组织或个人”；广告经营者特指“受委托提供广告设计、制作、代理服务的法人、其他经济组织或个人”；广告发布者特指“为广告主或者广告主委托的广告经营者发布广告的法人或者其他经济组织”。

2. 广告中介

广告中介是主体传递信息、影响公众的纽带，包括传播媒介和宣传活动两个方面。传播媒介是广告信息的物质载体，它在广告主与公众之间起着沟通双方信息的作用。宣传活动是企业向公众传递信息、施加影响的形式载体，由于其具有较强的感性色彩和娱乐功能，能够把信息融入活动之中传递给公众，使公众在不知不觉中接受影响，因而成为现代广告的重要中介。

3. 广告内容

广告内容是广告宣传的基本信息。在广告宣传中，需要向公众传递的信息很多，但是，在受制于时间和版面的具体广告中，我们不可能也没有必要进行面面俱到的宣传，因此往往根据目标公众的特性加以选择。所以说，在具体的广告宣传活动中，其涉及的内容是十分有限的。那些经过策划者精心挑选的内容，往往意图明确、特点鲜明、材料集中，具有较强的说服力和感染力，能够有效地冲击公众的感觉系统和心理世界，进而产生出较好的市场效应。

4. 广告客体

广告客体就是广告宣传需要影响的公众，包括显在的消费者和潜在的消费者。在广告宣传中，应该以公众需求为导向，以公众心理为依据，策划出符合公众接受要求的宣传作品、宣传活动，从根本上提高广告活动的市场影响力。

广告的 4 个构成要素相互关联、彼此制约，是一个有机的整体，同时受到市场环境的影响。广告要素与运作框架如图 1-2 所示，广告主委托代理商策划和制作广告，通过广告媒体将其所要宣传的信息传递给广告受众，同时在广告运作过程中，还要受到政府以及广告环境的影响和制约。

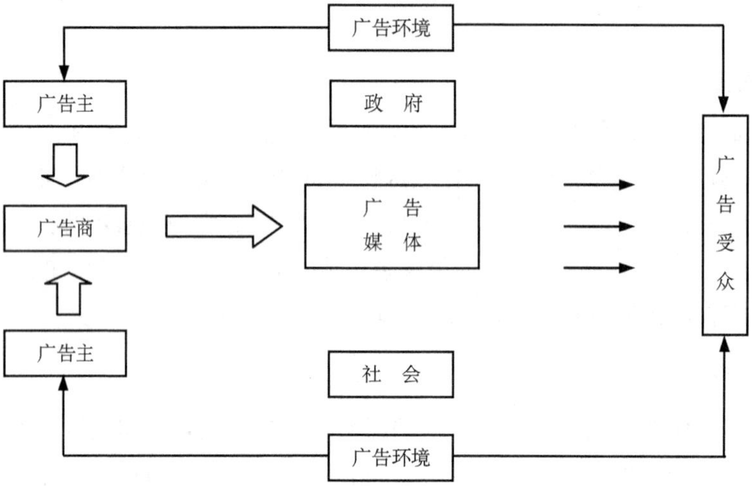

图 1-2 广告要素与运作框架

1.2 广告的分类

广告的类型很多，而且随着技术的发展，新的广告形式不断出现。因此对广告进行分类，有利于进一步认识和把握广告的特征，加深对广告研究对象具体内容的了解。从总体上来说，广告可以分为两类：商业性广告和非商业性广告。商业性广告是以营利为目的开展的广告活动，根据其诉求对象、诉求地区、诉求目的、诉求方式及传播媒体等不同，又可以进一步细分；非商业性广告不以经济利益为直接目的，而是为实现某种宣传目标所发布的广告，不存在盈利问题，如图 1-3 所示。

1.2.1 商业性广告

商业性广告是广告学的主要研究对象，由于广告的传播目的、性质、范围、内容、方式等的多样性，商业性广告的种类也可谓为多种多样。

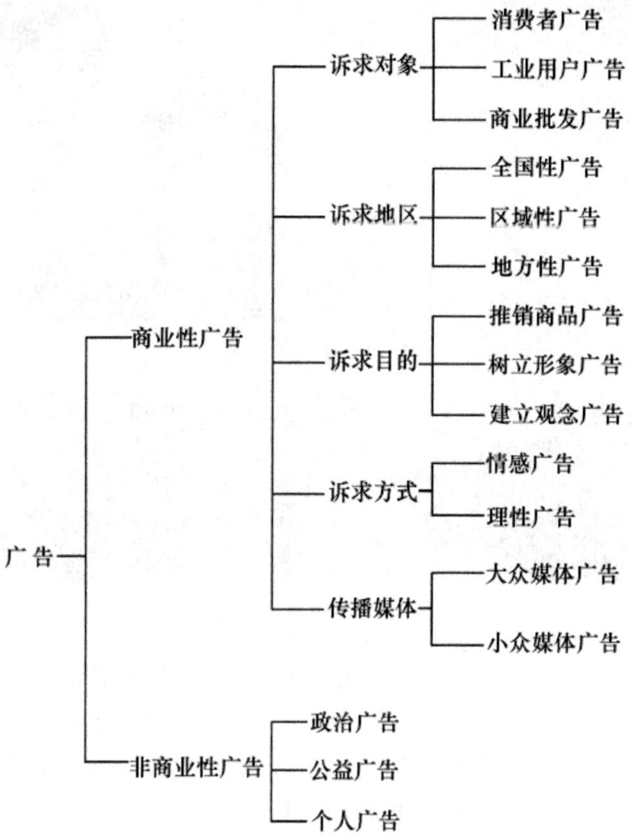

图 1-3　广告的分类

1．按广告的诉求对象划分

- 消费者广告，即广告诉求对象是一般消费者。消费者广告向广大消费者进行诉求，广告主多是生产和销售日常生活用品的企业和零售业。在整个广告活动中，这类广告要占绝大部分。如图 1-4 所示的佳洁士广告，“笑让世界更美妙”，一口洁白健康的牙齿，让人笑起来更自信更有亲和力。这则广告给受众最直观的感受，满足了消费者对产品功能的诉求。
- 工业用户广告，也称为产业广告（见图 1-5）。在商品流通领域中，同时还存在着生产资料的交换活动，企业需要把大量的原材料、机器设备及零配件、办公用品及相应的服务提供给市场。这类广告由生产与经营原材料、机器设备及零配件、办公用品等的生产部门和批发部门发布，向使用、消费这些产品的企业、机关、团体等进行诉求。

图 1-4 佳洁士广告

图 1-5 工业用户广告

- 商业批发广告。这类广告主要以小商店和批发商为诉求对象，主要针对流通行业。商品流通过程中，销售渠道是重要环节，这类广告也是经常出现的。一般由生产企业向批发业、零售业、或在批发业之间、或由批发业向零售业发布。广告诉求的对象多与这些行业机构的采购进货决策人员有关。

2．按广告的诉求地区划分

- 全国性广告。广告传播面向全国范围。这类广告适用于销售和服务遍及全国的企业，产品使用范围广、区域分散，如通过央视或全国报刊发布的广告。随着传播技术水平的提高，各省市电视卫星频道纷纷上马，一些地方报刊也极力延伸自身的传播区域，全国性广告的媒体选择余地大大增加。
- 区域性广告。以特定地区为传播目标的广告。这类广告的诉求对象限定在某个地区，所选择的媒体一般是在某一地区发行或播放的地区性媒体。
- 地方性广告。针对当地或地方商业圈发布的广告。多数以商业零售业、地方企业或服务行业作为广告主，如超级市场、零售店、电影院等。广告往往选用覆盖地、市、县级以下地区的各类媒体。

此外，受到经济发展国际化、全球化，以及媒体传递信息范围的扩大、传播方式多样的影响，面对国际地域的广告也日益增多。这种国际性广告，多由跨国型企业作为广告主，传播范围则针对某国家或地区。广告战略要从各国、各地区社会人文状况的特殊性出发，选择的媒体要与所采取的广告策略相一致。

3．按广告的诉求目的划分

- 推销商品广告。广告的诉求着重于突出商品的特征和魅力，其目的是让广告商品给消费者留下深刻的印象，进而吸引消费者购买该商品。
- 树立形象广告。这类广告主要以树立商品及企业的形象和信誉为诉求目的，也可称为形象广告。20 世纪 60 年代，美国广告大师 D · 奥格威提出“品牌形象”理论，逐步为企业所接受，形象广告从此成为一种重要的广告类型。如图 1-6 所示，当刀划过印有雪佛兰 AVEO 的纸张时，刀片被碰碎。用这种夸张的方法来表现雪佛兰 AVEO 的坚固安全。这则广告树立了雪佛兰汽车坚固的形象。
- 建立观念广告。这类广告通过广告信息传播，帮助消费者建立或改变对一个企业、一种产品的认识或印象，建立或改变一种消费观念。并且作为企业面向社会进行全方位信息交流的一种方式，加强对消费者的教育培训，如倡导家电节能、装潢建材的环保等观念，这类广告在不断增多。

4．按广告的诉求方式划分

- 情感广告。这类广告采用感性诉求方式，向消费者传之以情，强调以情动人，打动消费者的情感，使消费者对广告商品产生良好的态度和感情，进而采取购买行动。一般日常生活用品多采用这类广告。一则“孔府家酒，叫人想家”广告，曾让多少在外漂泊的游子勾起对家的思念。海南养生堂产品椰岛鹿龟酒广告就属于典型的情感诉求广告。
- 理性广告。采取理性的说服方法，通过向消费者说明购买广告商品的优点和好处，让消费者用理智权衡利弊，做出判断，听从劝告并采取购买行动。高档耐用的商品针对文化层次较高的目标消费者，因此往往采用这类广告。如春兰静博士空调，强调采用独创的静音技术，通过事实让消费者认可。

5．按广告的传播媒体划分

- 大众媒体广告。又可分为视听广告和印刷广告。视听广告有电视广告和广播广告，也可称为电子媒体广告。印刷广告主要是报纸广告和杂志广告。

- 小众媒体广告。主要有 3 类：户外广告、直邮广告、销售点广告。随着大众媒体租用成本的提高，小众媒体受到越来越多企业的青睐，新的小众媒体也不断地被开发和利用。图 1-7 就是一则极具创意的户外广告。

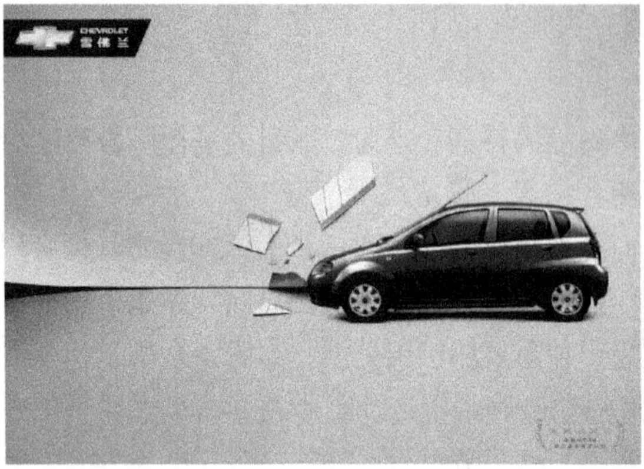

图 1-6　雪佛兰 AVEO 广告《碎刀篇》

图 1-7　Liquor 户外广告

随着现代通信技术的发展，新的媒体不断出现，如网络媒体、卫星电视、卫星广播、有线电视等，已成为传播广告信息的新的载体形式。

1.2.2　非商业性广告

- 政治广告。为政治活动服务而发布的广告，例如通过广告形式公布、宣传政府的政策、法令；传播各级政府部门的各类公告；运用广告进行竞选等。政治广告在广告业比较发达的国家较多。随着我国广告活动的不断深化，政治广告在我国也逐渐发展起来。
- 公益广告。公益广告是指为维护社会公德，帮助改善和解决社会公共问题而组织开展的广告活动。这类广告所传播的信息内容主要与道德、教育、环境、健康、交通、公共服务等有关，涉及人们当前关心的社会问题，与社会公众利益密切相关。公益广告的主要特征，一是不以营利为目的，二是为社会共同利益而不是为某些团体或组织服务，有别于企业广告或公共关系广告，着重体现企业等所承担的社会责任。如图 1-8 所示的节水公益广告。

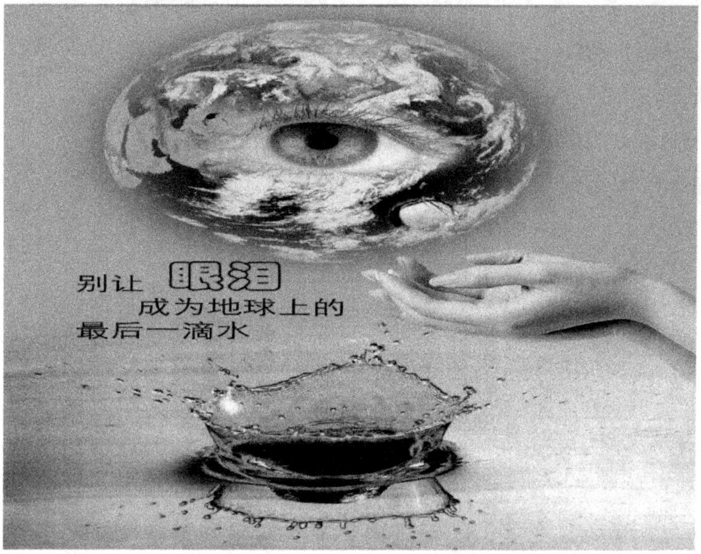

图 1-8 节水公益广告

- 个人广告。为满足个体的各种利益和目的，运用媒体发布的广告，如个人启事、声明、征婚、择业、寻人等广告。

1.3 广告的影响和作用

1.3.1 广告对企业的影响和作用

随着经济的发展和竞争的激烈，信息资源也像资本一样，成为一种战略资源。广告通过信息传播，沟通生产与生产、生产与流通、生产与消费、流通与消费之间的联系，作用显得更加重要。广告活动是伴随着商品经济的繁荣而逐步兴起的，企业需要把开发、生产的产品和劳务，尽快地投放到市场，满足消费者的需求。但是，随着卖方市场向买方市场的转变，供大于求的问题就突出起来，“酒香不怕巷子深”的观念已不能适应市场的要求。企业必须从过去的生产观念、产品观念转变到市场营销观念，一切以市场需求为中心，生产和销售市场所需的产品。同时，充分运用广告进行有效的宣传，企业把商品和劳务等信息通过广告及时有效地传达、渗透给目标消费者，缩短供求信息上的分离，促进销售。在现代市场条件下，广告仍然是有效的沟通交流手段（见图 1-9）。

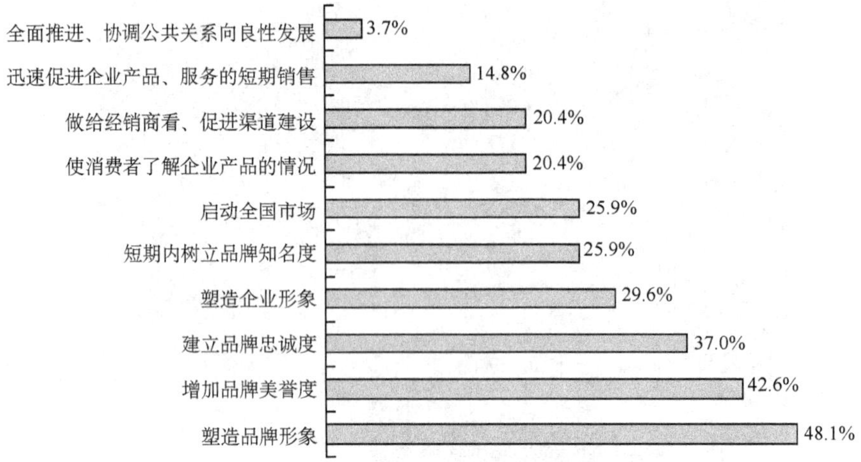

图 1-9　广告主在央视投放广告所希望实现的营销目标

（资料来源：中国传媒大学广告学院广告主研究所研究报告）

1.3.2　广告对消费者的影响和作用

现代广告无时不在、无处不在，广告将有关信息与广告消费者沟通，对广大消费者的消费心理、购买行为等产生巨大的影响与作用。

一方面，广告提供商品信息，帮助选择消费。海飞丝的“去屑”、潘婷的“滋养头发”，消费者通过广告知道了自己应该用哪种洗发水。广告通过传播媒体，把有关商品的性能、用途、使用方法、价格以及销售地点、时间、方式等信息发送出去，使广告消费者能够获取并得到有关的知识。新产品上市、新品牌的出现、新服务的提供，人们往往首先是从广告这一渠道知道的。特别是现代社会，人们的生活节奏加快，而通过广告则可获取购买上的便利，扩大商品选择的范围，节省时间，减少失误。

另一方面，广告能刺激和引导消费，影响消费观念的变化。当前，我国正处于重要的社会发展转型期。自改革开放以来，人们的购买力大大增强，消费层次不断提升，消费习惯和消费观念不断改变。这些变化与广告的反复宣传鼓动、说服诱导是分不开的。随着人们生活更加富裕，还会出现新的需求，广告的引导作用还会得到更多的体现。

1.3.3　广告对社会文化的影响和作用

1．广告促进了大众传播媒体的发展

由于大众传播媒体经营主要依靠广告收入，为了在有限的广告市场中争取到理想的份

额，大众传媒必须注重信息质量的改进，以得到企业、广告商和目标受众的青睐。因此，无论是在传播内容还是表现形式上，大众传媒都力求变化和创新，贴近生活，贴近受众。大众传媒发展到今天这种程度和水平，应该说，与广告的发展是相互促进的。

2．广告能美化市容环境，丰富文化生活

伴随着商品经济的高度发展，现代广告已成为社会文化的组成部分，和人们的生活紧密联系在一起。首先，广告作为传递信息的一种手段，需要具有说服沟通的艺术，需要运用各种表现手法来反映和传送广告信息内容。广告创作使广告的艺术水平提高，设计新颖、构思奇巧的广告作品实际上也是一件件艺术品，具有一定的欣赏价值和文化品位，也给人们带来美的享受。其次，广告要用较强的艺术感染力吸引和打动目标消费者，需要广告创作人员不断创新。广告作为一种文化现象，已被人们所接受，如一些优秀的广告语，已成为日常生活中的流行语。“味道好极了”、“不要太潇洒呀”、“农夫山泉，味道有点甜”等经常被引用。广告文化已融入并推动着社会大文化的发展。

3．广告也是现代化城市的一个重要标志，为美化市容环境做出了贡献

高楼上的广告牌，闪烁变幻的霓虹灯，各大商场陈列商品的橱窗等，都构成了城市亮丽的风景，从广告上能看出一个城市或一个地区的经济发展程度。图 1-10 是城市的霓虹灯广告。

图 1-10 霓虹灯广告

应当指出的是，广告是一把双刃剑，要看企业如何去运用。目前，我国部分企业对广告作用的认识还比较模糊，一些企业过分依赖广告宣传，忽视企业在市场营销中的其他环节，从而导致经营的失败。央视广告“标王”的纷纷落马，让越来越多的企业认识到这一点。此外，大量的广告传播活动，如果不能正确地加以认识和把握，也有可能产生负面的影响。如盲目追求利润，可能使文化低俗化、商业化的现象抬头；片面强调商品的高档化，可能产生引导盲目追求物质享受的效果。有些广告以虚假信息误导消费者，那就更要批评和纠正了。这就要求在广告传播过程中，广告活动的主体应时刻警醒，努力发挥广告积极的功能和作用。

1.4 广告学与其他学科的关系

广告学是综合了经济学、管理学、传播学、心理学、社会文化教育、艺术、法律等多种学科的知识后形成的独立学科，广告学与这些学科相互影响、相互渗透、互相联系和包容，彼此之间建立了密切的联系。因此，有必要从经济管理专业的角度讨论广告活动与其他学科活动之间的关系。这里，主要探讨广告与市场营销学、公共关系学、传播学、心理学、社会学等学科之间的关系。

1.4.1 广告学与市场营销学

市场营销学是在 19 世纪末至 20 世纪初资本主义经济迅速发展的时期创建的，广告学亦在这一时期兴起。从一开始，这两门学科就紧密地结合在一起，相互影响，密不可分。研究广告学，需要从市场营销的角度去审视；研究市场营销学，又必须考虑广告的原理和运作方式。

从研究内容上看，它们同属经济范畴。市场营销是个人和群体通过创造并同他人交换产品和价值以满足需要和欲望的一种社会和管理过程，涉及需要欲望和需求、产品、效用、交换和交易的关系、市场、市场营销和市场营销者等核心概念。这些概念对于广告活动的理论和实务也是至关重要的。广告是一种信息传播活动，但它的起点和落点都在经济领域，传递什么样的信息内容以及如何进行传播，需要研究市场，了解营销环境，研究消费者，从满足消费者的需要和欲望出发；也需要研究产品，以适应不同的市场环境，制定相应的广告策略，争取较好的传播效果。研究广告学，离不开对市场营销的探讨。

广告和市场营销是企业经营管理的重要组成部分。由于市场竞争的加剧，企业要有更多的发展机会，必须以消费者为中心，重视市场，重视销售。特别是当代提出整合营销传播理论，要求各种促销策略互相整合，信息充分交流，广告活动则是其中的重要手段和方式。对于企业生产来说，市场营销的中心任务是完成产品销售，广告是为实现市场营销目标而开展的活动，通过信息传播，在目标市场内沟通企业与消费者之间的联系、改善企业形象、促进产品销售。广告策略要服从于市场营销策略，作为营销活动的先导，在市场营销总体目标下发挥作用，这实际上体现了一种局部与整体的关系。

从广告活动和市场营销活动的最终目的来看，二者也是一致的。市场营销可以理解为与市场有关的人类活动。广告也可以看成是针对消费者的需要和欲望，刺激消费热情，调动潜在消费意识，最终促成购买行动的传播活动。因此，市场营销的有关原理，对于把握广告的基本理论和运用方式是很有帮助的。

1.4.2　广告学与公共关系学

公共关系传播活动是企业或者组织调整企业内部及外部的关系，沟通与社会大众的联系，树立良好的形象，改善经营和行政管理的有效手段。广告与公共关系有着密切的联系，特别是现代企业管理需要进行综合的信息交流，加强整合传播，公共关系和广告就好像帮助企业腾飞的两翼，相互配合，相互补充，促进企业稳定、长远地向前发展。

广告活动需要公共关系的推动。如果在开展广告活动的同时，也组织一些公共关系活动，就能为广告传播营造良好的气氛和环境，增强其说服力和传播效果，使诉求内容更易于被目标消费者所接受和认同。特别是企业为推出新产品、新品牌而开展的广告活动，由于公关活动促进了企业与社会公众之间的交流，加深了消费者对企业的印象，在心目中树立了一个良好的形象，就可能引起目标受众对广告和新产品的注意，容易产生好感，调动起消费热情和购买欲望。

公共关系活动需要广告活动的配合。公共关系是长远的、稳定的、具有战略性的信息传播活动，需要善于抓住各种契机。广告则可以随时随地发挥作用。企业在整合信息传播活动中，就需要这种战略与战术的配合。从某种程度上可以说，公共关系是放大的广告，是广泛意义上的广告活动。有些种类的广告，如企业广告、公共关系广告等，就把公共关系和广告的功能化为一体，同时起到两方面的作用。

虽然广告和公共关系有着紧密的联系，但也存在不少差别，主要包括以下几方面：

- 传播目标不同。公共关系着眼于宏观、长远和横向的开拓，为企业或组织树立形象，增进社会公众的了解，协调内部关系而努力。广告侧重于微观经济领域，争取在短期内在最大市场范围达到直接推销某种产品或劳务的目标，满足于眼前利益，是一种纵向的目标。

- 传播方式不同。公共关系主要通过大众传播媒体来树立企业形象，多以新闻报道、新闻纪录片等形式，组织记者招待会、新闻发布会等活动。强调“说真话”，做到准确、客观、实在等；通过大量真实可信的、令人信服的信息，进行双向交流，引起社会公众的注意，起到沟通的效果。而广告则首先要能引人注目，产生吸引力，从而激发目标对象的消费兴趣和购买欲望，因此可以采取浪漫主义创作手法，可能夸张、渲染，以加深广告受众的印象，增强感染力。这些与公共关系的表现手法是截然不同的。
- 传播周期和范围不同。公共关系活动面对社会全体，业务内容涉及各个方面，信息传播具有长久性、综合性、战略性等特点，需要长期规划，有计划、分阶段、按步骤随时进行宣传。广告传播是在一定时期内集中传播某些信息，内容比较单一，影响随广告活动的增减而变化，传播对象主要是目标消费者。开展公共关系活动，是每个社会组织成员都面临的任务；广告活动则主要是工商企业的需要，为促进销售服务。
- 传播的地位和效果不同。公共关系对外进行信息交流主要是通过新闻报道的方式，往往是“免费”的宣传，但缺少控制性。企业或组织能够创造大众传播媒体予以宣传报道的机会和条件，但大众传媒是否报道，则要根据自身的需要来决定。广告是“有偿”的宣传，可以控制，通过付费，决定广告的表现方式以及发布的时间、空间、刊播形式等。但受众对这两种传播方式所发布的信息认识程度是不一样的，所产生的效果也不同。公共关系是涉及企业或组织形象方面的大事，其影响具有深度和广度，所以公共关系的决策更要慎重，一旦失误，挽回工作更为艰巨。广告效果直接可测，具有战术性，即使没有达到理想的传播效果，也就是一次广告活动的损失，补救工作相对比较容易。

1.4.3 广告学与传播学

传播学是研究人类如何运用符号进行社会信息交流的学科，其研究对象是社会信息系统本身，主要是研究社会信息系统及其运行规律。广告学与传播学有着密切的联系，因为广告本身具有传播信息的基本职能，传播学所阐明的关于传播过程五要素理论，关于“双向传播”理论，关于传播学研究方法的基本特征等，都为广告学研究提供了科学的依据。

广告学与传播学的区别可以从以下四个方面分析：第一，传播学偏重理论研究，广告学则偏重实践研究；第二，广告学以广告活动为自身研究的出发点，传播学以信息传播为自身研究的出发点；第三，广告追求广告效果，注重投入产出效应，而传播追求的是信息到位；第四，广告注重突出重点信息、强化形象，传播则注重信息的完整性和准确性。

1.4.4　广告学与心理学

广告作为说服社会公众的艺术，与心理学有着密切的关系。心理学提供了人的心理构成机理和心理活动的特点及性质，广告借助于心理学的理论和规律才能达到说服的目的。广告是否能够成功，不仅是美术、文字、摄影等技术技巧问题，更重要的是取决于它是否符合广告受众的心理。一则广告从确立主题、构思内容到选择媒介，无不体现了广告学与心理学的结合，广告的版面设计、投放的媒介等都要求心理学理论体现其中。广告心理是广告学研究的一个重要分支，其主要探索心理学理论如何应用于广告传播的具体实践中。广告心理研究涉及广告心理的功能、广告受众对广告的接受心理和记忆模式、广告说服的心理机制等方面。其主要的研究任务在于实践应用，不断将心理学理论和原理运用于实践，并从实践中发现广告活动本身特有的心理现象和心理规律，用于指导广告的实践活动。

1.4.5　广告学与社会学

社会学是从社会整体出发，通过社会关系和社会行为来研究社会的结构、功能、发生、发展规律的综合性学科。在社会学中，人们不是作为个体，而是作为一个社会组织、群体或机构的成员存在。广告活动所传播的信息具有综合性，其信息内容不仅包括了商品本身的信息，还涉及政治、经济、社会、文化等多方面的信息。因此，从广义上来看，广告具有传播社会信息的功能，以广告活动作为研究对象的广告学就必然与社会学有着紧密的联系。从狭义上来看，广告信息是以社会为传播背景的，因此广告内容的设计和信息的传播必须考虑到特定的社会制度、民族文化和风俗习惯等。广告涉及人们社会生活中的方方面面，它与各种社会现象必然有着相互作用的关系，所以我们在研究广告理论和实践活动时，必须以社会学的基本原理、准则和规律为依据，以社会整体为出发点来研究广告活动，以便找到广告活动的内在特征。

本章小结

- 广告是商品经济发展的产物。随着经济日益繁荣，科学技术不断进步，广告活动发展到现代，已深入到社会、经济、文化等诸多方面，成为人们日常生活中重要组成部分。广告学作为一门独立学科，也越来越受到人们的重视。
- 广告的含义随着时代的发展而不断变化，根据现代广告的发展和我国的实际情况，广告可以定义为：广告是广告主在付费的基础上，将企业、商品、劳务或观念等信息，通过传播媒介向特定的对象进行传播，有效影响目标公众心理和行为，促成整体营销计划的活动。

- 根据广告的定义可以将广告基本特征归纳为六个方面，即广告有明确的广告主；广告是付费传播；广告是一种非人际传播；广告具有特定的信息内容；广告采用说服的方式；广告传播对象具有选择性。
- 广告可以分为商业性广告和非商业性广告，商业性广告根据诉求地区、传播媒体、诉求对象、诉求目的和方式等不同，还可以进一步细分。
- 现代广告的影响和作用主要从三个方面来分析，即广告对企业的影响和作用；广告对消费者的影响和作用；广告对社会文化的影响和作用。
- 广告是一门新兴的交叉学科。作为一门独立的学科，它与其他学科有着不同程度的联系。广告学和市场营销学、公共关系学、传播学、心理学、社会学等学科关系密切，但又有一定的区别。

专论 1 Focus

全媒体时代下的百事可乐的广告策略

“全媒体”即“omnimedia”，源自美国一家名叫 Martha Stewart Living Omnimedia（玛莎-斯图尔特生活全媒体）的家政公司。这家成立于 1999 年的公司，拥有并管理包括杂志、书籍、报纸专栏、电视节目、广播节目、网站在内的多种媒体，通过旗下的所谓“全媒体”传播自己的家政服务和产品。限于当时的科技水平，玛莎-斯图尔特生活全媒体公司的“全媒体”显然并不全，其真正含义更接近 multimedia“多媒体”，然而，这个具有超前意识的“omnimedia”却在无意中道破世界传媒业发展的玄机。十多年来，随着科技发展日新月异，传播手段层出不穷，传统媒体与新媒体之间日益融合互通，“全媒体”（omnimedia）的概念尽管没有获得学术界的共识，却在传播领域的实践中日复一日丰富发展着它的内涵。“全媒体”的“全”不仅包括报纸、杂志、广播、电视、音像、电影、出版、网路、电信、卫星通信在内的各类传播工具，涵盖视、听、形象、触觉等人们接受资讯的全部感官，还针对受众的不同需求，选择最适合的媒体形式和渠道，深度融合，提供超细分的服务，实现对受众的全面覆盖及最佳传播效果。

全媒体时代中的一大突出特征是受众对媒体的主导作用越来越凸显。首先，全媒体时代下，传统媒体和新媒体将实现融合，构建大传媒的信息传播、互动、服务平台。传统媒体在全媒体划时代应提前布局，要从大众媒体中寻求多元，“长尾效应”将在传统媒体中显现。新媒体需把握逐步稳固的主流媒体地位。第二，全媒体化使得每台终端都是一个集成媒体和发布平台，传统媒体时代的“绝对权威”崩溃，“内容为王”将成为绝对宗旨，核心则是争取受众。随着分众的深入和精准，服务也要进行超细分，信息需要多层次化。

2011 年岁末年初之际，一则百事可乐 2012 年“把乐带回家”广告成了微博上讨论的热门话题。此则长达 10 分钟以微电影形式展现的广告中，周迅、张韶涵和罗志祥三位演员分别代言百事旗下的三个子品牌———纯果乐、乐事薯片和百事可乐，与扮演父亲的张国立一起讲述了回家过年的故事。该广告迅速占领受众视线，并在线上线下均赢得了好口碑得益于其成功的广告策略。

1．全媒体观下的广告运作

全媒体时代的到来使得广告运作不再局限于某一特定媒体上，广告媒介选择成为广告传播过程中的关键环节。百事可乐 2012 年“把乐带回家”广告之所以迅速传开并建立良好口碑，其全媒体观的运作方式功不可没。

1）最大效度地利用新媒体日益凸显的地位。百事可乐 2012 年“把乐带回家”广告首先在微博上造出声势，从而广为传播是其成功的开始。借用草根大户们的微博影响力进行传播，使得该广告在微博乃至整个网络空间蹿红，成功地吸引了人们的注意。与此同时，全国范围内的公交电视上也频繁地滚动播出该广告，捕捉流动人群的关注。公交电视作为新兴媒体，拥有广泛的受众，且受众相对确定，加上单一频道的“强制”传播等都使其起到明显的广告效果。此次百事可乐的 10 分钟电影选择在公交电视上进行完整版的播放，恰当地运用了公交电视的特点，赢得了良好的效果。

2）不忽视传统电视媒体的巨大影响力。在新媒体上的强势投放并没有影响百事可乐广告在传统电视中的投放选择。虽然，电视的影响力已不如以前，但是其镇守的受众阵地仍然不容小觑。由于电视广告投放的价位远高于其他媒体，因而百事可乐巧妙地把完整版的电影广告分别浓缩为三个独立的小故事，大大减少了广告时间，既减少广告费支出，又适合电视广告的属性。

3）重视媒体“碎片化”。新媒体产生“碎片化”使得人们对于信息的获得不再执着某个媒体“全程依赖”，而是在不同的方面、不同的环节上使用不同的媒介。越来越多的消费群体生活状态呈现移动化的特点，引发了人们对碎片媒体的需求，手机、公交移动电视等提供非实时、片段化内容的媒体满足了受众的媒体需求。百事可乐广告在此次广告活动中极好地利用了受众使用媒体的“碎片化”现象，在网络、传统电视和公交电视上均投放了广告，填补了受众接受媒体的空白，加深了广告记忆度。

2．了解受众，抓住消费者的心

全媒体时代的来临也意味着受众从“被时代”向“我时代”的跨越。受众从根本上来说是广告赖以生存的根本，因而，更符合时代要求地把握传媒与受众的关系是广告成功的首要条件。从某种意义上说，广告首先要满足受众的心理需求，要针对心理需求提供服务。当下，受众的心理主要呈现四个特征：

1）信息消费轻松化。今天的受众更偏好于在比较轻松的状态、心态下，接近、接受、接纳以轻松、活泼、个性化方式提供的广告。

2）关注焦点趋同化。人们就重大国际事件、重要趋向、重要流行文化象征等的关注焦点趋同。

3）需求吻合利益化。人们对传播效果的衡量标准与方式发生了变化，会更多地从是否吻合自己利益或所在群体利益的层面判断。

4）判断形成自主化。面对一个重要事件或变化，人们越来越趋向于通过对各个方面、各种渠道获得的信息进行分析后，自己做出判断，而不是简单地接受传媒提供的结论。

根据以上受众的心理特征，广告的创作和传播应当以此为基准进行考虑。而在百事可乐的广告便很好地迎合了受众的需求：第一，满足消费轻松化的需求，运用故事式广告表现形式传达广告主题。第二，满足当今受众“偶像崇拜”的关注焦点，邀请全明星阵容，六大明星张国立、古天乐、周迅、罗志祥、张韶涵与霍思燕悉数出场，从而发挥明星效应。第三，满足岁末年初时受众的利益需求，加强广告与受众的关联性。时值农历新年来临之际，人们都有着一颗渴望回家的心。百事可乐的广告秉持了“内容为王”的原则，围绕“回家过年”这一热门话题展开，通过产品唤起受众对童年的记忆、再忙也要回家看看等渴望，以感情牌赢得受众的心。第四，尊重受众的自主性，脱去广告味，淡化广告色彩。新时代的受众自主性不断增强，对于非要把某个结论强加给自己的广告尤其反感。而百事可乐的广告观察到了这点，此次广告更多的是“公益性”，传达“回家看看”的主题，从而获得受众好感，潜移默化地使消费者产生对品牌和产品的好感度。

总之，在当今媒体格局发生巨大变革的情境下，把握全媒体观显得愈发的重要。如对传统媒体和新媒体运筹帷幄，最大限度贴近受众，以受众为重心，才是制胜的关键。

（资料来源：钟蔚雯. 浅析全媒体时代下的广告策略——以百事可乐2012年“把乐带回家”广告为例[J]. 经营管理者，2012（10）.内容有调整）

问题理解

1. 什么是广告？广告有哪些基本特性？
2. 广告可以分为哪些类别？
3. 简述广告与市场营销等学科的关系。
4. 结合实际谈谈广告对企业的影响和作用。
5. 阅读专论 1，结合实际请分析全媒体时代广告传播的特点。

案例分析

从 2010 年开始，充满草根气质的微电影营销开始登堂入室，成为广告营销市场的新宠。2011 年年底在网络上一夜走红的微电影《老男孩》，背后是雪佛兰的冠名；姜文执导的《看球记》是与佳能合作；而吴彦祖主演的《一触即发》和莫文蔚主演的《66 号公路》，则是凯迪拉克的定制作品。同方电视推出一则以全维度情感为主线的微电影《看得见的幸福更出色》，在这股热潮的带动下，"微电影整合营销"的概念应运而生，在传统广告市场竞争日益激烈的情形下，微电影营销凭借强大的互联网传播平台和更为优越的表现形式，成为备受业界关注的广告营销新阵地。

所谓微电影广告，即为了宣传某个特定的产品或品牌而拍摄的有情节的、时长一般在 5～30 分钟、以电影为表现手法的广告。它的本质依旧是广告，具有商业性或目的性。

微电影广告采用了电影的拍摄手法和技巧，增加了广告信息的故事性，能够更深入地实现品牌形象、理念的渗透和推广，更好地实现"润物细无声"的境界。微电影广告仍然是电影，不同的是，产品成为了整个电影的第一角色或是线索，时间上微电影远远比电影短小精悍。

目前主流的微电影广告主要有两大来源，一类是由视频网站、门户网站组织筹划，召集创作人员拍摄作品，同时寻求广告品牌的合作，这些微电影通常成本较低、制作人员来自民间力量和非专业人士，如《11 度青春》、《4 夜奇谭》；另一类则是由广告主直接发起，按照自身需求量身定制，这一类广告通常由名导、明星担纲，阵容和手笔相对更大，如凯迪拉克的《一触即发》、《66 号公路》，同方电视的《看得见的幸福更出色》等。

思考题：

1. 微电影广告有什么特点？

2．微电影广告与传统广告的区别是什么？

调查研究

1．实训内容：考察当代广告的形式。

2．实训要求：通过实地和案头调研方式，对当代广告的各种形式进行考察，并将相关资料整理成 PPT。

3．实训组织方法及步骤：

(1) 将班级学生分组；

(2) 各组用一周的时间进行资料收集，并整理成 PPT；

(3) 各小组委派代表在班级进行交流；

(4) 教师进行点评，对本次实训进行总结。

第2章

广告简史

引导案例

在世界广告发展史上，广告基本上都是为企业或产品而做，鲜有为广告作广告的。20世纪90年代，针对商业界有些人士不相信广告的价值与作用所提出的种种论点，美国广告代理商协会（4A）发起了一场关于广告价值与作用的宣传运动。这场广告宣传运动最有力的方面，就是让那些杰出的公司的领导人亲自讲述广告对于本公司经营成功的作用。这次广告运动有可口可乐、苹果、麦当劳等著名公司参与。其中一则广告由李奥·贝纳广告公司策划制作，麦当劳公司参与。广告标题用的是麦当劳总裁麦克·昆兰所说的一句话："如果没有广告，人们都认为罗纳德（Ronald，即麦当劳叔叔）只不过是个美国前总统的名字而已。"当提到商业界有些人士不相信广告的价值与作用时，麦克·昆兰用事实反驳了他们的论点："对此我想列举两个事实：第一，麦当劳是世界上最乐于做广告的公司；第二，麦当劳是标准普尔指数500中唯一自1965年以来营业额、收入和盈利都连续100多个季度保持增长的公司。"这场广告运动震动了美国新闻界，这一系列广告还获得了《新闻周刊》、《福布斯》、《广告时代》、《纽约时报》等美国著名媒体的免费刊登权，有效地扭转了那些反对广告的舆论。

➲ **辩证性思考**：关于"广告的广告"案例带给我们哪些思考？

本章学习目标

- 了解和把握世界广告发展历史脉络；
- 了解和把握中国广告发展历史脉络。

关键术语

口头广告　招幌广告　印刷广告　广告代理业

2.1　西方广告发展简史

广告的发展受经济发展和科学技术进步以及社会制度和社会水平等因素影响。广告的历史阶段划分，一般是依据各个历史时期广告技术发展水平及广告的传播方式。据此，西方广告的发展可以划分为四个阶段：从广告的产生到 1450 年德国人古登堡发明现代印刷技术，为原始广告时期；从 1450 年到 1850 年前后，以现代报纸杂志的出现和普及为特征，为近代广告时期；从 1850 年到 1920 年左右，是从近代广告到现代广告过渡期，其主要特征为现代广告业的形成；从 1920 年开始，以电子技术的使用、电子传媒的发展及广泛运用为标志，为现代广告时期。到 20 世纪 80 年代信息革命后，广告已不再是单纯的商业宣传工具，当今的广告业已发展成为一个综合性的信息产业，广告活动已走向整体化。

2.1.1　原始广告时期（—1450 年）

自从有了商业买卖，就有了广告。根据历史研究证明，世界上最早的文字广告是现存于英国博物馆、写在羊皮纸上的广告，它是从埃及尼罗河畔的古城底比斯发掘出土的文物。这则广告是公元前 1550—公元前 1080 年古埃及奴隶社会时期，一名奴隶主悬赏缉拿逃奴的广告，内容如下：

奴隶谢姆从织布店主人哈布处逃走，坦诚善良的市民们，请协助按布告所说将其带回。他身高 5 英尺 2 英寸（约 1.57 米），面红目褐。有告知其下落者，奉送金环一只；将其带回店者，愿奉送金环一副。

——能按您的愿望织出最好布料的织布师　哈布

在古代雅典，曾流行类似四行诗形式的广告，例如，有这样一则推销化妆品的广告：

为了两眸晶莹，
为了面颊绯红，
为了人老珠不黄，
也为了合理的价钱，
每个在行的女人都会——购买埃斯克里普托制造的化妆品。

公元前79年的一天上午，古罗马庞贝城被火山埋于地下，2 500多名居民葬身其中。从文物挖掘中发现，当时广告在庞贝城墙上随处可见（有1 600多处）。

诞生于恺撒大帝统治时期的世界上最早的官报《罗马公报》，除记载重要的社会和政治事件外，也刊载有广告形式的内容。更晚些时候，大约在公元900年时，欧洲各国就盛行由传报员沿街传报新闻。同时，这些传报员也被商人雇用，在市集上传告商品的优越性和价格，招徕顾客。公元1141年，法国的贝星州出现了一个由12人组成的口头广告组织，并得到国王路易七世的特许，与商店签订合同，收取报酬，进行广告宣传活动。后来小商贩把这种广告的吆喝配上曲调广为流传，1258年国王发布《叫卖人法则》加以规范。

2.1.2 近代广告时期（1450—1850年）

1450年，德国工匠古登堡（1400—1468年）发明了铅活字印刷术，并得到广泛应用，这成为原始广告时期与近代广告时期的分水岭，标志着人类广告史从原始古代的口头、招牌、实物广告传播时代进入印刷广告的新时代。这一时期，报纸媒体及报纸广告大行其道，杂志广告日渐出现，广告业发展初具规模。

我国对印刷技术贡献甚大。早在公元11世纪中期，北宋毕昇就发明了活字印刷。13世纪末，元人王祯又对活版印刷做了改进。以后，活字印刷术传入欧洲，欧洲人采用了机器印刷。从15世纪中叶起，印刷在欧洲已成为一个行业，出版物得以大批量印刷，传单、招贴标语和商业名片这样的一些广告形式得到发展。

1. 印刷广告出现

1477年，在英国出现了有史以来最早的印刷品广告。英国第一位出版人威廉·坎克斯顿创办印刷所，印出第一本英文书及其推销广告，开创印刷品广告的先河。他将这幅广告沿伦敦大街在教堂门口张贴，广告长17.5厘米、宽12.5厘米，内容如下：

倘任何人，不论教内或教外人士，愿意取得适用于桑斯伯莱大教堂仪式的书籍，而其所用字体又与本广告所使用的相同，请移驾至西敏斯特附近购买，价格低廉。出售处有盾形标记，自上至下有一条红线纵贯，以为辨识。

2．报纸媒体与报纸广告的发展

机器印刷技术更促使报纸和杂志等印刷媒体得到发展。早些时候，在欧洲不少国家出现有官办或私人办的、商业性的手抄报纸，这些手抄报纸被称为新闻信札报，卖给需要当时新闻的贵族或有身份地位的人士。有了印刷机后，起初不定期地进行印制，后来则能以期刊形式定期出版。到 17 世纪初，一些经常出版的报纸创办起来了，报纸版面大小往往以便于携带为准，故当时又称做“新闻丛书”。后来，单页报纸逐渐取代了书的形式。

1625 年，用英文出版的《英国信使报》第一次在背面版上刊登了一则推销图书的广告，这被认为是世界上最早出现的报纸广告。

到 1830 年，美国已有报纸 1 200 余种，其中 65 种为日报（图 2-1 为美国早期的广告）；英国在 1837 年有 400 种，日刊出广告 8 万余条。但这一时期报纸发行量有限，虽售价较低（1830—1860 年为“便士报”时代），但广告影响较小。

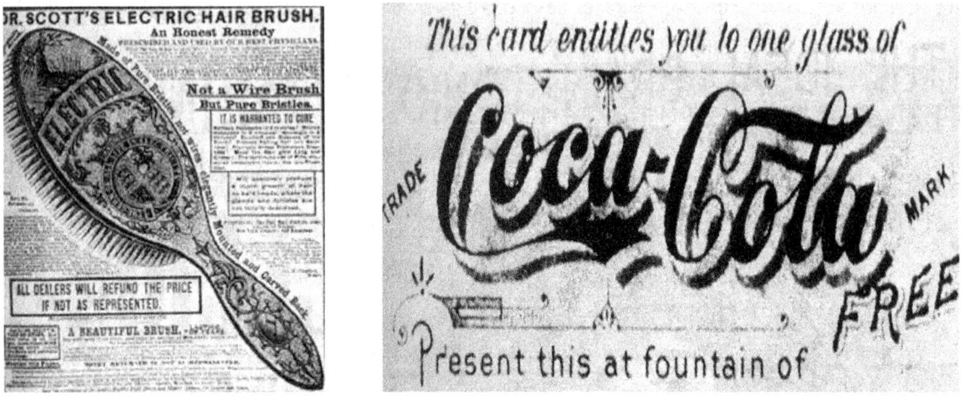

图 2-1　美国早期的广告

3．杂志及其他媒体广告的出现

1645 年 1 月 15 日，一本名为《The Weekly Account》的杂志第一次使用了“广告栏”，专门刊登广告。在此之前，广告是按“预告”的意思使用“通知”（Advices）一词。到了这个时候，逐渐形成“广告”特有词语。

1706 年，德国人阿洛依斯 · 望菲尔德发明了石印技术，开创了印制五彩缤纷的招贴广告的历史。

4．广告代理业的形成与管理

1488 年，法国散文家蒙太尼提出一则倡议：“任何人想出售珍珠，想找个仆人或伴侣去巴黎旅游，可以把他的想法及要求向一位负责这项事务的官员提出。”这一倡议，对于建立为客户办理广告及服务业务的专门机构，即后来的广告公司来说，很有启示意义。

1610 年，英王詹姆斯一世让两个骑士建立第一家广告代理店。1612 年，法国创立“高格德尔”广告代理店。1729 年富兰克林在美国创办《宾夕法尼亚新闻报》，既做出版商和编辑，又是广告作家和广告经纪人。

为了对广告业加以管制，英国议会于 1712 年通过了关于报纸广告纳税的法案，开始征收广告特税。法案规定：报纸广告无论版面大小，见报便征收 2 先令 6 便士。

在报纸广告日渐普及的情况下，英国一个名叫约瑟夫 · 艾迪生的人在 1710 年发表了关于广告问题的议论，这可以看做最早的“广告理论”。他认为，在新闻来源不足的情况下，人们习惯阅读报纸后面的广告栏以自娱，“这些来自小世界的新闻同来自大世界的新闻是一样的”。同时，他还就广告的表现方法提出了忠告：

撰写广告文案的最大艺术在于找到能抓住读者的方法。如果找不到这种方法，那么，再好的内容也不会被人们认识，必然在奸商获取手续费后而消失。文中标上重点符号和指示箭头以突出中心意思是非常好的方法。最近很盛行注明 N.B.（请注意）的方法，以使读者注意。德莱塞发明了小插图，因为这样可以满足人们的好奇心，使他们常觉得看到了什么秘密似的。

18 世纪英国文坛上的权威诗人和评论家约翰逊在他 1759 年所著的《懒惰者》一书中，就当时广告业的职业道德问题发表评论：

普通的东西容易被人们轻视，在当今广告量增加而且看完后就被扔掉的时候，广告必须发挥它应有的水平，有时是很崇高的，有时是很感人的，以此来吸引人们的注意。同时广告要遵守规定章程，这是广告的灵魂。

现在，广告的买卖方式已经确定，要想改变是件不容易的事情。但是，广告也和其他技术一样应该服从公众利益。在此，我对那些负责做广告的人不能不问一下有关道德的问题：你们是否有玩弄人们感情的行为……

2.1.3　从近代广告到现代广告的过渡期（1850—1920 年）

1850—1911 年，世界有影响的报纸先后创刊。这个时期广告传媒加速大众化，广告业迅速发展。

1. 现代广告公司的形成

1841 年，伏而尼 · 帕尔默（Volney B. Palmey）在美国费城开办世界上最早的广告公司，以 25%的资金为客户购买报纸广告版面，大受企业客户欢迎，同时也使报业效率和收入大大提高。所以，1845 年以后，帕尔默又在波士顿、纽约开办了分公司。至 1860 年已有 30 多家广告公司为 4 000 种美国出版物出售版面。

1865 年，乔治 · 路威尔通过出版《路威尔美国报纸目录》，成立了大规模专门出售广告版面、作为报刊独家广告经纪人的广告公司，使独家广告代理业开始兴起。

1869 年，美国“艾尔父子广告有限公司”在费城成立，这是第一家具有现代意义的广告公司，其经营重点从单纯推销广告版面，转到为客户策划、设计、制作广告等全面的服务业务。1875 年，公司正式采用公开合同制，加强同企业的联系。据统计，这一时期美国广告公司约 1 200 家，其中纽约 385 家，芝加哥 54 家。

2．新技术与广告新媒体的拓展

1853 年，纽约《每日论坛报》第一次用照片为一家帽子店做广告，广告开始用摄影技术作为重要的表现手段。

1882 年，英国伦敦安装了世界上第一个灯光广告。

1891 年，可口可乐公司在投产 5 年后摄制了世界上最早的挂历广告，现在收藏价值达 5 000 美元。

1910 年，法国最早在巴黎举办的国际汽车展览会上使用了霓虹灯广告。1 年以后，巴黎一家时装店安装了第一个用霓虹灯制作的招牌。此后霓虹灯广告就成为当时最流行的户外广告。

3．广告理论研究

19 世纪末，西方已有人开始进行广告理论研究。1898 年，美国人路易斯提出了著名的 AIDA 法则，该法则提出：在广告程序中必须达到引起注意（Attention）、产生兴趣（Interest）、培养欲望（Desire）、促成行为（Action）这样一个目的。后人在此基础上补充了可信（Conviction）、记忆（Memory）、满意（Satisfaction）原则，使该理论成为广告学重要的基础理论之一。

1903 年美国心理学家 W · D · 斯科特编著了《广告理论》一书，第一次把广告作为一项学术科目看待，并对广告理论进行了探讨。随后，美国经济学家席克斯编著了《广告学大纲》，对广告活动进行了较为系统的探讨。这两本著作被视为世界上最早的广告学著作。当然，由于受到经济发展和广告实践的限制，广告学的研究还处于初级阶段，研究的范围仅局限在广告心理学、销售学、新闻学等方面的简单功能，还没有形成系统、严密的理论体系。

2.1.4 现代广告时期（1920 年—）

1920 年以后，人类进入现代广告业蓬勃发展的历史时期。其重要的标志是电子媒体及电子广告问世，广告媒体日趋多样化，各企业广告竞争日趋激烈，各种广告行业组织纷纷成立，广告业已成为现代信息产业群体中的中坚力量。

1. 电子媒体的出现和发展

1920 年，威斯汀豪斯公司在匹兹堡开办 KDKA 广播电台，成为美国第一家领取营业执照的电台。1921 年，法国邮电部建立第一座广播电台。1922 年，苏联莫斯科“共产国际广播电台”成立，是当时世界上功率最强的电台。

1922 年，美国创建首家商业广播电台 WAAF，开始向广告商出售时段，成为最早开播广告业务的电台。1926 年建立的“全国广播电台”（NBC）是美国最早的广播网，至 1928 年美国通过无线电广播的广告费用已达 1 050 万美元，1930 年美国已有一半家庭收听广播广告。

从 20 世纪初到第二次世界大战前，广播成为继印刷媒体之后的第二大媒体。

1936 年 11 月 2 日，从英国伦敦市郊的亚历山大宫播出了世界上最早的电视节目，标志着电视广告时代的开始。

美国于 1920 年就开始试验电视，但到 1941 年才开播商业电视，1946 年拥有电视的家庭已有 8 000 多户。20 世纪 50 年代彩电发明后，电视一跃成为最大的广告媒体。

2. 广告媒体和形式日趋多样化

除了报纸、杂志、广播和电视 4 大媒体之外，随着科技发展，新的广告媒介层出不穷，广告表现形式更趋多样化。

1932—1934 年芝加哥百家进步博览会将霓虹灯广告推向高潮，仅芝加哥霓虹灯厂就安装了 4 万副灯管，并对路牌广告实行了标准化、规格化管理。

此外，购物点广告（POP）普遍流行，其显著的直销效果深受广告主青睐；邮递广告由于针对性强，在一些西方国家得到广泛运用并取得很好的效果；空中广告借助先进技术，引人注目。20 世纪 90 年代，随着网络技术的商业化，网络成为当今最重要的媒体之一，网络广告方兴未艾。总之，广告形式千奇百怪、花样翻新。

3. 广告经营走向现代化

随着市场竞争日趋激烈，一些企业在广告活动中开始注意广告策略的运用，委托广告公司全面代理广告策划和制作业务也非常普遍。

随着市场经济活动和广告业的发展，各种行业性组织纷纷成立，国际广告界的各种行业性组织也相继成立。1938年国际广告协会（IAA）成立，会员来自70多个国家和地区。1978年亚洲广告协会联盟成立。此外，世界广告行销公司（WAM）也是颇具影响的世界性行业组织。

现代广告公司已发展成为集多种代理职能于一体的综合性信息服务机构，如为广告收集市场信息、分析消费趋势、提出产品开发意见并将其产品推向市场，为企业提供从形象设计、新产品开发到售后信息分析的整体策略服务。广告业已发展成为能创造巨大价值的信息化产业。

相关链接

可口可乐百年广告史

可口可乐诞生后的百年广告史是现代广告发展的一个缩影。毋庸置疑，可口可乐的成功与其重视广告策略有着密切的关联。

可口可乐公司一向舍得为广告投入，从来不节约广告开支。1886年可口可乐刚试产时，一年只有50美元的销售额，却拿出46美元做广告。到1892年公司正式成立时，年销售额只有5万美元，而广告费就达1.14万美元。

可口可乐一直坚持在广告中不对产品做任何夸张的说明，而只表现使人愉快的场景。早期的可口可乐大多以年轻漂亮的女孩子做模特，主要媒体是月历、托盘及杂志。广告语：“没有什么比健康、美丽、富有魅力和充满温柔的女性形象更能使人联想起可口可乐了。”

自从电视广告出现后，可口可乐广告似乎成了青少年的王国，广告中总以一群年轻漂亮、体格健美的青少年在尽情玩耍为特征，广告口号是“这就是可口可乐”，把人们带到一个欢乐美好的生活境界。

可口可乐公司百年广告经营哲学是：广告必须是高级的，必须由社会大众看起来感到快乐、爽快，广告必须表现出公司内外都被人看好的态度。

（资料来源：陈培爱. 中外广告史[M]. 北京：中国物价出版社，2001.）

随着经济的发展和广告业的自身变迁，广告学的研究不仅在广度上有了很大的扩展，而且在深度上有了极大的提高，这使得广告学不仅成为一门独立的学科，而且逐渐形成了融合社会科学与自然科学的综合性学科。在电子信息技术高速发展的今天，广告传播的媒体仍在多元化，传播形式不断创新，广告活动也呈现全球化的趋势。

2.2　中国广告发展简史

2.2.1　中国古代广告时期（—1840 年）

广告在中国的历史也很久远，成书于战国时代的《周易 · 系淤》有云：“日中为市，致天下之民，聚天下之货，交易而退，各得其所。”可见，早在奴隶社会之前，中国社会即有集市贸易，这便促成吆喝、叫卖广告的产生。继后的形式日趋多样，演绎成引人注目的历史篇章。图 2-2 为《清明上河图》局部，从图中我们可以看出，当时的商业相当繁荣。

图 2-2　《清明上河图》局部

1．口头广告

这是最早的广告形式，孟元老《东京梦华录》多有对当时开封生活的记录。例如“……市人卖玉梅、夜蛾、蜂儿、雪柳、菩提叶、科头圆子、拍头焦锤 ，惟焦锤以竹架子出青伞上，装缀梅红缕金小灯笼子，架子前后亦设灯笼，敲鼓应拍，团团转走，谓之‘打旋罗’，街巷处处有之。”南宋的吴自牧《梦粱录》中有“卖花者以马头竹篮盛之，歌叫于市，买者纷然”。此种形式，至今可见。

2．旗帜

酒店使用酒旗，后来又称“酒帘”。它高悬门市，惹人心动。《韩非子》有云“宋人有沽酒者，悬帜甚高著”，杜牧诗曰“水村山郭酒旗风”，欧阳修记载“西风酒旗市，细雨菊花天”。

3．幌子

幌子形式多样，但均能广告信息，诱人注意。《东京梦华录》有云：“以艾与百草缚成天师，悬于门额上，或悬虎头白泽。”《梦粱录》说道：“……又有挂草葫芦、银弓杓、银大碗，亦有挂银裹直卖牌……”宋代话本《志诚张主管》更写道：“开起胭脂绒线铺，门前挂着花栲儿。”图2-3是中国古代的招幌。图2-4中左图是上海城隍庙老街，右图是北京西单的小吃一条街，两图中有大量的招幌，说明招幌仍然是当今重要的广告形式。

图2-3　中国古代的招幌

图2-4　招幌在现代广告中的运用

4．招牌

招牌源于何时，无从查考。《琴心记》中《文君盈当垆卖酒》图即有“美酒”牌子，《清明上河图》茶水摊上也有“饮子”的小招牌。初始之时，招牌往往简单，到了后来日趋讲究，出现请名人书写的做法。除外面的招牌外，在店堂内也有比较小的牌子，称为青龙板，如酒店的“太白遗风”、米店的“民以食为天”、药店的“颐养天和”等。招牌有横额、竖牌、挂板之分；在表现形式上，有的以文字表现，有的文图兼用，也有以对联形式出现。

5．彩楼欢门

在采用招牌的同时，商家也重视店铺的店面装饰和店堂布置。孟元老《东京梦华录》“酒楼”描述：“凡京师酒店，门首皆缚彩楼欢门……”“九桥门街市酒店，彩楼相对，绣旗相招，掩翳天日。”至于店堂内，《梦粱录》记载：“汴京热食店张挂名画，所以勾引观者，流连食客。今杭城茶肆亦如之，插四时花，挂名人画，装点门面……今之茶肆，列花架，安顿奇松异桧等物于其上，装饰店面，敲打响盏歌卖……”

6．印刷广告

中国是印刷术之乡，东汉蔡伦发明造纸术，隋时出现雕版印刷，至于毕昇发明活字印刷术，更是人类文明史上的里程碑。

中国最早的印刷广告是北宋时期（960—1127 年）济南刘家功夫针铺所用的广告铜版雕刻（见图 2-5）。它宽 12cm、高 13cm，上面雕刻“济南刘家功夫针铺”八字标题，中间为“白兔捣药”图案，图案左右标注“认门前白兔儿为记”，下方刻有说明商品质地和销售方法的广告文字：“收买上等钢条，造功夫细针，不误宅院使用，转卖兴贩，别有加饶，请记白。”整体观来，图文并茂，信息元素应有尽有，不但可做招贴，亦可做成包装纸。

此乃目前世界上最早的印刷广告文物，比西方国家公认的印刷广告——1473 年英国第一个出版商威廉 · 坎克斯顿为《索尔兹伯里礼拜仪式通览》所做的印刷广告尚早 300～400 年。

图 2-5　北宋济南刘家功夫针铺广告

2.2.2 中国近代广告时期（1840—1949年）

中国的近代广告始于1815年以后，这一年8月5日创刊于马六甲的《察世俗每月统计传》是中国第一份近代中文报刊。它的“告示”已经显示出广告的威力。1853年，由英国人在香港创办的《遐迩贯珍》，首先利用刊物兼办广告业务，两年后（1855年）最先开设广告专栏。

最好的表现在《申报》上。这份创办于1872年4月30日的报纸的宗旨是牟利，因而重视广告自然在其策略之中。除了较早地对广告（时称“告白”）做理论解释外，更大的举措有：广告价格固定；广告量占整体版面的1/2；重视文化娱乐信息；曾以社论形式为西人洋行做宣传，如1884年5月23日发布的《论汇丰银行零存银洋之益》。因为是初始之作，故而对形式毫不讲究，刊户送来的底稿，编者只加标题便可登报。其文字更千篇一律，标题往往是“卖洋××”，正文开头总是“启者：本号发卖……一应俱全，开设上洋××路第×号便是，如蒙赐顾者，请至小号面议，其价格内外公道，童叟无欺。”末了加上一句“谨此布闻”，再添上“×月×日××号启”。

1882年创刊于上海的《字林沪报》、1893年创刊于上海的《新闻报》更是推波助澜，使广告意识普及中国。

19世纪70年代，国人自办报刊出现。这些报刊登载的广告五花八门，诸如“航船日期”、“银行市面”、“各货行情”、“各行告白”。然其形式十分拘谨，方法幼稚，难成佳境。1895—1898年，全国创办了32种华文报纸，由于竞争激烈，广告版面剧增，例如，1899年创办的《通俗报》共有6个版面，广告已占4个半版。值得一提的是，这些报刊所发广告多国货信息，使广告成为同帝国主义作斗争的手段之一。

报刊广告的发展促使广告主与广告经营者逐渐分离。在中国，广告代理商最早是以报馆广告代理人和版面买卖人的形式出现，后来逐渐演化为各种广告社、广告公司。1872年《申报》创刊号上即已声明，外地广告由卖报人代理：“苏杭等处有欲刊告白者，即向该卖报店司人说明，……并须作速寄来该价，另加一半为卖报人饭资。”显然有代理人与代理费的表示。初始之时，广告代理人只是跑跑腿，为报刊招揽生意，从中取其佣金。后来，随着业务扩大，报馆纷纷设立广告部，代理人逐渐演变为报馆广告部的雇员。以后，又出现了专营广告制作业务的广告社和广告公司。

在这种背景下运作的清王朝官报，一改前态，也做起有限度的广告业务。1907年创刊的最高级的《政治官报》，不仅刊登广告，而且第一次使“广告”一词逐渐替代“告白”，实现了概念上的革命。这份特别的媒体规定：“如官办银行、钱局、工艺陈列各所，铁路矿物各公司及农工商部注册各实业，均准进馆代登广告，酌照东西各国官报广告办法办理。”到了 1921 年，它更有了见诸报端的广告章程。

辛亥革命前后，广告业发展迅速，内容包括订货、纸烟、电影、医药、银行、书籍及个人通告等。版面上不仅有文字，更有彩色画面进行图解。史量才接办《申报》后，《申报》设立了广告科，科内设广告外勤组负责招揽广告，广告设计组按广告分类。它为广告主设计图案与文字说明，然后征求其意见，直到满意为止。

不仅如此，广告效果意识也开始出现。英美烟草公司来华设厂后，引入了国外广告宣传方法。1902 年的某一天，上海几乎所有人力车夫都穿上了绣有“烤”字的背心，效果奇佳。从此以后，别出心裁之作多见广告世界。图 2-6 为 20 世纪 30 年代上海的广告作品。

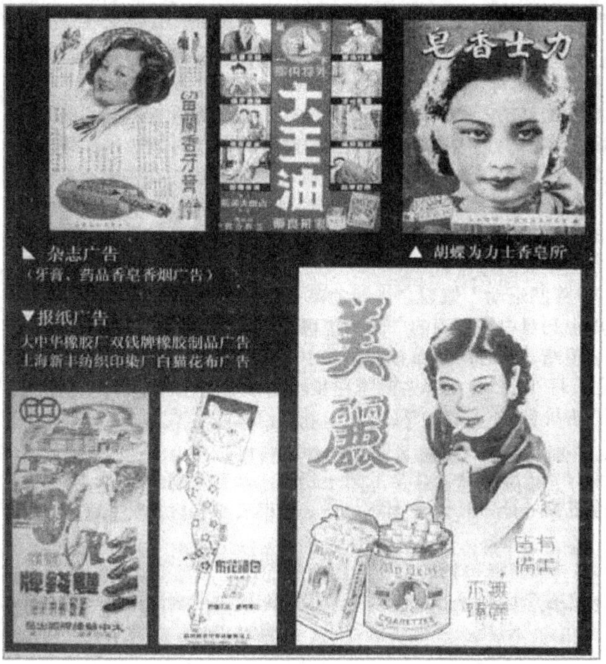

图 2-6　20 世纪 30 年代上海的广告作品

1911 年，世界广告学会在英国成立。万国函授学堂上海办事处与中国广告界联合发起的“中国广告公会”，算是中国广告史上最先与国际广告界联系的桥梁。

2.2.3　我国现代广告事业的发展（1949 年—）

中华人民共和国成立以后，逐步对旧的广告业进行了彻底改造，并在社会主义计划经济的基础上开始建设新中国的广告事业，并取得了一定的成就。随着国家对私营企业进行利用、限制和改造的进程，私营广告业逐渐萎缩直至消亡，越来越多的国营广告公司被组建起来。不少报纸、广播电台等媒体都刊播商业广告，橱窗、路牌及一些传统的广告形式也比较活跃，一定程度地服务于企业经济发展，方便了人民群众。但是，20 世纪 50 年代末 60 年代初，由于社会对广告的认识观念逐渐出现偏差，认为广告是资本主义的产物，甚至视为政治运动的工具，加上政策失误造成商品供应短缺，广告已逐步失去存在的意义。至"文化大革命"结束前，商业广告活动几乎陷入停顿的状态。十一届三中全会以后，随着改革开放的不断深化，我国当代广告事业才进入新的历史发展时期。

当代广告业的恢复和发展始于 1979 年。这一年 1 月 14 日，《文汇报》发表署名丁允朋的文章《为广告正名》，文中澄清了对于广告的种种歪曲和误解。这篇文章曾引起国内外的广泛关注，丁允朋也被业界称为"中国现代广告的开拓者和打开中国广告大门的人"。1979 年 11 月 8 日，中共中央宣传部发出《关于报刊、广播、电视台刊播外国商品广告的通知》。1 月 28 日（农历正月初一），上海电视台首次播出人参桂酒的广告，中央电视台于 3 月 15 日播出西铁城手表的广告为首例外商广告，3 月 18 日上海电视台播出瑞士雷达表的广告，标志着我国（大陆）电视广告的发轫。3 月 15 日上海人民广播电台播出春蕾药性发乳的广告；12 月，《中央人民广播电台》开始播发广告并于 1980 年 1 月开办广告节目，我国的广播广告得到恢复。1980 年 1 月 28 日，《解放日报》恢复商业广告刊登业务；3 月 23 日，《解放日报》和《文汇报》同时首次分别用整版刊登美能达和精工表的广告；4 月 17 日，《人民日报》开始登载汽车、地质仪器的广告。报纸广告重新登堂入室。此后，我国广告业驶入持续发展的快车道。到 20 世纪末的前后 20 年又可分为两个阶段，前 10 年是恢复调整阶段，后 10 年为高速发展时期。1993 年 7 月，国家工商行政管理局和国家计划委员会共同制定了《关于加快广告业发展的规划纲要》，明确广告业是知识密集、技术密集、人才密集的高新技术产业，提出我国广告业的发展战略和重点目标，进一步推动了我国广告业的发展进程。

改革开放三十多年来，中国广告产业保持高速增长的态势。2011 年中国广告业实际经营额突破 3 000 亿元，广告市场规模跻身世界前列，全国共有广告经营单位 25 万户。但是，广告产业发展目前面临的危机也不容忽视：广告产业高度分散与高度弱小的状况仍然没有改观，中国广告公司面临跨国广告集团新一轮强势扩张的冲击，媒体和企业双重挤压下专业广告公司利润空间大幅缩水，新媒体、新技术的发展给广告产业带来挑战等。

当前，广告产业已成为现代服务业的重要组成部分，具有知识密集、技术密集和人才密集的特点，是创意经济中的重要产业，在服务生产、引导消费、推动经济增长和社会文化发展等方面，发挥着重要的作用，是一个国家或地区经济和文化发展的晴雨表和风向标，其发展水平直接反映一个国家或地区经济发达程度、科技进步水平、综合经济实力、社会文化质量和自主创新能力。国务院公布的《产业结构调整指导目录（2011 年本）》已把“广告创意、广告策划、广告设计、广告制作”列为鼓励类，这是广告产业第一次享受国家鼓励类政策，为广告业发展提供了强有力的政策支持依据和空间。当前，中国广告产业应该关注以下几个方面的问题：促进广告产业进行结构调整和资源整合；加快培育大型专业广告企业、广告媒体集团；实施品牌引领工程，提升我国广告产业核心竞争力；广告媒介数字化促进传播方式创新发展；完善公益广告运行机制；大力培养广告行业专业人才；完善广告监管法规，规范广告经营行为；强化广告协会职能，倡导行业自律。

本章小结

- 广告的历史非常悠久。从世界广告发展历史来看，大致可以分为四个阶段：从远古广告产生到 1450 年古登堡发明铅活字印刷术，是以口头、招牌、文字广告为主要形式的原始广告时期；从 1450 年至 1850 年，是以印刷广告为主体形式的近代广告时期；1850 年至 1920 年，是近现代广告向现代广告过渡时期，广告传媒大众化，广告活动规模化；1920 年以后，进入现代广告发展时期。
- 中国广告发展历史可以分为三大阶段：1840 年前可笼统归为古代广告时期，这个时期基本处于封建小商品经济时代，广告的主要形式为口头、招牌及零散的印刷标语等；从 1840 年至 1949 年新中国成立为近代广告时期，这个时期最主要的变化是报刊广告的出现，规模化的报刊业使中国近代广告活动逐渐实现大众化，广告业初具规模；新中国成立后至 20 世纪 70 年代末，由于长期的计划经济体制，广告的发展处于停滞状态；自改革开放以来，传统广告在中国迅速得以恢复，现代广告业运作模式被引进和效仿，中国广告业得以迅速发展。当前中国广告业需要关注以下几个战略问题：产业结构调整与资源整合；广告公司的集团化；品牌引领工程；数字化时代的传播创新；公益广告的运行机制；广告专业人才的培养；广告法律法规的健全；广告行业管理等。

专论 2 Focus

2012 年中国广告业发展回顾

1．总体特征："寒冬季"的坚守

2011 年中国广告营业额达到 3 125 亿元，中国成为全球第二大广告市场。传统媒体和新媒体的广告增长都呈现出良好的发展势头，CTR 市场研究提供的数据显示，2011 年广告同比增长达 12.9%，2011 年 GDP 增长则为 9.2%，广告增长速度还是高于国民经济整体增长速度，广告市场的总体格局呈现出均衡发展、良性互动的态势。广告增长的良好表现使业界对 2012 年充满期待。然而，由于 2012 年经济环境和政策环境的变化，人们预期中的广告业第一季度开门红并没有出现；第二季度的广告复苏也十分缓慢；第三季度的广告增长不尽如人意，直到第四季度广告发展才开始有了起色，但已难以改变 2012 年广告市场整体下滑的态势。考虑到电视广告政策的因素，CTR 年初曾预测 2012 年广告同比增长达到 11%，GDP 同比增长达到 8%，但头三个季度，广告同比增长仅仅达到 6%。总体来看，2012 年中国广告市场发展大致呈现出以下特征。第一，广告同比增长总体下滑，广告刊例花费创近年新低。第二，市场因素和非市场因素的重叠发力，传统媒体广告增长乏力。第三，市场竞争的不平衡性加剧，广告新增长点局部凸显。2012 年，能够让广告经营者在寒冬中热切期盼的一个主要理由是部分媒体广告逆势增长的良好表现，这种表现也为广告人的坚守提供了信心。首先是部分传统媒体广告增幅较大，市场活力依旧。传统户外广告的减少则促进了地铁等轨道交通媒体的快速发展，较去年同期增长 15.8%，这又是 2012 年传统广告增长的一个亮点。最引人注目的是互联网和商务楼宇视频广告持续增长。其中互联网广告第一季度小幅回落后，第二季度恢复性增长，同比增幅高达 109%，第三季度同比增长也达到 43%，前三个季度广告刊例花费总体达到 52%。

2．谁主沉浮：新媒体与传统媒体广告的博弈、消长

2012 年，很难用一个恰当的词来解读中国广告市场广告的混合增长方式。新媒体与传统媒体广告的博弈、消长，反映了不同媒体对广告的控制力增强或减弱，这是市场选择的结果。通过新媒体和传统媒体广告投放的变化，大致可以窥探到广告市场发展的基本动向。

（1）广告主预算分流成为常态

CTR 提供的数据显示，2012 年前三季度，传统媒体的广告刊例花费同比增长 4.4%，低于 2008—2011 年的同期水平；2012 年前三个季度互联网广告刊例花费同比增长达到

52%，市场表现良好。抛开前文提到的宏观经济环境的影响及年初“限娱令”、“限广令”的制约因素，这一数据也客观显示在全媒体时代，以互联网为平台的新媒体与以电视为主力的传统媒体的注意力重叠度越来越高，广告传播方式正在被重新定义。2012年，广告传播从单屏单向走向智能化多屏。新媒体引发了广告主的预算分流也代表了未来广告投放和预算的基本方向。

（2）广告增长的区间不平衡性增强

2012年从各媒体的同比增长看，电视为6%，其中省级卫视以两倍的增幅领先电视整体的增长；广播为11%，依旧是增长最快的传统媒体；平面媒体表现出较大的差异性，报纸和杂志同比增幅分别为−8%和9%；传统户外（含地铁）为3%。从广告资源量方面看，电视媒体广告时长继续减少，报纸、广播资源量也均有大幅压缩。从各行业对市场增长的贡献来看，酒精类饮品、饮料增长贡献最大，房地产、建筑工程行业拉低了整体增长水平。这些数据揭示：广告主投放理念的变化、媒体选择的细分化、媒体价值的重评估、广告资源的再分配，使广告增长的不平衡性在2012年被极度放大。

（3）广告平台打造成为市场竞争利器

2012年，传统媒体的创新和新媒体的创新表现抢眼。新媒体的广告平台建设值得关注，上半年，艾瑞咨询预计2012年中国移动应用广告平台总营收将达到10.6亿元，相比2011年将增长135.6%。其中Google和AdMob从广告主数量和广告投放量上看，是同类平台中最大的广告平台。不同的移动广告应用平台，服务侧重点和服务方式存在差异，如以品牌服务为主要业务方式的“Vpon威朋”，搭建了LBS移动广告平台，精准化、人性化地提供基于地理位置定位的手机、公交车移动广告的现场定位服务，深受上班族和白领阶层的欢迎，而针对这些特定族群独家开发的3S数据分析系统也得到广告主的青睐。

2012年，户外数字媒体广告平台也值得关注。《中国LED户外电子屏广告市场研究报告2012》显示：LED户外媒体已经成为广告媒体与广告行业市场规模最大的领域之一，并代表着户外媒体与广告行业未来发展的方向。如国内户外广告的行业领军者大贺集团2012年国庆节期间，在南京核心商圈最佳位置金鹰国际商城正面墙体设置了近4 000平方米的LED屏，在金鹰天地国际购物中心楼面设置了近600平方米LED屏。这些LED全彩屏可以以文字、图片、视频等多种形式播放新闻、广告，也可以进行大型活动现场直播、有线电视和数字电影转播。新技术支撑下的大型户外广告，可以全天候高频次滚动播出，亮屏时间长达15小时，每天可以向繁华商圈内六七十万流动人群传递广告信息。

（4）多元创新提升传统媒体广告价值

2012年优势节目的冠名和赞助成为传统电视广告突围的重要武器。浙江卫视上半年的

《中国梦想秀》、7 月上档的《中国好声音》对平台收视提升、广告增长拉动效应明显。如《中国好声音》在首期节目播出后的 20 天里，由于收视率与影响力急速攀升，广告费从每 15 秒 15 万元，飙升到每 15 秒 50 万元。在“好声音决赛夜钻石广告位拍卖”中，12 条广告位以 1 090 万元的总价拍出，其中最高广告价位是 15 秒 116 万元，创造中国年单条广告之最。2012 年，东方卫视《中国达人秀》一年播两季，第二季 11 期节目的硬广+冠名+赞助，总收入达近 2 亿元，上半年新节目《梦立方》的冠名费也达到 2 500 万元。2012 年多元创新提升媒体广告价值成为传统媒体广告运营的最大亮点。

3．国家战略布局：广告创意产业园区的建设

2012 年初春的寒冷季节，国家广告创意产业园区的建设却成为人们热议的话题之一。2011 年年底，国家工商总局与财政部组织开展中央财政支持广告业试点园区建设，北京、上海、广州、南京、常州、青岛、潍坊、西安、长沙共 9 个首批国家广告创意产业园区获批。2012 年 4 月 19 日，国家工商行政管理总局在南京为首批 9 个“国家广告产业园区”授牌，获批园区得到中央财政共 3 亿元的资金支持。国家广告创意产业园区由省级工商机关组织申报，工商总局认定和管理，园区入驻企业 70%以上为广告产业及直接关联产业企业，并拥有一定数量的自主知识产权及广告专业人员，经工商总局认定后优先享受国家有关支持政策。

4．广告业并购：广告增长方式的新探索

从 2011 年到 2012 年，中国广告企业的“并购”引发了人们对广告新增长方式的思考，中国企业的广告并购开始打破中国广告市场原有格局和中外广告企业利益博弈形成的相对稳定的市场平衡，为中国广告发展注入新的活力，中国广告企业开始用资本和技术撬动中国市场，对广告增长方式进行新的探索。

中国加入世贸组织以后，外资广告企业以合资、独资方式进入中国市场渐成常态。跨国集团对中国广告企业的并购，使中国广告企业面临新的生存危机，广告集团化道路是中国广告企业的必然选择。2012 年 5 月 29 日，国家工商总局组织编制了《广告产业发展“十二五”规划》，明确提出：“打造具有全球服务能力的我国大型广告集团。鼓励有实力的国内大型媒体和广告企业通过参股、控股、兼并、收购、联盟等方式做强做大，构建股权多元化、运作市场化的广告集团化运营机制，着力提高其为大企业、大品牌、大工程提供综合策划、推介服务和海外拓展等全方位服务能力，不断增强国际竞争力。”这一规划的出台，对提高中国广告业的专业化、集约化、国际化水平，推动广告业健康和全面、协调、可持续发展具有重要战略意义，更重要的是为国内广告企业进行国内并购和参与国际并购指明了方向。

2011年,中国著名广告企业广东省广告股份有限公司收购了重庆年度与广州旗智,2012年又继续收购了青岛先锋和上海窗;中国另一家著名广告企业蓝色光标也斥巨资将分时传媒收入囊中。多年来,"并购"一词,只是跨国集团的专利,拥有雄厚资金和庞大产业链的跨国集团把并购当做进入和占领中国广告市场的一种利器。而国内两大广告企业的并购在2012年开启了国内广告企业并购的新纪元,中国广告企业开始凭借其对中国市场的深刻理解和对本土资源的有效整合,凭借新产业政策环境下资本和技术的力量来撬动中国广告市场。

(资料来源:人民网,内容有删减)

问题理解

1. 简述世界广告发展历史进程。
2. 简述中国广告发展历史进程。
3. 我国古代广告主要有哪几种形式?
4. 当前中国广告业需要关注哪些战略问题?
5. 阅读专论2,了解中国广告业的发展现状。

案例分析

中国媒体传播十大趋势

1. 人们获得资讯模式发生改变,从电视报纸向互联网手机转变。

2. 生活形态从单一化向多元化和碎片化改变。

3. 未来要获得商业成功必须抓住碎片化时间。

4. 广告与口碑同样重要,广告决定哪几个品牌进入购买目录,口碑决定进入目录的品牌哪个最终被选择。

5. 口碑传播要建立在真实的社交关系上,比互不相识的人的口碑有效得多。

6. 消费者数据分析成为媒体核心竞争力,帮助品牌传播从大众到分众再到一对一。

7. 信息越多人越懒惰,一次定制之后的精准推送比搜索更符合人性。

8. 虚拟世界的互动要指向真实世界,对品牌销售才更有价值,O2O(线下对线下)成为电子商务的行业关键词。

9. 消费者越来越主动,从See(看)到Search(搜索)到Share(分享),品牌话语权从广告主转向消费者。

10. 信息传播要讲究时间与空间，抓住消费者有效需求出现的瞬间，同时解决需求地点就在他身边，销售就会即刻发生。

思考题：谈谈你对上述观点的看法。

调查研究

1. 实训内容：阅读相关资料，了解美国、日本、中国台湾等地的广告发展情况。

2. 实训要求：阅读文献资料，并撰写调查报告。

3. 实训组织方法及步骤：

(1) 教师将学生分为若干组，也可以每位学生单独完成任务；

(2) 通过对当地城市广告的调查、归纳和分析，并撰写调查报告；

(3) 由教师组织在班级进行交流；

(4) 教师进行点评，对本次实训进行总结。

第3章

广告理论

引导案例

"怕上火，喝王老吉"

道光十七年（1837），王老吉凉茶创始人王泽邦在广州开设凉茶店，命名为"王老吉"。1992年，羊城药业（广药集团王老吉药业公司前身）利用传承了一百多年的凉茶配方，开创性地生产出盒装王老吉和罐装王老吉凉茶，可谓国内最早的凉茶植物饮料，在华南市场上广受追捧。凉茶饮料在华南地区一直有稳定的市场需求，但是对于其他地区来说，由于凉茶的味道类似于中药，消费者起初并不能接受这种饮料。2003年成美广告公司为红色王老吉制定了推广主题"怕上火，喝王老吉"，在传播上尽量凸显红色王老吉作为饮料的性质。在第一阶段的广告宣传中，红色王老吉都以轻松、欢快、健康的形象出现，强调正面宣传，避免出现对症下药式的负面诉求，从而把红色王老吉和"传统凉茶"区分开来。为更好地唤起消费者的需求，电视广告选用了消费者认为日常生活中最易上火的五个场景：吃火锅、通宵看球赛、吃油炸食品薯条、烧烤和夏日阳光浴，画面中人们在开心地享受上述活动的同时，纷纷畅饮红色王老吉。结合时尚、动感十足的广告歌反复吟唱"不用害怕什么，尽情享受生活，怕上火，喝王老吉"，促使消费者在吃火锅、烧烤时，自然联想到红色王老吉，从而购买。这一定位，突破了人们对王老吉凉茶的惯性认识，从而启动了其他地区的市场。2002年王老吉的市场销量仅1.8亿元，2003年一下飙升到6亿元，到2006年已上升到近40亿元。

➲ **辩证性思考**：王老吉的广告定位带给我们哪些启示？

本章学习目标

- 了解广告理论的发展；
- 理解并掌握广告定位理论；
- 理解并掌握 USP 理论；
- 理解并掌握品牌形象理论；
- 理解并掌握广告传播理论；
- 理解并掌握营销传播理论。

关键术语

广告定位　USP 理论　品牌形象　CI 理论　5W 模式　AIDMA　文化同一性　共鸣论　IMC

3.1　广告理论概述

广告理论的产生和发展是建立在市场营销学、传播学、心理学、社会学等学科理论基础上的。1879 年，德国的冯特教授在莱比锡大学创立第一家心理学实验室，并从实证的角度开展心理机制和心理活动的研究，从而使心理学成为一门独立的学科。1900 年美国心理学家哈洛·盖尔出版了《广告心理学》一书，他强调商品广告的内容应该使消费者容易了解，并应适当运用心理学原理以引起消费者的注意和兴趣。1903 年，美国的社会心理学家瓦尔特·狄尔·斯科特出版了《广告论》一书，为广告学的建立奠定了基础。此后，美国经济学家席史斯编著了《广告学大纲》，对广告活动进行了较为系统的探讨。这两本书被视为最早的广告学著作。1908 年，美国社会学家罗斯撰写了《社会心理学》一书，分析并研究群体与个体在社会生活中的心理和行为表现，其中大量涉及与消费心理有关的直接和间接因素，对广告学说的建立起到了理论背景的支持作用。20 世纪以来，随着商品经济的高速发展，广告学科在不断总结广告实践经验的基础上，借助传播学、营销学、心理学等相关理论，并加以综合、抽象和分离，从而构建和进一步完善广告学科的理论体系。

广告理论是关于广告传播规律和广告运作机制的理论性概括。广告理论非常繁杂，进行清晰的梳理原本是一件很困难的事情。美国广告咨询专家 Clyde Bedell 曾经提出过一个广告函数式，他认为，影响广告效果的因素有很多，但主要取决于三个方面因素，即广告的主题定位、广告本身的传播效果及广告之外的营销因素。首先，广告所宣传的产品和服务的品质好坏、价格定得是否合理及产品和公司名称是否有社会美誉，这是一则广告获得理想效果的基础性决定因素。针对特定情况是否做好准确定位，从根本上决定着广告是否成功。其次，一则广告符合传播学规律，往往会取得好的传播效果。最后，广告传播需要营销策略的配合，才能达到更好的传播效果。Clyde Bedell 的函数式基本上涉及广告的三大核心理论方向，即广告定位理论、广告传播理论及营销传播理论。因此，本章将根据这个逻辑进行广告理论的梳理和分析。

3.2 广告定位理论

3.2.1 广告定位理论的基本观点

广告主题定位理论的发展主要有三个阶段。第一阶段是 20 世纪 50 年代基于产品定位形成的 USP 理论，第二阶段是 60 年代中后期基于形象至上的品牌理论，第三阶段是 70 年代以后基于市场定位的现代定位理论。定位概念的明确提出源于 20 世纪 70 年代早期，美国的杰克·特劳特和艾·里斯在《广告时代》杂志上发表了题为《定位时代》的系列文章，提出了定位思想。1996 年，杰克·特劳特与他人合作出版了《新定位》一书，使定位理论成为完整的思想体系。定位理论的产生源于信息爆炸时代对商业运作的影响结果。消费者每天要面对大量的广告信息，同质产品的广告经常让消费者无所适从。杰克·特劳特的观点认为，定位就是将产品在未来的潜在顾客的脑海里确定一个合理的位置。定位并没有改变产品的名称、价格等基本属性，只是让产品的特有属性在潜在顾客心里占据有利的地位。

相关链接

宝洁公司产品的定位

佳洁士：没有蛀牙

海飞丝：头屑去无踪，秀发更出众

潘婷：补充养分，使头发健康、亮泽

舒肤佳：健康，杀菌，护肤

OLAY 玉兰油：抵抗七重岁月痕迹

帮宝适：给宝宝整晚金质睡眠

汰渍：有汰渍，没污渍

护舒宝：月月轻松

广告定位理论的基本观点包括以下 5 点。

1）广告的目标是使一个产品、品牌或企业在消费者心中获得一席独有之地。

2）广告应将传播的效力集中在一个狭窄的目标上，在消费者的心智上下功夫，力求在消费者心中创造出一个位置。

3）充分运用广告创造出独有的位置，特别是“第一”、“最好”、“最早”等，在消费者心中产生令人难以忘怀的优势效果。

4）广告创意表现出的差异性应显示和实现品牌之间类的区别。

5）定位一旦建立，无论何时何地，只要消费者产生了相关的需求，就会自动联想到广告宣传的这种品牌、企业或产品，达到“先入为主”的效果。

3.2.2 USP 理论

“USP”是“Unique Selling Proposition”的英文简称，意为“独特的销售主张”。该理论由美国著名的广告公司达彼斯前总裁罗瑟·瑞夫斯在其著作《实效的广告》一书中提出。USP 的意思是，广告应找出产品的独特之处，并清晰告知和劝导消费者购买该商品，就可以得到“特殊的利益”，这个特殊的利益，是适合消费者需求的利益点，也正是商品的“卖点”。

USP 理论主要包含以下 4 方面的内容。

1）必须向消费说明一个明确的主张，购买该产品将得到的具体好处。

2）该主张必须是独特的、与众不同的。

3）该主张必须具有足够的吸引力，能吸引顾客购买和使用该产品。

4）该主张必须得到目标消费群中大多数人的认同和响应，否则很难形成有效传播。

USP 理论最初提出是基于产品的定位，到了 20 世纪 90 年代，USP 理论的基点已从过去针对产品而上升到品牌高度，强调创意源于“品牌精髓”的挖掘。判断一则广告是否是真正的 USP 广告，可以从以下几个方面的问题加以检查：创意是否简明？创意是否是独有的？是否来源于有关品牌的事实？是否包含一个独特的利益点或利益类别？如果除去技术成分，创意还存在吗？是否是同类产品中最出色、最有推销力的广告？

相关链接

罗瑟·瑞夫斯简介

罗瑟·瑞夫斯于 20 世纪初生于美国维吉尼亚，在维吉尼亚大学毕业后，最初担任报社记者，1934 年到纽约任广告公司文案人员，1940 年进入达彼斯广告公司，1955

年成为该公司董事长。他创立的广告哲学和原则，使这家公司从小型公司跃升为世界最大的广告公司之一，其最重要的著作是《实效的广告》。他还是诗人、短篇小说家；他的棋艺高超，曾率美国代表团首次赴莫斯科对弈；他还是现代艺术收藏家、优秀游艇手和飞行员。使他名声大噪的一件事是他成功地帮助艾森豪威尔竞选总统成功。他是获得“杰出广告文案家”荣誉的五位广告人之一，被近代广告界公认为广告大师。

3.2.3　品牌形象理论

20 世纪 60 年代，随着新产品越来越多，产品同质化越来越严重，大量模仿产品的出现使“独特的销售主张”越来越困难。因此，在广告宣传中，企业作为社会组织在人们心中的声誉和形象显得越来越重要。在这种市场背景下，美国奥美广告公司创始人大卫·奥格威提出了品牌形象理论，他主张“每则广告都是对品牌形象的长期投资”，通过广告树立特别的品牌形象以达到企业的营销目标。

品牌形象理论的基本观点包括以下 5 方面。

1）为塑造品牌服务是广告最主要的目标。

2）任何一个广告都是对品牌的长期投资。

3）品牌个性塑造，让公众获得认同和识别。

4）品牌形象形成是一种战略，需多种因素共同作用。

5）最终决定市场地位的是品牌总体特性。

相关链接

大卫·奥格威简介

大卫·奥格威 1911 年生于英国，毕业于牛津大学。1948 年与安德森创办休伊特-奥格威-本森-马瑟广告公司。1947 年在美国创办了奥美（O&M）广告公司，创作出大量成功的广告，该公司已成为全球著名的跨国广告公司，为其在国际广告界赢得了盛誉和只有极少数人才能达到的地位。1963 年出版《一个广告人的自白》。他被列为 20 世纪 60 年代美国广告“创意革命”的三大旗手之一，“最伟大的广告撰稿人”。他主张的“品牌形象”影响很大，使“树立品牌形象”成为广告界的一种时尚和策略流派。

3.2.4 CI 理论

CI 是英文 Corporate Identity 缩写。CI 理论起源于美国，最初主要强调视觉识别系统，日本学者将 CI 理论进一步发展和完善，使之形成一个系统，所以又称 CIS（Corporate Identity System）。所谓 CI，是对企业形象的有关要素（包括理念、行为、视觉）进行全面系统的策划、规范，并通过全方位、多媒体的统一传播，塑造出独特的、一贯的优良形象，以谋求社会大众认同的企业形象战略。

CI 的构成要素主要由理念识别（Mind Identity，MI），行为识别（Behavior Identity，BI）和视觉识别（Visual Identity，VI）三部分组成。

- 理念识别是企业的思想和灵魂，是企业经营管理过程中形成的，并为员工所认同和接受的企业经营理念、发展战略、企业哲学、行为道德准则、企业精神、企业文化、经营方针和策略等。属于企业的最高决策层次，是整个 CI 的核心。
- 企业的行为识别，是在理念指导下的企业一切经营管理行为。一般分为对内和对外两个方面，对内包括保证正常生产运作的内部管理规范、先进技术的研究开发、提高干部员工素质和工作能力的教育、培训，以及改善工作环境和条件等。对外包括市场调研、市场营销、公共关系活动、广告宣传，还有公益性社会活动等。
- 企业的视觉识别是企业理念的具体化、视觉化，又称为企业的脸面。由基本要素和应用要素两部分组成，基本要素是视觉系统基本构成要素，又可分为主要的和辅助的，主要的包括企业标志、企业标准字、企业标准色；辅助的包括象征物、专业图案和版面编排统一设计。应用要素是基本要素的应用媒体，包括办公和事务性用品、招牌、标识牌、旗帜、员工制服、交通工具、建筑和环境、商品和包装、广告用品和展示陈列等。

理念识别、行为识别和视觉识别是一个统一的不可分割的整体，它们有各自的特点和体系，形成完整的企业识别系统（CIS）。

CI 主要有美国模式和日本模式两种。美国式的 CI 主要是通过对企业视觉识别的标准化、系统化设计规范，通过独特的视觉信息符号系统来表现企业的经营理念和特色，统一企业形象传播。日本式 CI 不仅强调视觉识别的标准化和系统化设计规范，而且重视理念识别、行为识别和视觉识别的整体性作用，追求完整地传达企业的独特的经营理念和特色，并上升到企业经营管理和企业文化建设的高度，最终达到使社会大众认知、识别，建立良好企业形象的目的。

相关链接

海尔的CI

1．企业理念识别（MI）

- 海尔精神：敬业报国，追求卓越。
- 海尔作风；迅速反应，马上行动。
- 经营理念：真诚到永远。
- 市场信誉：用户是海尔的衣食父母。
- 管理理念：管理是海尔的腾飞之魂。
- 管理模式：日清日高，日事日毕，全员自我管理。
- 质量观念：质量是海尔生存之本。
- 战略思想：三大一活一统一的大集团战略，即大品牌、大科研、大市场，资本活，企业文化统一。
- 品牌战略：海尔总目标下的名牌产品群战略，企业牌—产品牌—行销牌。
- 资本营运：无形资产兼并，盘活有形资产。
- 技改理念：不在低水平上重复投资，先有市场，后有工厂。
- 服务理念：用户永远是对的，国际星级服务。
- 人才观念：人人是人才，赛马不相马。

2．企业行为识别（BI）

1）海尔集团坚持全面实施国际化战略，已建立起一个具有国际竞争力的全球设计网络、制造网络、营销与服务网络。

2）在国内市场，海尔冰箱、冷柜、空调、洗衣机四大主导产品的市场份额均达到30%左右；在海外市场，海尔产品已进入欧洲15家大连锁店的12家、美国10家大连锁店的9家。在美国、欧洲初步实现了设计、生产、销售“三位一体”的本土化目标。

3）海尔的发展主题： 创新、速度、SBU。

4）海尔实行价值观念培训，实战技能培训，个人职业生涯培训。

5）海尔集团顾客服务部秉承“用户永远是对的”的服务宗旨，真诚为用户服务。用户的满意就是工作标准。买海尔家电，就是把舒心、放心买回了家，让海尔用户更好地享受自己的权益。

6）制定员工礼仪手册。

7）海尔要求员工爱岗敬业，敬业报国。领导班子成员率先垂范。张瑞敏出差，轻车简从。在企业，他以一个普通员工要求自己，只要不外出，早上，和员工们一样刷卡考勤；中午，在员工食堂排队就餐。

8）海尔通过信息化的全面推进，不仅实现了从投入到产出的信息化，而且通过信息化给每个员工搭建自主经营的平台，给员工提供公平、公正、公开、透明、开放的工作环境。

9）工资待遇及福利：a）实习期1个月，目前员工工资400～600元/月（工资=基本工资+中夜班补助+正负激励）。实习期满实行计件工资，目前员工工资 800～1200元/月。一般每周工作6天，根据产量，适当安排双休。b）每年的7、8、9三个月发放高温补贴100元/人/月，年底给职工发放年货。c）免费提供基本工作餐一顿。d）统一入住公寓，从工资中扣除30元/人/月的水、电、物业管理费。

3．海尔的视觉识别（VI）

海尔集团的企业文化建设是非常出名的，它很好地将企业文化的精髓体现在海尔集团的建筑物中。海尔工业园中有两个地方是最吸引人的，一个是海尔集团的办公大楼，另一个是海尔大学。海尔的形象识别标志称方圆标志，意即“思方行圆”，它是由纵横36个圆形组成的，第一行第一列是个“方块”，其余全是圆点。“方块”放在阵中的排头表示以它为基础向纵深发展，它在这里代表了海尔的思想、理念、文化。它是一个中心，指导着周边圆点的组合，体现了思方行圆的思想，即在工作中要将原则和灵活性有机地结合起来，以达到预定的目标和效果，同时也有发展无止境的寓意（见图3-1）。

图3-1　海尔的Logo及吉祥物

3.3　广告传播理论

人类的传播方式可分为四大类型，即自我传播、人际传播、组织传播和大众传播。多数广告传播属于大众传播类型。在西方学界，传播学理论的研究非常深入，这些研究成果可以为广告传播的研究提供基础和启发。

3.3.1 “5W”模式理论

5W 模式理论是美国的政治学者 H · 拉斯维尔于 1948 年在其发表的论文《传播在社会中的结构与功能》中提出的。他提出构成传播过程的五种基本要素，即 Who（谁）、Says What（说什么）、In Which（通过什么渠道）、To Whom（向谁说）和 With What Effect（有什么效果），并按照一定的结构顺序将它们排列起来，这就是著名的“拉斯维尔模式”。广告学借鉴了 5W 模式，对广告传播的五个要素（广告主、广告信息、广告媒体、广告受众、广告效果）进行了系统的研究，并形成了广告学学科架构的核心内容。

- 广告传播的主体“谁”——广告主。广告传播必须明确广告主，这是由广告传播的目的和责任所决定的。
- 广告传播的客体“说什么”——信息。指广告所诉求的信息，广告主只有把诉求的信息传播给受众，才能实现广告传播的目的。
- 广告传播的中介“渠道”——媒体。广告需要依托一定的媒体才能实现传播，不同的媒体其传播信息的符号形式不同，影响范围不同，其传播效果也不同。
- 广告传播的对象“向谁说”——受众。广告传播必须针对一定的对象进行，没有对象的传播是毫无意义的。广告主要开始发出广告信息时，总是以预想的受众为目标对象的。
- 广告传播的反馈“效果”——广告评价。广告活动不仅包括广告主向受众发出信息的过程，还包括信息的接受及由受众对广告效果进行评价的过程。因此，广告传播活动不是一个单向的直线性传播，而是一个不断循环、发展和深化的过程。

3.3.2 AIDMA 理论

AIDMA 理论最初由美国广告学家 E · S · 路易斯于 1893 年提出。他认为，消费者在接受广告信息时的心理活动遵循如下顺序：注意（Attention）、兴趣（Interest）、欲求（Desire）、行动（Action）。后人又加入记忆（Memory），形成了所谓的 AIDMA 模型。广告信息传播过程中，受众的数量呈倒金字塔形式，有一个逐次“散漏”的过程。广告信息被目标受众中部分人注意到，在注意到信息的人群中，只有部分的人会产生兴趣，但是产生兴趣的人群中也仅有少部分人会产生欲求，最后产生购买的人仅仅是产生欲求人群中的少部分人。因此，广告信息最终能真正引发购买行为是非常有限的。

3.3.3 诱导性原理

广告信息作为外界刺激，作用于受众引起预期的观念改变和购买行为，这是一个可能通过多处手段诱导实现的心理渗透过程。图 3-2 是一则食品平面广告，画面逼真，易让人产生食欲。诱导性原理主要有以下特征：

- 从信息接受者的角度提出问题；
- 感情引导与理性引导；
- 一面提示与两面提示；
- 正面诱导与反向诱导。

图 3-2　精美的食品广告易让人产生食欲

3.3.4 文化同一性原理

广告信息在传播过程中能否被接受或接受程度如何，决定于双方共同的经验区域的大小。广告传播客观上要求传播者与接受者有共同的文化基础。要实现有效传播，广告信息的制作者、传播者与其接受者应具有共同的价值观念、类似的行为模式，以及其他文化方面的共同性，这种共同性越多，广告传播信息越容易被受众所接受，传播效果便越佳。要提高广告传播的效果，一方面要注意根据文化背景共同性的大小确定广告传播的方式，另一方面广告中文化水准应与受众的文化水准相适应。图 3-3 斯莫诺夫酒平面广告，其广告创意与表现对于国人来说不太容易理解。

图 3-3 斯莫诺夫酒平面广告

图 3-4 戒烟公益广告

3.3.5 共鸣论

该理论主张在广告中述说目标对象珍贵的、难以忘怀的生活经历、人生体验和感受，以唤起并激发其内心深处的回忆，同时赋予品牌特定的内涵和象征意义，建立目标对象的移情联想。通过广告与生活经历的共鸣作用而产生效果和震撼。图 3-4 是一则戒烟公益广告，画面上每支香烟成为一个个高耸入云的烟囱，并排放出股股浓烟，让人产生恐惧感，易引起人们的共鸣。

该策略最适合大众化的产品或服务，首先在拟定广告主题内容前，必须深入理解和掌握目标消费者；第二，要常选择目标对象所盛行的生活方式加以模仿；第三，要构造一种能与目标对象所珍藏的经历相匹配的氛围或环境，使之能与目标对象真实的或想象的经历联结起来；第四，侧重的主题内容可以是爱情、童年回忆、亲情等。

3.3.6 CS 理论

CS（Communication Spectra），意为扩散传播。该理论认为，一个新产品进入市场后，广告目标是分阶段循序渐进的。首先是认知阶段，要让消费者知道广告主和商品名称；其次是理解阶段，给消费者更多关于商品功能、用途的信息；再次是确信和刺激欲求阶段；最后是购买行动阶段。CS 理论关注的不是受众的接受反应，而是传播者的目标管理。根据此理论，广告传播者应分阶段设定广告目标，对广告活动进行目标管理。每个商品在市场上都有其生命周期，广告目标应根据商品所处的生命周期不同阶段，设定合适的广告目标。如新产品上市，广告的主要目标往往是提高知名度和初次消费体验，而在成长期需要侧重于品牌和形象塑造，在成熟期更多的是应付竞争。分阶段进行广告目标管理，有利于广告主的决策更明确和科学。

3.4 营销传播理论

3.4.1 STP理论

STP是指市场细分（Segmenting）、目标市场选择（Targeting）和市场定位（Positioning）。STP理论是市场营销学科中的核心理论，STP战略也是开展广告活动的前提和指导。

1．市场细分

企业按照消费者的一定特性，把复杂的市场分成若干子市场。不同的子市场，消费者的需求差别比较明显；在同一个子市场内部，消费者的需求则有相同性。市场细分使企业容易发现市场机会，从而使企业设计品牌个性、塑造品牌形象有了客观依据。

2．目标市场选择

企业依据市场细分的结果，根据自身状况和产品特点，结合营销目标，选择对企业和产品最具优势和吸引力的细分市场，即目标市场。企业的一切品牌经营活动都必须始终围绕目标市场开展。品牌定位更要针对目标市场，与目标市场的特征与消费需求保持一致，最终使品牌获得目标市场的理解和认同。

3．市场定位

企业一旦选下了目标市场，就要根据目标市场确定品牌可能的位置、形象，并据此来设计自己的产品和品牌，以争取目标消费者的认同。由于品牌形象通过消费者的反应来实现，因此，还要将品牌形象符号化。

3.4.2 整合营销传播（IMC）理论

整合营销传播理论最早由美国西北大学的D·舒尔茨等人在1993年提出，并在理论界得到广泛认同和流传。美国广告代理商协会曾经给整合营销传播下过一个复杂的定义：一种作为营销传播计划的概念。确认一份完整透彻的传播计划有其附加价值存在，这份计划应评估各种不同的传播技能在策略思考中所扮演的角色，如一段广告、直效回应、销售促进及公共关系一并将之组合，通过天衣无缝的整合，提供清晰、一致的信息，并发挥最大的传播效果。定义读起来比较晦涩，但是较好地表达了该理论的思想，即以统一的传播目标来运用和协调各种不同的传播手段，使不同的传播工具在每个阶段发挥出更佳的、统一的、集中的作用。其基本要求是，企业在传播信息时，要“用一个声音去说话”（Speak With

One Voice）。

在营销活动中，企业信息通过传播并在消费的脑海中不断储存、回忆和加工处理。这样，信息的“一致性”就成为广告信息传播有效性的重要因素。这就对广告传播提出如下要求：广告主的产品或服务信息必须清晰、一致且易于理解；无论信息来自何方，消费者都以同样方式进行判断，因此各种媒体信息应有机结合地加以传播；广告传递的信息必须简明、有说服力，把所有形式的营销传播活动整合起来形成强大的冲击力；双向传播是建立和维持营销关系不可缺少的因素。

本章小结

- 广告理论是关于广告传播规律和广告运作机制的理论性概括。广告理论的产生和发展建立在市场营销学、传播学、心理学、社会学等学科理论基础上。
- 美国广告咨询专家 Clyde Bedell 提出的广告函数式认为，影响广告效果的因素有很多，但主要取决于三个方面因素，即广告的主题定位、广告本身的传播效果及广告之外的营销因素。Clyde Bedell 的函数式基本上涉及广告的三大核心理论方向，即广告定位理论、广告传播理论及营销传播理论。
- 广告主题定位理论的发展主要有三个阶段。第一阶段是 20 世纪 50 年代基于产品定位形成的 USP 理论，第二阶段是 60 年代中后期基于形象至上的品牌理论，第三阶段是 70 年代以后基于市场定位的现代定位理论。
- “USP”是“Unique Selling Proposition”的英文简称，意为“独特的销售主张”。USP 理论主要包含以下四方面的内容：必须向消费说明一个明确的主张，购买该产品将得到的具体好处；该主张必须是独特的、与众不同的；该主张必须具有足够的吸引力，能吸引顾客购买和使用该产品；该主张必须得到目标消费群中大多数人的认同和响应，否则很难形成有效传播。
- 美国奥美广告公司创始人大卫·奥格威提出了品牌形象理论，他主张“每则广告都是对品牌形象的长期投资”，通过广告树立特别的品牌形象以达到企业的营销目标。
- CI 是对企业形象的有关要素（包括理念、行为、视觉）进行全面系统的策划、规范，并通过全方位、多媒体的统一传播，塑造出独特的、一贯的优良形象，以谋求社会大众认同的企业形象战略。CI 的构成要素主要由理念识别（Mind Identity，MI），行为识别（Behavior Identity，BI）和视觉识别（Visual Identity，VI）三部分组成。
- 5W 模式理论由美国的政治学者 H·拉斯维尔提出。他提出构成传播过程的五种基本要素，即 Who（谁）、Says What（说什么）、In Which（通过什么渠道）、To Whom（向谁说）和 With What Effect（有什么效果）。

- AIDMA 理论最初由美国广告学家 E · S · 路易斯于 1893 年提出。他认为，消费者在接受广告信息时的心理活动遵循如下顺序：注意（Attention）、兴趣（Interest）、欲求（Desire）、行动（Action）。后人又加入记忆（Memory），形成了所谓的 AIDMA 模型。
- 诱导性原理认为，广告信息作为外界刺激，作用于受众引起预期的观念改变和购买行为，这是一个可能通过多处手段诱导实现的心理渗透过程。
- 文化同一性原理认为，广告信息在传播过程中能否被接受或接受程度如何，决定于双方共同的经验区域的大小。广告传播客观上要求传播者与接受者有共同的文化基础。要实现有效传播，广告信息的制作者、传播者与其接受者应具有共同的价值观念，类似的行为模式，以及其他文化方面的共同性。
- 共鸣论主张在广告中述说目标对象珍贵的、难以忘怀的生活经历、人生体验和感受，以唤起并激发其内心深处的回忆，同时赋予品牌特定的内涵和象征意义，建立目标对象的移情联想。
- CS（Communication Spectra），意为扩散传播。该理论认为，一个新产品进入市场后，广告目标是分阶段循序渐进的。首先是认知阶段，要让消费者知道广告主和商品名称；其次是理解阶段，给消费更多关于商品功能、用途的信息；再次是确信和刺激欲求阶段；最后是购买行动阶段。CS 理论关注的不是受众的接受反应，而是传播者的目标管理。
- STP 是指市场细分(Segmenting)、目标市场选择(Targeting)和市场定位(Positioning)。STP 理论是市场营销学科中的核心理论，STP 战略也是开展广告活动的前提和指导。
- 所谓整合营销传播，是指以统一的传播目标来运用和协调各种不同的传播手段，使不同的传播工具在每个阶段发挥出更佳的、统一的、集中的作用。其基本要求是，企业在传播信息时要“用一个声音去说话”。

专论 3　Focus

广告理论百年回眸

19 世纪末 20 世纪初，广告作为一个理论学科正式出现。在 100 年时间里，广告学科经历了三个发展阶段，产生了一系列广告理论版块，形成了完整的广告学科理论体系。

1. 广告学科的产生

(1) 历史背景

19世纪末，欧美主要的市场化国家的经济已经高度发达，在客观上推动了广告学科的建立。在这一时期，专业广告公司已经出现，进而推动着商品经济的发展；而商品经济发展的高度化又给广告业提出了更高的要求，即急需在广告理论上将广告实践中的经验加以总结和提高，以便进一步完善广告业本身。商品经济在19世纪末20世纪初的大发展，形成了广告理论化研究的客观基础。

心理学理论的发展奠定了广告学科的理论基础。在19世纪末20世纪初，心理学学科的成熟与发展，为广告学科的产生及后续理论的形成奠定了理论基础。例如，心理分析学派对于人的潜意识的研究成果，成了广告对于消费受众心理、行为的影响及对于消费者决策过程影响的理论基础；人本主义心理学为解释消费者消费需求的产生和递进，提供了理论依据；行为主义心理学研究影响人的行为刺激条件，对商品销售方式、商品包装装潢及商品广告的演进起到重要的推动作用。学科独立大潮推动广告学科形成。19世纪末20世纪初，是社会科学学科独立分化的集中时期。广告学科正是适应了这一学科大综合和大分化的客观形势，把原属新闻、传播、营销和心理活动中的概念、范畴加以综合、抽象和分离，进行了新的结构组合和逻辑构造，构建出了独立的广告学科理论体系。综合来看，市场化经济的高度繁荣、心理学科的发展和学科分化的大潮的合力作用导致广告学科的产生和发展。

(2) 产生

19世纪末至20世纪30年代为广告学科的创立阶段。1900年美国心理学家哈洛·盖尔(Harlow Gale)在多年广泛调查研究的基础上写成《广告心理学》一书，强调商品广告的内容应该使消费者容易了解，并应适当运用心理学原理以引起消费者的注意和兴趣。

1901年美国西北大学校长、社会心理学家瓦尔特·狄尔·斯科特(Walter Dill Scott)在西北大学做报告时，系统提出心理学如何应用于广告宣传诸要点。随后，他连续发表有关论文12篇，并整理成册出版《广告论》(又译为《广告原理》)一书。《广告论》被视为世界上最早的广告学科著作。

1902—1905年，美国的宾夕法尼亚大学、加州大学、密歇根大学和西北大学都开始讲授广告学科方面的课程。自19世纪末20世纪30年代，研究广告的理论已经出现，并有了一定程度的发展。这个时期广告理论研究的特点是提出问题，简单论证，理论比较零散，未形成完整的学科体系。但是，广告学科已经出现。

2．广告学科成熟阶段主要流派

20 世纪 30 年代到 60 年代，为广告学科成熟发展时期。此时期出现了一大批广告专家和学者，推动了广告学科的进一步发展。比较著名的广告理论流派主要有以下几种。

（1）情理广告学派

20 世纪初期美国最有影响的文案撰稿人约翰·肯尼迪（John Kennedy）创立了情理广告学派。他为广告定下了“纸上推销员”的著名定义。克劳德·霍普金斯（Claude Hopkins）发展了约翰·肯尼迪的情理广告理论，成为情理派的代表人物。他认为，“广告之于商品，犹如戏剧之于人生，它既是商品，又高于商品”。他 1923 年出版的著作《科学的广告》一书是美国修习广告学生的必读书。

（2）芝加哥广告学派

这是源自美国芝加哥大学的广告理论流派，创始人是李奥·贝纳（Leo Burnett）。在广告表现上主张“我们力求更为坦诚而不武断，我们力求热情而不感情用事”。他通过热情、激情和经验，使所做的文案浸满了“内在戏剧效果”。他为万宝路推出的广告宣传战，成为以广告的力量创建全球品牌的传奇范例，并最终对烟草营销领域严厉的法规限制产生了影响。

（3）USP 理论

20 世纪 30 年代，罗瑟·瑞夫斯（Rosser Reeves）在“广告必须一定有助于销售”的流行观点的基础上，提出了广告是“独具特点的销售说辞”（Unique Selling Proposition）的理论。1952 年，他帮助艾森豪威尔竞选总统的电视广告宣传计划被采纳，从而改变了美国政治广告的宣传模式。其代表著作《实效的广告》于 1961 年出版后，迅即风靡全球。

（4）美术指导——文案协作理论

威廉·伯恩巴克（Willian Bernbach）提出广告写作一定要有创造力，在广告上最重要的东西就是要有独创性（original）与新奇性（fresh）。他认为美术指导与文案创作必须协调，二者通力合作，才有助于促进广告创意工作。1982 年 10 月威廉·伯恩巴克去世以后，美国权威杂志《哈珀斯》给予了极高的评价：伯恩巴克“可能比任何一个在《哈珀斯》133 年历史上出现过的杰出艺术家和作家，对美国的文化更具有冲击力”。

（5）广告古典主义

大卫·奥格威（David Ogilvy）创立了“形象设计理论”，被誉为“形象设计时代的建筑大师”，但他本人称自己为“广告古典主义者”。他注重以事实为依据的长文案，发展了阿尔波特·拉斯克（Albert Lasker）的“平面推销术”的理论。他的《一个广告人的自白》一书，自 1962 年出版至今已经被译成 20 余种文字，被誉为研修广告者的“圣经”。

3．广告学科创新时期主要理论

20 世纪 60 年代以后，随着新技术革命席卷全球，广告的现代化手段及表现技巧有了大幅度的革新，广告理论出现了许多创新的概念和解释，广告理论开始超越传统的既定的广告理论模式和范围。此时期，广告调查、广告目标、广告人素质、广告定位等理论成为广告学科的主要理论构成。

（1）广告调查策略

现代广告调查研究始于第一次世界大战以后，发展于第二次世界大战之后，繁荣于 20 世纪六七十年代。主要理论有“消费者动机和行为研究”、“细分市场和确定目标市场调查”、“产品调研和产品定位调查”等。

- 消费者动机和行为研究。20 世纪 60 年代以后广告主和广告公司已经意识到，要想有效地劝导人们购买，必须先深入了解消费者的购买动机和行为。美籍奥地利裔学者厄尼斯特·迪希特（Ernest Dichter）被认为是动机研究的权威。他的动机研究包括两个方面：一是找出人们行为的原因；二是探讨可借以促动消费者做某事的方法。他在《欲望之策》一书中，解释自己的工作目标是“还人类行为之本来面目”。许多广告公司经常用“深度面谈”或“核心小组讨论”等方式开展定性调研，了解消费者对产品、服务及有关事物的看法，从而形成有关消费者动机和行为思想。
- 细分市场和确定目标市场调查。细分市场是指企业把有关消费者分成各种类型，然后选择其中最合适的一两个或几个作为自己的目标市场。在英国，社会心理状态分类中最为人们熟悉的是按社会阶级分类。在美国，20 世纪 80 年代的营销界和广告界更为流行的社会心理状态分类方法是“价值观和生活方式分类体系”，简称 VALS。
- 产品调研和产品定位调查。产品调研旨在了解消费者对特定产品或服务的看法，对产品、服务特点的理解程度，从而帮助企业建立一个产品概念，或产品形象。这样做的结果，一方面有利于改进产品，另一方面也能了解产品在消费者心目中的地位，以争取一个相对竞争者有利的地位。

（2）广告目标理论

- AIDA 公式。20 世纪 20 年代，E·S·路易斯（E·S·Luis）提出了 AIDA 公式。其内容是有效的人员推销应该吸引消费者的注意力，引起兴趣，激发欲望，最终促成行动。即 Attention→Interest→Desire→Action。每次广告活动都应该有自己特定的广告目标，才能使广告达到有效化。
- DAGMAR 法。20 世纪 60 年代初，R·H·科利（Russell H.Colly）在为美国全国广告主协会所做的研究并出版的《制定广告目标以测定广告效果》一书提出的制定广告目标的理论方法。此方法又称“目标与任务法”（Objective-and-task）。科利认为：“广告目标是记载对营销工作有关传播方面的简明陈述。”“广告目标是用简洁、可测定的词与笔之于书，其基准点的决定是依据其所完成的事项能够测量而制定。”

- L&S 模式。R · 莱维奇（R · Lavidge）和 J · 斯坦纳（J · Steiner）于 1961 年在美国期刊《营销学报》上，提出了一种 DAGMA 理论的“从知名到行动的进展”层级模型。
- 采用过程模式。1971 年 E · 罗伯逊（E · Roberson）提出了消费者最终采用其产品或服务前经过的六个阶段理论，被称为“采用过程模式”，又被称为“采用分级模式”。他认为广告是一种必须把人们推上一系列阶段的力量。
- 广告预算的“临限”理论。肯尼斯 · 朗门（Kenneth Longman）根据企业利润分析，提出了一个广告投资模式。他主张任何品牌所做的广告，只能在两个销售点之间发生效果，那些销售是在“临限”（threshold）与最大销售量之间。

（3）广告人素质理论

美国学者詹姆斯 · 韦伯 · 扬（James Web Young）20 世纪 60 年代创立的广告人素质理论在广告人的培养上最为权威，其具体思想集中于《怎样成为广告人》一书中。扬提出了系统的广告人应该掌握的知识：① 陈述主张的知识；② 市场的知识；③ 信息的知识；④ 信息运送工具的知识；⑤ 交易渠道的知识；⑥ 怎样知道广告发生功效的知识；在这里，扬提出了预测广告发生功效的五种基本法则——其一，以之建立熟悉感（By Familiarizing），熟悉感是许多购买习惯的基础，“当广告为某一产品或某人建立起这种熟悉感时，广告就使你对其增加了心理上的价值”，其二，以之作为提醒作用（Breminding），即以提醒来激发消费者产生购买需要感，其三，以之传播新闻（By Spreeding News），目的是让消费者知道生产者在做什么，有什么新产品或服务，其四，以之克服抱残守缺的人类惯性（Bovercoming Inertias），以广告作为一种外力去克服人们的消费静止状态，改变人们的消费行为、消费习惯，促成购买行为，其五，以之增加产品所未具有的附加值（By Adding a Value not in the Product），使用广告，使得产品在有形价值之上，增加主观价值；⑦ 特定情况的知识，这主要是指广告策略的知识。扬强调应该培养广告人的两大能力，即观察能力与直觉能力。为了论述“观察力”及“直觉力”的重要性，扬在自己的著作中大量引用哈佛大学心理学家布鲁诺（Jerome S.Bruner）所著《教育的过程》中有关观察与直觉力价值的解释。

（4）广告定位理论

在竞争愈益激烈的 20 世纪 70 年代，美国营销和广告界的学者掀起了定位风潮。广告定位理论的领袖人物是艾 · 里斯（Al Rise）和杰克 · 特劳特（J.Trout）。早在 1969 年，艾 · 里斯和杰克·特劳特在美国《产业营销杂志》写了一篇名为《定位是人们在今日模仿主义市场所玩的竞赛》，首次使用“定位”(Positioning) 一词。一般认为，自从两人于 1972 年在美国专业期刊《广告时代》上发表一系列“定位时代”的文章起，广告定位理论开始出现。到 1981 年他们出版了《广告攻心战略——品牌定位》一书，广告定位思想已经成型。1986 年和 1989 年两人又继续合作，出版了《营销战争》和《自下而上搞营销》两本书，为广告定位理论的成熟化奠定了基础。1996 年杰克·特劳特出版了《新定位》总结了 25 年来定位理论的发展，提出了许多新的理论和思想。

艾·里斯和杰克·特劳特认为，广告已进入一个以定位策略为主的时代，“想在我们传播过多的社会中成功，一个公司必须在其潜在顾客的心智中创造一个位置。在定位的时代，去发明或发现了不起的事物并不够，甚至还不需要。然而，你一定要把进入潜在顾客的心智，作为首要之图”。他们认为，进行广告定位首先要做心理分析。

1）研究潜在顾客心理是广告定位的出发点。“定位的基本方法，不是去创作出某种新奇或与众不同的事项，而是去操纵已经存在于心中的东西，去重新结合已经存在的联结关系。”他们提出了许多重要的命题，诸如“人们只看他们所期望看到的事物”，“在人们的心理上不仅排斥与自己以前知识或经验不相符合的信息，而且同时人们实际上也没有很多的知识或经验来应用”，“人们心理上存在着等级和阶梯”等。

2）有悖于消费者心理的具体定位失误分析。艾·里斯和杰克·特劳特对于定位失败的案例进行了详尽分析，提出了一些著名的论断，如“挑战一个在同类产品中雄踞第一的品牌意味着失败”，“高品质的产品并非一定能够击败对手”，“品牌推广并非都能够成功”，“高技术并非会真正带来极大成功”，“不适当名称选择导致失败”，“不要努力去向任何人诉求”等。

3）具体定位建议。基于德国动物心理学家 K·劳伦斯 (K·Lorenz) 的“印遗现象”说，他们发现“最先进入人脑的品牌，平均而言，比第二品牌在长久的市场占有率方面要多一倍。第二的品牌比第三的又会多一倍。而此种关联是不易改变的”。因此，主张企业或产品要学会“建立领导地位”，以抢先进入消费者心里。而一旦市场上已有雄踞第一位的品牌，企业一定要选择“跟进者的定位”或“比附的定位”，即可以采用“空隙大小定位”、“高价位或低价位定位”、“性别空隙定位”、“年龄空隙定位”、“时段空隙定位”、“区域和群体的空隙定位”、“量的比附”、“质的比附”，甚至于为竞争对手进行定位。

4）学会简单化思维。杰克·特劳特在 1996 年出版的《新定位》中，从思维角度进一步丰富了定位思想。他认为“过度的信息交流已经改变了人们整个交流的规则以及在不断地影响着人们生活。”“我们一般认为烦琐来源于缺少刺激，即一种信息的缺乏。但是通常的状况是烦琐、厌倦来源于过多的刺激和信息，并由此带来的副作用”，然而在广告定位中减少复杂和混乱的最佳方法就是使你的信息更加简洁明白，越简单的则越容易被人记忆，“最具冲击力的计划就是那些只关注几个简单词的计划”。正如一句格言所说：简单最伟大。

（资料来源：西北大学学报，作者：黄孟芳，有删减）

问题理解

1. 广告定位思想的内容是什么？
2. USP 理论的主要内容是什么？
3. 品牌形象论的基本要点是什么？
4. 简述 CI 系统及其子系统。
5. 简述 5W 模式。
6. 简述 AIDMA 的原理。
7. 简述 CS 理论的原理。
8. 简述 STP 理论的原理。
9. 简述 IMC 理论的要义。
10. 阅读专论 3，针对文中所涉及的相关理论进行探究性学习。

案例分析

克劳德 · 霍普金斯是开创现代广告的六位巨擘之一，也是科学广告实务的启蒙者。他的广告针对平民消费者，注重实效。他认为广告的形式并不重要，关键是看效果。喜力滋啤酒广告案是其经典作品之一。喜力滋啤酒是霍普金斯为 J · L · 斯塔克公司策划的一个广告活动。喜力滋当时排名第五位，所有的啤酒商那时都标榜“纯啤酒”，同质化现象非常明显。霍普金斯清楚，必须找出新的诉求点才能使喜力滋脱颖而出。为此他去了一所酿酒学校，学习酿酒知识，但是没有一点帮助。接着，他又研究酿酒工艺。当他看到在厚玻璃板围成的屋子里，啤酒从管子里滴出来时，他问为什么这样设计，啤酒制造商回答说经过屋子里的空气过滤，啤酒就可以在纯净的环境中冷却。当他看到巨大的过滤器里装满了白木浆时，他们又解释说那个装置是过滤啤酒的。他们给霍普金斯演示怎样清洗水泵和管道，给他看取自地下 1 000 多米深的自流井、酿酒的大缸及实验室等。当霍普金斯参观完啤酒的工艺流程后带着惊奇回到办公室说：“为什么你们不和大家说说这些事？为什么你们不说酿造啤酒的这些程序？”制造商却说：“我们的程序和别人的完全一样。”霍普金斯回答说：

"可是别人谁也没讲过这个故事。谁参观过你们的酿酒工艺都会感到惊奇，把它印出来肯定会让所有人产生兴趣的。"霍普金斯认为，在制造商看似很平常的东西，也许会使他与别人有很大的区别，而这种区别足以吸引潜在买主们那最后导致购买的好奇心。基于这个观点，霍普金斯在广告中将生产流程中所有纯净状态中的东西进行了细致描述，并将其中一个工艺环节的特点提炼成广告语"喜力滋啤酒是经过蒸汽消毒的！"其实所有品牌啤酒的啤酒瓶都是经过高温蒸汽消毒的，但是，事实是次要的，重要的是别人从没有这样说过，现在喜力滋啤酒抢先说出来，效果自然不同凡响。霍普金斯讲述了一个对所有优秀啤酒生产商来说都很普通但从没有人讲过的故事，他让"纯净"有了切实的含义。广告活动后的几个月内，喜力滋啤酒的销量一下子从第五位上升到第一位，并且一直维持了几十年。

思考题：

1．本案例反映出霍普金斯什么样的广告观？

2．分析现代广告运用霍普金斯这种广告观的典型作品。

调查研究

1．调查内容：收集某一行业的产品广告，梳理出这些产品的 USP 进行分析。

2．操作方式：将班级分成若干组，每组选择一个行业，针对该行业的产品广告进行 USP 分析和评价。

3．训练成果：每组撰写一篇分析评价文章并在班级进行交流。

第4章

广告策划

引导案例

Patek Philippe 手表：代代相传，由你开始

商业广告都有其明确的商业意图，消费者在接触这些广告时不免会产生一种本能的心理戒备。因此，在广告策划时，要想方设法消除消费者这种心理戒备。Patek Philippe 手表曾在美国《商业周刊》和《新闻周刊》等杂志上策划发表了充满人性洞察的系列广告。Patek Philippe 表的使用者大都是青少年，而其产品的购买者却是他们的父母——人到中年的怀旧者。由于生活的压力，人们不得不拼命工作，与父母、子女共享天伦之乐，成为一种奢望。正是在这种社会背景下，Patek Philippe 策划了一系列带有浓浓的亲情色彩的广告。广告语“代代相传，由你开始”是说给孩子们听的，广告正文“你永远无法真正拥有一块 Patek Philippe 表，你只能为你的下一代精心保管它”，则是说给父母们听的。广告中，黑白色的老照片、色彩亮丽的手表造型，蓄意深刻的广告文案，整体上充满怀旧的情调，是为了让这些为人父母的中年人能够回到过去，回到他们做孩子时的岁月。另外，广告策划了“同性别场合”，即广告中出现的人物，要么父与子，要么母与女，由于手表的款式男女有别，这里的“代代相传”也就只能限于父与子、母与女之间了。“同性别场合”便成了 Patek Philippe 广告的另一个特点。

➲ **辩证性思考**：洞察人性奥秘对于广告策划有什么重要性？

本 章 学 习 目 标

- 掌握广告策划的含义和基本原则；
- 掌握广告策划的程序和内容；
- 掌握广告预算的方法；
- 掌握广告策划书的撰写。

关 键 术 语

广告策划　广告目标　广告主题　广告预算　销售额比例法　目标达成法

广告策划是广告运动的灵魂，它的成败牵系广告活动的成败。《孙子兵法》有云：“夫未战而庙算胜者，得算多也；未战而庙算不胜者，得算少也。多算胜，少算不胜，而况乎无算乎？”1955 年，一部名为《策划同意》的著作出版，在书中，爱德华 · 伯纳斯提出了“策划”这一挑战性概念。20 世纪 60 年代伦敦 BMB 广告公司创始人斯坦利 · 波利特在广告领域倡导广告策划，算是标准的介入，美国奇阿特 · 戴公司的推广则使之蔚然风行。

4.1　广告策划的含义及基本原则

4.1.1　广告策划的含义

策划一般是指对某一活动的运筹和规划，是动态的计划。港台经常用企划（画）一词，实际上是从日语“企画”沿用而来，与英语“Plan”意思相近。美国哈佛企业管理丛书编纂委员会认为：“策划是一种程序，在本质上是一种运用脑力的理性行为。基本上所有的策划都关于未来的事物，也就是说，策划是针对未来要发生的事物做当前的决策。”

所谓广告策划，是指在充分考虑广告主、市场等若干问题的基础上，有针对性地按照一定程序对广告活动进行整体计划与安排。广告策划是广告活动的灵魂，在广告活动中处于核心地位。

4.1.2　广告策划的基本原则

1. 系统性原则

广告策划是广告活动的灵魂，因而广告策划务必要使广告活动中的广告调查、广告创意与表现、广告制作与发布、广告效果测定等各个环节协同作用，融为有机整体。同时，每次广告策划活动并不是孤立的过程，对于企业的发展战略而言，每次广告策划都需要尽量在所处的时期着力体现广告主题、广告表现和广告发布途径的系统性。此外，广告策划是企业营销策划系统中的一个重要组成部分，广告策划必须服从企业营销策划，与企业营销策划中的各项策略协同，形成一个协调统一的大系统，共同发挥作用。所以广告策划的过程中必须把握系统性原则。

2．目的性原则

目的性原则主要是指在广告策划的过程中，要明确所要进行的广告活动的中心，以目标为线索，将广告活动的不同环节连接起来，以实现有条不紊的活动安排。对于一个企业而言，其经营过程中，可能会针对各种具体情况同时制定出若干种目标，不过，对于每次既定的广告活动而言，其能够实现的目标数量有限，为了实现更好的广告效果，每次广告活动最好只瞄准一到两个目标。

3．创新性原则

广告策划的创新性原则主要指对整个广告活动及各环节的策划要大胆创新，求新求异，在广告战略和策划方面有独到之处。通常我们认为，广告创意是最需要求新求异的，而广告策划更需要科学性和规范性。其实，一个广告要想吸引并打动消费者在广告策划阶段就应该创新，不能平庸。

4．可操作性原则

广告策划必须有很强的可操作性。广告策划的每个具体的步骤和方法都必须是可以实际操作的，而不是纸上谈兵。坚持可操作性需要注意两点：第一，广告策划必须结合企业实际，在企业现实条件下，广告策划的目标和手段具有可行性；第二，广告策划所谋划的每个环节都必须能够实际操作的，在广告策划方案中，广告创意方案、广告媒体策略方案、广告效果测定方案、广告预算方案等，都应当具有很强的实用性和可执行性。

5．效益统一原则

效益性原则不仅仅指经济效益，还应包括社会效益，需要经济效益与社会效益的统一。广告活动本质上是一种经济活动，对经济效益的追求是广告策应当遵循的重要原则。但是，广告策划中还要考虑到广告活动所带来的社会影响。广告是一种特殊的传播行为，其影响力在大众传播媒介的推动下是不可小视的。所以广告策划在追求经济效益的同时，还必须遵守我国相关的法律法规，遵循社会主流的道德标准。

4.2　广告策划的内容

4.2.1　市场调查与分析

市场调查与分析阶段是广告策划运作的开端，也是后续决策过程的基础。因此，在进行市场调查与分析时应该准确地把握要点，使用正确的方法。

广告市场调查分析的内容主要包括以下几个方面：

1．企业营销环境调查

营销环境的调查主要从三个方面展开：第一方面是企业面对的宏观环境，包括宏观经济形势、市场的政治和法律背景、文化背景等因素；第二方面是企业营销环境中的微观制约因素，包括企业自身目标和资源、企业的供应商与企业关系、产品的营销中间商与企业的关系、顾客对企业和产品的态度及其实际的购买行为、竞争者的情况等；第三方面是市场概况，包括市场的规模、市场的构成、市场构成的特性等方面。

2．消费者情况调查

对于消费者进行分析，目的在于确定哪些消费者是本产品的目标消费者，哪些消费者还有争取的机会。对于消费者的调查主要从以下一些环节展开：消费者的总体消费态势、现有消费者的构成与态度、潜在消费者的特性等。

3．产品调查

对产品进行调查分析的主要目的在于明确产品的特性、产品与竞争品牌相比的优势与劣势。通过调查为后续的决策提供依据。产品调查分析主要从以下几个方面展开：产品的性能、产品的质量、产品的价格、产品的材质、生产工艺、外观和包装、产品生命周期、产品的品牌形象、产品定位以及与同类产品的比较等。

4．竞争状况调查

根据企业在目标市场上的市场占有率、对整个市场的影响力、对同类企业的影响程度的不同，企业在市场中的角色可以被分为以下几种：市场领导者、市场挑战者、市场追随者、市场拾遗补阙者。通过竞争状况调查，明确企业在市场竞争中的地位、角色以及竞争对手的情况，总结出企业面临的机会与威胁、企业与竞争对手相比的优势与劣势。

5．企业与竞争对手的广告调查

广告是企业间开展竞争的重要手段，因此在进行广告策划中的市场分析时，企业自身、企业竞争对手的广告策略和广告活动是不可缺少的内容，具体要点包括：广告活动的概况、广告的目标市场策略、产品定位策略、广告诉求策略、广告表现策略、广告媒介策略以及广告效果等。

4.2.2 确定广告目标

1．确定广告目标的重要性

广告目标是指广告活动要达到的目的。广告策划的首要任务，就是明确广告传播活动将要实现的目标。广告目标规定着广告活动的方向，其他广告活动如媒体的选择、表现方式的确定、广告应突出的信息内容，都要围绕广告目标来考虑。广告目标也是衡量广告传播效果的一个重要依据。

2．制定广告目标的方法

科利 1961 年提出的 DAGMAR 法是制定广告目标的最常用方法。所谓 DAGMAR，就是"制定广告目标以测定广告效果"（Defining Advertising for Measured Advertising Results）的缩写。科利强调，以传播效果衡量广告是合理的。他认为，一次广告活动，首先要建立广告目标，然后针对广告目的来测定广告活动的效果。

科利提出了制定广告目标的六项原则，简称 6M 法则，来界定所要达成的广告目标，即商品（Merchandise）、市场（Markets）、动机（Motives）、信息（Messages）、媒介（Media）和测定（Measurements）。

按照这一方法，广告目标可以由四阶段构成：第一阶段的目标是知名度，即潜在消费者首先一定要知晓某品牌或企业的存在；第二阶段的目标是了解，即潜在消费者一定要了解这个产品能为其带来什么利益；第三阶段的目标是信服，即潜在消费者一定要达到心理倾向并产生购买欲望；第四阶段的目标是行动，即让潜在消费者能采取购买行动。表 4-1 是一个广告策划中的广告目标示例。

表 4-1 广告策划中的广告目标示例

	全国性活动（%）	重点市场（%）
知名	30	75
认知正确形象	20	60
喜爱	15	50
试用	10	40

续表

	全国性活动（%）	重点市场（%）
再购率	50	50

注：① 知名——当问及全部想到的品牌名称时，目标市场的 30%会正确地说出某品牌的名称，重点市场的 75%会正确地说出某品牌的名称。② 认知正确形象：20%目标市场从某品牌的广告信息中认知某产品的正确形象，重点市场要达到 60%。形象认知以检核表、语意差异测定。③ 喜爱：15%的目标市场在某产品类别各品牌中偏好某品牌，重点市场要达到 50%。以偏好等级次序法或以得分率法测定喜爱度。④ 试用：10%目标市场在第一年中购买一件某品牌产品一次，重点市场要达到 40%。试用可以零售店稽核，也可以折价券承兑来测定。⑤ 再购率：那些在第一年中试用某产品的消费者将有 50%再购买某产品，可以日志法或追踪研究测定。

4.2.3　明确广告对象

广告对象是指广告信息的传播对象，即广告信息的接收者。明确广告的传播对象是广告策划的重要内容。

作为一种付费传播活动，广告应该有的放矢，向广告商品的购买者或可能的购买者，即现实的和潜在的购买者传递有关信息。这些现实的和潜在的购买者，就是广告目标市场。

需要注意的问题是，确定广告目标市场，应与企业目标市场保持相对的一致性。广告目标市场应有一定的市场潜力，不仅有利于保持现实消费者，而且能够开发潜在的消费对象；借助广告媒体可以到达，能够发挥其特点和优势，使目标消费者能最大限度地接触到广告信息。图 4-1 是一则女性化妆品广告，图 4-2 是一则男士手表广告，形象代言人以及广告整体风格都与目标受众的审美标准相一致。

图 4-1　女性化妆品广告

图 4-2　男士手表广告

在确定广告目标市场之后，还要进一步了解目标市场消费者的基本情况、消费心理、物质需求、消费行为等，为确定广告传播的内容、采取相应策略提供依据。

4.2.4 提炼广告主题

广告主题是广告的中心思想，是广告的灵魂，它统率广告作品的创意、文案、形象、背景等要素。它像一根红线贯穿于广告之中，使广告各要素组合为一个完整的广告作品。

对广告主题进行构思、提炼，要以广告的宏观环境分析为基础，还要分析研究企业的内部经营环境。

1．企业经营状况

分析企业生产经营环境，首先要对整个行业有一个宏观的把握。先了解本企业所属的行业前景如何，是朝阳型还是夕阳型？是处于发展时期还是处于衰退时期？全行业供求关系怎样？是供过于求，还是供不应求？等等。再看相关行业（如相关原材料行业等）未来的发展趋势如何，替代产品行业市场情况如何等。在此基础上，了解企业的经营状况，主要有以下 4 方面：

- 企业历史。是老企业还是成立不久的新企业；在历史上有过何种贡献；在社会上声誉如何等。如胡姬花花生油“源自 1918 年，地道花生油木榨工艺”，将其悠久的历史作为广告诉求点。
- 企业人才。企业拥有的人才素质、规模和构成；业务水平如何；有何科研成果；有什么特长。
- 企业设施。企业的生产设备、营业设施是否先进；操作技术有无特色。
- 经营特点。企业的市场分布、商品种类、流通渠道如何；生产目标、营销目标怎样；有无新的经营方式与措施；服务水平如何，在消费者心目中的印象如何；公共关系活动情况等。

另外，对企业历年的广告活动情况，如广告费支出、媒体的运用、广告效果的评价等，也应了解掌握。

2．商品特性

企业经营的产品有哪些，各有什么特点，主要从以下 5 方面考虑：

- 商品的原材料方面有无优点和特点。如农夫山泉的水源来自千岛湖国家一级水资源保护区；农夫果园的鲜果来自巴西等。

- 商品的生产制作过程是否先进、严密。如开发时间、生产设备、制造方法、检测方式等。德国大众牌汽车对产品检测把关很严，即使有肉眼看不见划痕的汽车，检测员也会抓住不放，不让出厂，广告就突出了这一点。
- 商品的使用价值如何。更重要的是了解商品能给消费者带来哪些利益。通过产品差异化，抓住商品中突出的功能，给予消费者的特殊利益，如商品的保存性、便利性、经济性等。
- 商品的外观。如外形特点、规格、花色、款式、质感如何，包装、装潢方面的特色。
- 商品生命周期。由于商品处在不同的阶段，工艺熟练程度不一样，消费需求特点不同，市场竞争状况也不一样，广告的诉求重点应有所区别。

此外，还要了解竞争商品的有关信息，进行比较，发现差异，寻找本商品的独特之处，使广告主题更鲜明、更有针对性、更富有竞争力。

在把握了商品和企业的特点后，即根据商品的直接效用、展开效用和附加特性，根据企业形象，运用定位的方法，构想、提炼出广告主题。

4.2.5　制定广告表现策略

广告表现策略要通过广告创作来实现。广告创作主要包括广告主题的确定、表现形式的采用、文稿的撰写、图像的绘制、画面的摄制等多方面的内容，大体上可分为四个过程。

- 资料收集整理阶段。收集和整理通过广告调查和其他方式获取的信息资料，并进行分析研究。
- 设计决策阶段。在这一阶段主要是设想确定广告表现目标、广告诉求重点和广告主题；这两个阶段为广告创作的准备阶段。
- 构思创作阶段。依据广告主题的要求，提出广告设计方案并制成样本送交广告主审核修改。
- 实际制作阶段。根据已经确定的设计方案，进行实际创制，最后送达广告传播媒体机构。

制定正确的广告表现策略，对于保证广告作品能够符合广告策划的总体要求有着重要的意义。在广告策划时，企业决策部门和广告部门也应该对广告创作提出原则性的要求和建议。图 4-3 是雀巢咖啡广告，广告表现幽默，让人在会心一笑中产生消费欲望。

图 4-3　雀巢咖啡广告

▶▶ 4.2.6　制定广告媒体策略

制定正确的广告媒体策略，目的是在有限的广告预算内，得到最大的广告效益。广告媒体战略和策略不对，即使已有优秀的广告作品，也等于是明珠暗投，发挥不了沟通作用。

广告媒体策略主要包括选择媒体、确定广告发布日程和方式两项内容。

- 选择媒体。媒体选择实际上是在尽可能有效地接触目标受众和广告费用许可这两个条件的约束下进行的。需要考虑各种广告媒体的传播特点、广告商品的特性、消费者接触媒体的方式和习惯、广告目标的要求、市场竞争的状况、广告费用的支出等各种因素。在此基础上，按一定步骤对媒体进行选择：先提出媒体选择的目标，然后确定媒体类型；在选定的媒体类型中，再选定具体的媒体；接着确定在媒体上发布广告的方式以及进行媒体组合；最后提请广告主审定媒体选择方案。
- 确定广告发布日程和方式。主要包括广告在什么时间发布，持续多长时间，在不同媒体上的发布方式、时段选择、空间布局等。

如何实施广告表现策略和媒体策略，后面有关章节将进行详细的讨论。

▶▶ 4.2.7　编制广告预算

广告预算是企业投入广告活动的费用计划。制定广告预算，主要是为了更有计划地使用广告经费、减少浪费，使广告更有效率。正确编制广告预算，是广告策划的重要内容之一，是企业广告得以顺利开展的保证。

1．广告预算的内容

什么项目应该列入广告预算，什么项目不应列入广告预算，一些广告主并不十分清楚，如有的企业将对外招待费也列入广告预算。帕蒂和布拉斯科于 1981 年对美国 100 家著名广告主做了一次调查，以了解其广告预算包括哪些项目，表 4-2 是调查的结果。

表 4-2　广告预算白灰黑表

白表（White　List）通常列于广告预算内	
媒介版面或时间的刊播费用	促销广告费用
广告发布前测试的费用	广告设计和制作费用
媒介调查和受众调查费用	广告礼品费用
其他与广告活动有关的费用	
灰表（Gray　List）通常可列或不列入广告预算内	
样本费	示范费
展览费	房租
照明费	广告部门各种用具的折旧费
电话费	广告宣传车的费用
向广告组织缴纳的费用	市场调研费
黑表（Black　List）通常不列入广告预算内	
免费赠送商品的费用	社会慈善费
旅游费	包装费人员
福利费	说明书印刷费
销售会议费	

表 4-2 所列项目，白表应属广告预算，灰表可列也可不列，而黑表则完全不应列入预算。通常来说，下列内容应属于广告预算：

- 媒介版面或时间的刊播费用；
- 促销广告费用；
- 广告设计和制作费用；
- 广告发布前测试的费用；
- 某些与广告活动有关的公共关系活动及费用；
- 媒介调查和受众调查费用；
- 广告礼品费用；
- 其他与广告活动有关的费用。

2．确定广告预算总额的方法

确定广告预算总额的方法有很多种，每种方法都有各自的长处和短处，没有一种方法被公认是最科学的。因此，有些企业在编制广告预算时，往往采取两种以上的方法。企业常用的确定广告预算总额的方法主要有以下几种。

（1）销售额比例法

销售额比例法是以销售额的百分之几作为广告预算总额。采用这种方法，主要考虑两个因素：一是销售额的高低，通常是根据上年度销售额的多少来确定广告预算总额的多少，有时是根据下一年度预计的产品销售额来确定；二是广告预算总额占销售额比例的多少，究竟将销售额的百分之几作为广告费，应视具体情况而定，不同的产品、不同的市场环境、不同的营销战略，都会导致这一比例的变化。

这种方法简单可靠，因此被企业广泛采用。但其最大缺点是比较死板，不能适应市场环境和竞争状况的变化，不能适应开拓新市场的需要。不过，在竞争环境比较稳定、能够较为准确地预测未来市场动向和销售额的情况下，采用这种方法是比较适宜的。

（2）销量单位法

销售单位指商品销售数量的基本单位，如一个、一箱、一台、一辆、一瓶等。销售单位法是规定每个销售单位上有一定数目的广告费，然后根据商品的预计销售量来计算出广告费的总额。这种方法实际上是销售额比例法的一种变形。采用这种方法的主要是以下两种类型的商品：一种是价格较高的耐用消费品，如机械设备、汽车、冰箱、电视机等；另一种是水果、酒类、化妆品等销售单位明确的商品。

这种方法的优点与缺点同销售额比例法一样。

（3）利润比例法

利润比例法是将利润额的一定比例作为广告预算总额。这种方法的缺点也是不能适应环境条件的变化。比如，一个新产品问世，要开拓市场，就需要投入较多的广告费，采用利润额比例法，显然不能适应这种需要。而且，同销售额比例法相比，利润额与广告费之间的关系更为间接，因而采用这种方法的企业要比采用销售额比例法的少。

（4）目标达成法

目标达成法首先是根据企业的营销目标确定广告的目标，然后再考虑为了实现广告目标应该采取的广告活动计划，如广告媒体的选择、广告表现内容的确定、广告的发布时间、频率的安排等，最后逐项计算实施广告计划所需的费用，累加起来就是广告预算总额。从理论上说，这种方法是比较科学的，但在具体实施中也有很多问题。广告目标通常分为知名、了解、确信、行为 4 个阶段。越到后面的阶段，广告目标实现起来越困难，特别是广告在影响消费者的购买行为方面，二者关系比较复杂。通常企业在宣传新产品时往往采用目标达成法，因为这时的广告目标主要是提高产品知名度，而这种广告目标与广告发布的时间与数量的关系比较明确，因而很容易推算出广告预算的总额。

（5）任意法

任意法是以前一时期的广告费为基础，综合考虑市场动向、竞争情况等因素，根据经验将广告预算总额适当增加或减少。这种方法虽不够科学，但计算简单，因而仍为一些企业采用。采用任意法时，要求企业负责人具有丰富的经验和正确的判断力。

（6）支出可能额法

支出可能额法是一种适应企业财政支出状况的方法。要按照企业财政上可能支付的金额，来设定广告费的预算。当然，企业投入广告费越多，广告活动越容易开展，而且在推销新产品时采用这种方法效果往往比较明显。

（7）竞争对抗法

竞争对抗法是根据竞争企业的广告费来确定本企业能与之对抗的广告预算总额，即整个行业广告费数额越大，本企业的广告费也越大；反之，则越小。这种方法是把广告作为商业竞争的武器，因而需要企业有雄厚的实力做后盾。

4.3　广告策划书的撰写

撰写广告策划书，实际上是把广告调查分析结论、广告目标决策、定位策略、媒介策略、诉求策略、创意成果、宣传文案、表现策略、预算方案诸方面的内容，以文书的形式表现出来，为展开广告宣传活动提供工作指南。

4.3.1 广告策划书的基本内容

广告策划书格式因撰写者和个案而异，并无固定要求。但一则完整的广告计划一般应由内容摘要、市场分析、广告策略、广告计划、广告效果预测等方面构成。

1．内容摘要

广告策划的内容摘要是广告策划书的第一部分，它简明地罗列了广告策划的要点，如本次广告活动的费用预算、广告创意的概况、针对的媒体受众（或目标市场）、使用的媒体种类等。

内容摘要是广告策划的要点概述，因此一定要简洁，使决策者在最短的时间内对本次广告策划的内容有一个大概的了解。在摘要中，要强调本次广告策划活动的独到之处或最吸引人的促销措施，以激发决策者的兴趣。

2．市场分析

市场分析主要是把广告调查、分析结论表述出来，具体内容包括以下 4 个方面。

- 市场环境分析。包括国家经济形势与经济策略分析、市场文化分析（如法规文化、社会习俗、消费文化、文明程度等）、市场消费状况分析（如整体市场与分割市场的构成、有效需求的规模、公众消费的变化趋势等）、市场商品格局状况、竞争对手的广告策略及市场战略分析等内容。
- 公众分析。包括消费者的构成分析（如人口构成、收入水平等）、消费能力分析、消费行为分析（如消费心理、购买动机、频率等）、消费时尚分析、消费态势走向分析、公众需求与商品之间的一致性分析等。
- 产品分析。包括产品个性特征分析（如性能、质量、价格、原料、工艺、包装、外观造型）、商品定位分析、服务项目分析、产品生命周期分析、品牌形象分析等。
- 分析结论。即立足广告策划需要，表述分析、研究的结论，尤其是企业的经营情况，企业与产品形象分析结论，市场环境与市场要求分析结论，公众消费意识、经济条件与需求分析结论，企业在开发设计、生产管理、市场营销等方面存在的问题，公众市场为广告宣传活动所提供的机会点，企业优势为广告宣传活动所提供的支持点等。

在写作过程中，这部分应该条理化、写实化，注重运用调查数据、资料阐述分析结论。

3. 广告策略

这是广告策划书的重点部分，主要介绍广告决策、策划的基本结论，具体内容有以下 7 个方面。

- 目标策略。主要介绍广告目标设想、战略性方法、阶段广告工作任务。
- 定位策略。介绍企业形象和品牌形象的定位建议、市场定位、宣传商品的品质定位、宣传观念定位等。
- 媒介策略。主要介绍广告媒介的分配规划（包括媒体分配、地理分配、时间分配、内容分配 4 方面的规划内容）、组合方式以及媒介选择、选用理由、选用方式、选用次数、日期、持续时间、媒介启用时的注意事项等。
- 诉求策略。主要介绍本次广告宣传的诉求对象、诉求符号、诉求信息和诉求方式等。
- 创意说明。主要介绍广告宣传的意境设想、意境表述、意境风格和创意的独特之处。
- 宣传文案。主要介绍系列化广告宣传的主题、标题创作思路、意图。
- 表现策略。主要介绍广告的主题表述、文案表述（包括平面广告作品文案、电视广告分镜头脚本）、各种广告媒介的表现、媒介规格以及制作要求等。

在写作中，这一部分应该力求翔实具体、清晰明确，以写实化的手法描述广告宣传作品的式样，给人以实体感。

4. 广告计划

广告计划是执行广告宣传方案的计划，具体内容有以下 4 个部分。

- 广告工作计划。主要介绍进行广告调查、创意、策划、设计、制作和实施的时间安排。
- 广告发布计划。主要介绍广告媒介作品在各种媒介上推出的时机及其文化、心理上的象征意义，广告宣传的持续时间和终止时间等。
- 其他活动计划。主要介绍配合广告宣传所策划的市场经营活动的时间安排，如公共关系活动、商务促销活动等。
- 经费预算与分配。主要介绍《广告宣传项目预算表》。

5．广告效果预测

广告效果预测主要展望广告宣传活动的理想化效果。在写作中，应该实事求是，简明扼要。

4.3.2 广告策划书的评估论证

广告策划书草案编写后，应组织有关力量（如广告创意人员、策划人员、执行人员、企业广告负责人、文学工作者、财会人员等）对策划书草案进行评估和论证。评估可采用量表法，根据得分多少判断出优、良、中、差的组别，并据此做出修改。

对广告策划书进行评估，表面上看是评价策划书，而实际上涉及整个广告。评估的内容比较全面，具体评估指标参见表 4-3。

表 4-3 广告策划书评估量表

项　　目	项目总分（分）	评估指标	指标分值（分）	实际得分（分）
文书结构	3	结构完整性	1	
		用词准确性	1	
		表达清晰性	1	
广告调查	4	方案科学性	2	
		结论可靠性	2	
目标决策	6	切合企业	2	
		切合产品	2	
		切合公众	2	
定位策略	9	符合商品形象	3	
		突出品牌优势	3	
		富有特色	3	
媒介策略	12	有效性（或展示商品形象）	3	
		具有整合性	3	
		符合公众媒介习惯	3	
		可行性	3	

续表

项　　目	项目总分（分）	评估指标	指标分值（分）	实际得分（分）
诉求策略	8	诉求对象明确	2	
		诉求符号有冲击力	2	
		诉求信息有感染力	2	
		诉求方式有心理依据	2	
主题创意	12	鲜明	3	
		准确（符号定位创意要求）	3	
		吸引力	3	
		新颖	3	
广告文案创　　作	12	标题吸引性	3	
		标语鼓动性	3	
		正文有效性	3	
		表述具有冲击力	3	
广告表现策　　略	18	广告图画美观性	3	
		广告图画有用性	3	
		广告音乐有效性	3	
		广告设计科学性	3	
		布局（编排）合理性	3	
		作品具有文化性	3	
广告计划	3	系列性	1	
		连贯性	1	
		可行性	1	
经费预算	6	合理性	6	
想象量级	7	冲击力	4	
		说服力	3	

根据广告策划书评估量表，可以对广告策划书逐项评分，根据实际总得分，判断广告策划内容的优劣，并提出相应的评估意见和修改建议。

广告策划书的撰写，既要强调文字的简洁性，又要注意内容的翔实性、结构的条理性，是科学与艺术的有机结合。

本章小结

- 广告策划是广告运作的灵魂。广告策划，就是广告策划者在充分考虑广告主、市场等若干问题的基础上，有针对性地按照一定程序对广告活动的总体战略进行整体计划与安排。
- 广告策划必须符合系统性原则、目的性原则、创新性原则、可操作性原则以及效益统一性原则。
- 广告策划的内容包括市场调查与分析；确定广告目标；明确广告对象；提炼广告主题；制定广告表现策略；制定广告媒体策略；编制广告预算等。
- 撰写广告策划书，实际上是把广告调查分析结论、广告目标决策、定位策略、媒介策略、诉求策略、创意成果、宣传文案、表现策略、预算方案等方面的内容，以文书的形式表现出来，为展开广告宣传活动提供工作指南。广告策划书的内容主要包括内容摘要、市场分析、广告策略、广告计划及广告效果预测。

专论4 Focus

社会心理学在广告策划中的意义

社会心理学是一门就人们如何看待他人，如何影响他人，又如何互相关联的种种问题进行科学研究的学科，包括对社会中的自我、社会信念与判断、行为和态度、社会文化、性别、从众心理、说服、群体影响、人际关系等方面的研究。奥格威说：“在广告活动中，消费者是我们的上帝，而消费者的心理则是上帝中的上帝。”因此，研究社会心理学在广告策划中有着重要的意义，以下重点从社会心理学中的自我概念、社会文化、群体心理三个方面进行分析。

1．自我概念研究对广告策划的意义

自我概念又称自我意向，是个体对于“我属于哪种人”的自我观念，是个体对自己的社会角色、性格、能力、身体等方面的认识。它建立在人们对自身个性特征的感知、态度和自我评价的基础上。自我概念是个体在社会环境中逐步形成的，通过自我评价来判断自己的行为是否符合社会所接受的标准，并以此为基础形成自我概念，通过他人对自己的评价来进行自我反应评价，从而形成自我概念，通过与他人比较观察而形成和改变自我概念，通过从外界环境获得有利信息，来促进和发展自我概念。

自我概念的组成要素：实际的自我概念，指我实际上如何看待自己；理想的自我概念，指我希望如何看待自己；实际的社会自我概念，指我感到别人是如何现实地看待自己；理想的社会自我概念，指我希望别人如何看待自己；期待的自我概念，指我期待在将来如何看待自己。

自我概念作为影响个人行为的深层个性因素，对消费者的消费心理有着深刻的影响，消费者的自我概念与所购买的商品之间有着特殊的联系。一是所购买的商品具有象征性，帮助我取得了我想拥有的身份，帮助我缩短了现在的我和我想成为的我之间的鸿沟，是我身份的中心，是现实自我的一部分，使我获得了一些自我认同。二是成为象征性的商品具有使用可见性，具有禀赋差异性，具有拟人化特质。

2．社会文化研究对广告策划的意义

我们每个人都处在特定的社会文化环境中，文化对人的影响是极为重要的。从一个国家、一个民族来看，社会文化塑造了社会成员的人格特征，使其成员的人格结构朝着相似的方向发展。这种相似形象使得每个人能稳定地处于整个文化形态之中。从其中不同的人群来看，社会文化又表现出内在的多样性。消费者处于社会文化环境之中，必然受到社会文化的制约。因此进行广告策时必须研究文化相似性与文化多样性对消费者心理的影响。

1）文化相似性的影响。中国的传统文化是以个性农业经济为基础，以宗法家庭为背景，以儒家伦理道德为核心的社会文化体系。中国传统文化是经过世代累积而形成的，对人的心理和价值观有很强的规定性，一直影响至今。中国传统文化非常重视伦理道德，直到今天，中国社会的关系仍然建立在亲缘、礼仪、友情、诚信等文化情感的联系上，现在许多广告很注重这方面的诉求。

2）文化多样性的影响。一个国家、一个民族有其文化的相似性，但也存在着各种亚文化，如地域差异、族群差异、年龄差异等，从而构成了内部的文化多样性。消费者由于年龄的不同、职业的不同，出现不同的文化特征。

3．群体心理研究对广告策划的意义

群体是指彼此认同，有相同的目标，相互依赖的一群人。群体的特征是，群体成员明确意识到自己是属于某个群体的，以及群体的界限，群体的成员有共同的价值观。群体心理对个体的作用主要表现在群体归属感、群体认同感上和群体的促进和干扰作用。

消费者分属不同的群体，不同的消费者都有着各自的群体归属感和认同感，有了归属感，消费者就会以这个群体为准则，进行自己的认知和评价。而在认知和评价上保持一致的看法和情感，就形成了群体的认同感。广告策划者应根据不同群体的心理特征，首先对商品进行市场定位，然后再进行广告策划。如网络广告投放，目前有搜索、门户、社区、博客等多种网站，其中社区网站的比例相当高，社区网站的优势就是互动性高，而成长于互联网时代的新新人类正成为社区网络的主人。社区网站的受众不以收入、阶层、地域等为区分，而是基本以爱好、兴趣、个性化需求作为区分，这对于广告策划者来说，是能够更准确地捕捉到适合自己的目标受众的，因为这些社区网站用户都是引领时尚的、年轻、受教育程度高的先锋一族，最容易引导潮流，带动和用户互传的营销效果。但是，这一群体固有的特点及其在网站上的密集分布性，广告策划者在传统媒体甚至门户网站所采用的广告形式，很可能是社区网站用户所排斥的。

此外，群体心理中的从众心理对消费者也有很大的影响。从众是指根据他人而做出的行为或信念的改变。人们之所以从众，有两个主要理由：规范影响和信息影响。规范影响来自人们希望获得别人的接纳，信息影响来自他人为自己提供事实证据。消费者或多或少都会有从众的心理，广告策划者应分析消费的从众心理，利用这一心理特征进行广告策划。

（资料来源：植静．论社会心理学在广告策划中的意义[J]．商场现代化，2009(4): 166-177.）

问题理解

1．简述广告策划的含义及基本原则。

2．广告策划的程序是什么？

3．广告策划的基本原则是什么？

4．广告策划的内容主要有哪些？

5．广告预算的方法主要有哪些？

6．阅读专论4，了解社会心理学的理论体系并思考在广告策划中如何运用社会心理学原理。

案例分析

"我的可乐跟我姓"——非常可乐广告策划案

一、市场分析

（一）市场环境分析

可口可乐和百事可乐在一线城市占绝对的优势，同时可口可乐和百事可乐也开始进军农村，抢夺非常可乐的农村市场。但是娃哈哈已是国内市场的龙头，有着雄厚的实力，强势的营销网络，以及消费者对品牌的美誉度。非常可乐的市场主要在农村及二三级城市，在一级城市中品牌的影响力很小。

（二）消费者分析

非常可乐现有的消费者主要分布在农村和二三级城市，多是农民和市民及学生，年龄一般在 15～30 岁的居多。非常可乐的潜在消费者多为 15～30 岁的年轻人。

二、产品分析

非常可乐是根据中国人的口感研制的，含气量高，口感好，不添加任何防腐剂。产品的附加性能不足，不能给消费者带来文化上的认同感。非常可乐平均每瓶比可口可乐和百事可乐低 0.5 元。在农村市场上消费者认同并购买，在一线城市消费者普遍认同和购买的是可口可乐和百事可乐。

三、广告目标

产品的市场占有率提高到 35%以上，产品的知名度达到 100%，消费者以非常可乐为第一品牌率达到 20%以上，消费者以非常可乐为第二品牌率达到 30%以上。

四、创意设计提案

活动名称：我的可乐跟我姓，非常可乐个姓上罐活动

目的：强化非常可乐民族品牌特色，加强产品文化内涵，吸引年轻群体，促进产品在大城市的销售。

具体策略：重新设计包装，设计宣传海报，加入中国书法、中国画元素，提升民族品牌高度。非常可乐罐形状小人插画表达大家都踊跃加入自己姓氏军队，个姓上罐活动人人参与。在售卖点参与活动提交作品的选手将获赠"个姓"徽章或钥匙扣。在赠品背面会有更多活动的详细介绍。在校内网、校园 BBS 网、腾讯 QQ 等网络媒体上发布广告，吸引网络年轻人的关注。与腾讯 QQ 合作，推出免费赠送"个姓"QQ 头像活动，吸引大家在线参

与活动。在设计官方网站上大家可以上传设计作品，为已提交的作品投票，发表个人评论，浏览娃哈哈产品等。在各大高校，各大广场进行路演活动，活动现场将设置街舞表演、小轮车表演、姓氏问答互动、现场书法、创意场景自拍、现场设计、现场提交作品等活动。通过官方网站投票、现场投票，评选出各高校人气最高的10件作品登上非常可乐的包装。并按照人气比率进行不同包装的生产，投放市场。

五、媒介投放提案

以电视、报纸、广播、网络、户外、交通、POP、DM、水媒介、自媒介等组合，形成立体化传播。

六、其他活动计划

（一）营销配合

1. 在校园里的小卖部、市内各大小型超市、便利店设销售点大量发货，搞一些促销活动，在保留原有市场的基础上争取销售点覆盖城市和各校园。

2. 与经销商商讨合作办法：给予经销商一定的好处，如利润方面和产品质量保证、销售奖励等，以刺激他们的销售积极性和对促销活动的配合度。

3. 在货架的排放上争取让其摆放在醒目的位置，销售点店内的POP广告也让其充满消费者的视线内。

（二）促销活动计划

1. 以售点促销和媒介促销广告相结合。在利用各媒介发布广告和征集个性签名的同时，在各售点开展促销活动。

2. 售点促销活动的内容

赠品促销：向购买产品和参与活动的消费者赠送关于“我的可乐跟我姓”个姓上罐活动的报名表和印有非常可乐标志的精美小书签、“个姓”徽章或钥匙扣等精美小礼品。

赠券兑换促销：在一些产品包装中加入幸运有奖兑换券，消费者凭兑奖券可以在销售点兑换相应的奖品。

（三）公共关系活动计划

1. 在各高校开展公开路演，请一些竞技自行车手和一些街舞演员到各高校公开表演，吸引同学们到场观看，在场给同学们免费品尝非常可乐，同时宣传非常可乐和“我的可乐跟我姓”个姓上罐活动的报名。

2. 在胜出的选手中组织一次自行车团队比赛，在紧接下来的端午节进行“陆上赛龙舟”。

3. 在本次活动期间对高校的一些活动进行一定的赞助，力争在一些有一定的影响力的活动中表现出非常可乐的影响力和加深消费者的印象，建立品牌的形象。

4. 在高校进行讲座，请非常可乐的一些相关人员来给同学开办关于品牌和营销专题讲座，以非常可乐的成功营销渠道为例讲述关于品牌和营销方面的知识，从而在无形中加深同学们的印象和建立品牌形象。

（四）其他活动计划

由在“我的可乐跟我姓”个姓上罐活动胜出的选手组队参加自行车比赛，然后在最后胜出的选手里选出本省非常可乐的校园代言人，并对各个比赛环节中的优胜者举行一次颁奖活动。

七、广告费用预算

媒　介	费　用	所占比例
网络	50 万元	5%
电视	806 万元	79%
广播	18 万元	2%
报纸	34 万元	3%
交通媒体	36 万元	3%
户外	40 万元	4%
水媒介	10 万元	1%
POP/DM	15 万元	2%
公关活动	10 万元	1%

总费用：1 019 万元

八、广告效果测定（略）

思考题：非常可乐的广告策划案用到了哪些具体的营销策略？

技能训练

一、实训背景资料

品牌背景：雀巢咖啡是全球价值最高的咖啡品牌，是速溶咖啡的世界领导品牌。1938 年雀巢公司发明速溶咖啡，雀巢咖啡 70 多年来不断以更多创新专利技术致力为咖啡爱好者带来更佳的咖啡享受。每秒钟有 4 500 多杯雀巢咖啡被全球各地的人们所享用。1989 年，雀巢咖啡第一条电视广告登陆中国，“味道好极了”的经典广告语家喻户晓。雀巢咖啡已经成为消费者生活中不可或缺的部分。雀巢咖啡红杯更成为时尚、潮流或浪漫的代名词。2006—2008 年，“雀巢咖啡”连续三年被评选为中国大学生的“至爱咖啡品牌”。2008 年，

“雀巢咖啡”在“30年，谁在改变我们的生活”品牌评选中获奖。

广告主题：(1)“每刻精彩瞬间，每杯雀巢咖啡”

(2)“一天好开始”(注：两个广告主题可任选其一)

广告目标：(1) 吸引新的消费者尝试雀巢咖啡产品

(2) 向现有咖啡消费者推荐咖啡饮用情景

目标群体：18～35岁的大学生和白领阶层，年轻，时尚，充满活力

相关信息获取：雀巢咖啡中文网站 www.nescafechinese.com

二、实训组织

1．实训内容：广告策划

2．实训要求：针对雀巢咖啡，策划一次可行性较强的广告方案，并撰写广告策划书。

3．实训组织方法与步骤：

(1) 教师将学生分为若干组，安排任务；

(2) 各小组选定组长负责本小组方案设计，小组成员进行分工；

(3) 各小组通过调研、分析、策划，并撰写广告策划书；

(4) 由教师组织，各小组委派代表在班级进行交流；

(5) 教师进行点评，对本次实训进行总结。

第 5 章

广告创意与表现

引导案例

萨奇兄弟的广告经典案例“怀孕的男人”

萨奇兄弟为英国健康教育委员会开展的在社会上掀起反对早孕和未婚先孕的运动创作了“怀孕的男人”这一经典作品。广告的画面是一个英俊的男人，挺着大肚子，他“怀孕”了。旁边有一行文字，上面写着：“假如怀孕的是你，你是否会更加小心些呢？”过去常见的宣传计划生育的海报大多是把妇女作为宣传对象，把计划生育的责任放在妇女一方面：画面上是多子女的母亲，背上驮一个，怀里抱一个，手里拉一个，后面跟一个，神情疲惫，行动艰难。而正面的宣传海报往往是突出孩子：活泼可爱的孩子手拿鲜花，投向父母的怀抱，广告词是“还是一个孩子好！”萨奇兄弟创作的这则广告并没有添加有关的社会责任的任何说教或对某些人的严苛指责，只是用了一个不合常理的男人“怀孕”的图像，将中心内容形象生动地表达出来，取得了良好的劝导效果。

➲ **辩证性思考**：从本案例中体会广告创意的魅力并思考广告创意的价值。

本章学习目标

- 理解广告创意的概念及特性；
- 了解广告创意流程；
- 熟悉广告创意方法；
- 了解广告创意表现。

关键术语

广告创意　广告定位　USP　集体思考法　品牌形象　联想法　组合法

5.1 广告创意的概念及特性

5.1.1 广告创意的概念

什么是创意，不同的学者基于不同的实践，提出了许多不同的看法。最早研究广告创意的是美国著名广告大师詹姆斯 · 韦伯 · 扬，他指出："广告上的创意，是把所有广告的商品对消费者特殊的知识，以及人生与世界各种事物的一般知识，重新组合而产生的。"

广告创意，其实质是根据产品情况、市场情况、目标消费者的情况、竞争对手的情况等制定广告策略，寻找一个"说服"目标消费者的"理由"，并根据这个理由通过视、听表现来影响目标消费者的情感与行为，使目标消费者从广告中认知该产品的优势，从而促成购买行为。其核心在于提出"理由"，继而进行"说服"。

广告创意是以企业的营销策略、广告策略、市场竞争、产品定位等为依据，绝不是创作者凭空想象。目标消费者通过广告清楚地认知广告告诉他们的是什么，是否符合他们的需要。该产品能给他们带来什么利益，通过广告促使他们决定是否付诸行动。由此可见，广告创意是具有强烈的"策略性"的主张。

相关链接

广告创意科学性的主要表现

1. 广告主题是否标新立异、引人入胜、震撼人心、简洁有力。
2. 表现方式是否独特新颖、贴近生活、艺术唯美并贴合受众心理。

3．广告诉求是否单纯、明确、清晰。

4．广告形象是否确定、妥当并区别于主要竞争对手。

5．情感沟通或理性诉求是否自然、动人、震撼人心。

6．传达的信息是否与产品、品牌、业态紧密关联，并能准确、清晰地传播品牌或产品的主张、卖点及服务。

5.1.2　广告创意的特性

广告创意有的时候表现为“灵感”、“顿悟”过程，但“灵感”、顿悟”并不是广告创意的全部。广告创意的特性表现为以下 4 个方面。

1．广告创意的前提：科学的调查与分析

广告创意当然需要“顿悟”，但并不仅仅是“灵感”的产物。不熟悉市场情况、社会文化、品牌形象特性、公众心理需求的人，是不可能真正创造性地设计出有市场影响的宣传意境的。即便能创意，在这种无凭无据的创意指导下，策划出来的广告也容易违反市场、违反文化、背离商品特点和企业的品牌特性。对于创意人员而言，应该掌握各方面的信息，如市场自然条件信息、营销促销信息、竞争信息、商品信息、公众需求信息、公众文化信息、公众经济信息、顾客消费模式、企业内部生产和管理信息、政策法律信息及涉外商务信息、社会变迁信息等。

2．广告创意的关键：符合公众心理

广告的宣传过程与接受过程，实质上就是广告主施加心理影响和顾客接受心理影响的过程，只有具有心理震撼力和感染力的广告宣传活动，才能触动公众心理。如果广告创意平淡无奇，或者脱离公众心理需求，广告作品和宣传活动缺乏心理震撼力，那是不可能有强劲的宣传功效的。如图 5-1 所示，作品中的一块橡皮，同时又是一个 U 盘，看似一种矛盾的存在：一方用来擦除痕迹，一方用来储存数据。这是 BBDO 为阿兹海默老年痴呆症协会制作的一则公益广告，意在呼吁人们关注老年痴呆这个特殊的群体，让人们意识到记忆的重要，以及这一人群所面临的生活困境。

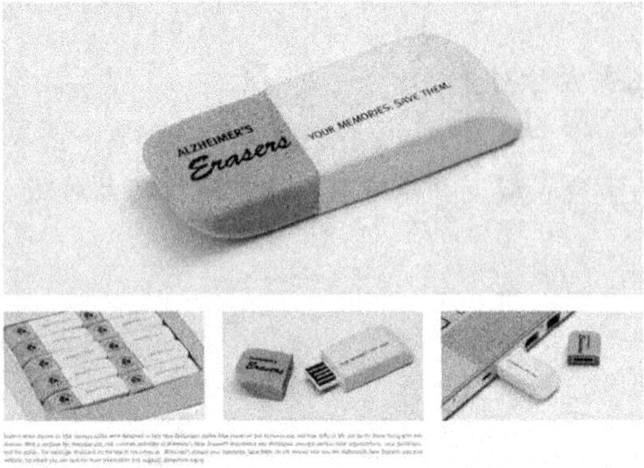

图 5-1　关注老年痴呆的公益广告

图 5-2　西门子天翼系列吸油烟机
“打开的厨房”系列作品之一

3．广告创意的表现形式：创新与优化

创新不是创意的全部，却是创意的本质特性。缺乏创造性的广告是没有生命力的。呆板守旧、抄袭旧程式不是广告创意的本色。广告创意的活力和魅力在于创新，强调的是以新颖的主题、新颖的形式、新颖的手法形成广告作品和宣传活动别具一格的风采，争取公众的注意和理解，形成市场影响力。

广告创意一方面表现为创新，另一方面还表现为优化选择。广告创意过程中，在依靠广告主创人员的基础上，还要充分调动其他所有广告人员甚至公众的创造性，借助头脑风暴法、博采广选法等方法，引导大家围绕宣传商品和宣传内容畅所欲言，相互启发，随意发表自己的看法，形成多种创意方案，然后从中找出最佳组合方案。只有这种经过优化选择的创意方案，才能真正具有生命力。

4．广告创意的成果：形成富有吸引力的美好意境

广告创意的成果与文学创意的成果有一定的相似性，即以构筑意境为目标。不同的是，文学创意强调通过意境表达某种思想、观念，而广告创意则通过意境来展示商品信息和品牌特性。只有通过创意，设计出具体、形象、生动、美好的意境，公众才会接受影响，并按照意境的暗示，产生美好的体验，进而对宣传的商品形成好感。

现代公众在接受广告宣传的过程中，不仅希望从广告宣传作品中获得充足的商品信息，而且还希望从中得到美的艺术享受。因此，广告创意在构思过程中，不仅要准确、清晰地表现商品的特性，满足顾客在商品信息方面的需要，而且要营造美好的意境，满足顾客的欣赏需要。图 5-2 是 2011 年龙玺奖平面金奖作品——西门子天翼系列吸油烟机“打开的厨

房”系列作品之一，作品营造出一个清新的氛围和意境，也体现西门子天翼系列吸油烟机强大的功能。

5.2　广告创意流程

广告创意是一种创造性思维。关于具体的创意流程，不同的广告专家有不同的概括。美国广告界泰斗詹姆斯·韦伯·扬认为广告创意流程是“收集信息→品味资料→综合孵化→灵光突现→付诸实用”，如图 5-3 所示。

图 5-3　詹姆斯·韦伯·扬广告创意流程模式

1．收集资料，进行创意准备

资料是创意的食粮。广告创意建立在广泛占有资料、充分把握相关信息的基础上。搜集资料，不仅要搜集与创意密切相关的特定产品或服务、消费者及竞争者的资料，而且需要特别注意日常生活素材、一般性知识和信息的积累。

广告人应是一个生活中的有心人，随时随地观察和体验生活，并把观察、体验到的东西随时记录下来，才能在创意中“厚积薄发”。广告大师李·奥·贝纳在谈到其天才创意时说，创意秘诀在哪里？就在他的文件夹和资料剪贴簿内——文件夹是他随时随地记录下来的使其感动的“片言只语”或构想，而资料剪贴簿是他每星期从报纸杂志上剪贴下来的各种广告。广告创意实际上是一个综合调动广告人一生知识、经验及记忆印象，并将此按特定意图加以重新组合的过程。

2．分析归纳，进行创意酝酿

对搜集来的资料进行归纳分析，依据广告目标，列出广告商品与竞争商品的共性、优势或局限，通过比较分析，从而找出广告商品的竞争优势及其给消费者带来的利益点，以寻求广告创意的突破口。

这样的过程按照詹姆斯·韦伯·扬的说法，是“信息的咀嚼”，是创意者“用心智的触角到处加以触试”，从产品特质与人性需求的关联性去寻求诉求点。在“问题”引导下积极思考，把积累的形象、言语、片断等在脑海中进行各种排列组合，绞尽脑汁、苦思冥想，这时创意者往往处于焦躁、激动不安和煎熬之中。

3．灵光闪现，顿悟产生创意

经过长期思考酝酿之后，一旦得到外在的触发或刺激，脑中已形成的尚不清晰的思维模式就会如同电路接通那样灵光闪现。在百思不得其解的状态下，如果创意者暂时离开他所思考的问题，松弛一下紧绷的神经，去做一些轻松愉快的事情，如睡觉、听音乐、沐浴、散步等，这时往往会发生灵光乍现，收到“踏破铁鞋无觅处，得来全不费工夫”的效果。

4．实践验证，发展完善创意

创意形成后，需要对闪露智慧光芒的创意构思进行进一步完善。应联系广告实践，进行认真检验和验证，仔细推敲，征求他人意见，使之不断成熟和完善。

大卫·奥格威为劳斯莱斯汽车创作的经典广告语“这辆新型的劳斯莱斯在时速达 60 英里时，最大噪声来自电钟”，就是由 6 位广告同仁从 26 个不同文案中评审出来的。将创意构想交于专家、同事、公众进行批评修正，集思广益、反复验证，是广告创意发展完善的重要途径。

相关链接

詹姆斯·韦伯·扬及其“魔岛浮现理论”

詹姆斯·韦伯·扬于 1886 年生于美国肯塔基州卡温顿，26 岁开始在广告公司做文案人员，1917 年任智威汤逊广告公司纽约总公司副总经理。1928 年后在芝加哥大学商学院任教 5 年，是该学院“广告”和“商业史”课程的唯一教授，直到 1973 年逝世，他一直兼任智威汤逊广告公司的董事及高级顾问。1974 年，即他逝世一年后获“广告荣誉大奖”这一广告界最高荣誉。其主要著作有《广告创意的技巧》、《产生创意的技巧》、《怎样成为广告人》、《一位广告人的日记》。

韦伯·扬认为创意具有某种神秘的特质，它就像在海上漫游的水手突然发现童话般的岛屿一样。根据古代水手所讲，发现岛屿的地方在航海图上标示的是深蓝大海。在他们航行途中，会突然看到一个美丽的环状珊瑚岛浮出海面，岛的四周笼罩着一层神秘的光。以创意而言，它们也是突然间浮出脑海，而且在它们的四周同样笼罩着一层魔幻般的、无法解释的神秘之光。同时，韦伯·扬也强调，创意并非一刹那的灵光乍现，而是如同魔岛的形成，要靠广告人脑中的各种知识和阅历累积而成，是通过眼睛看不见的一连串自我心理过程制造出来的。魔岛看似突然出现，创意似乎偶然跳出，却都并非从天而降，一日之功。

5.3　广告创意的基本要求

优秀的广告创意应该具备 4 个方面的基本要求。

1. 新颖独特

广告创意要有原创性才能吸引受众的注意力，使受众产生深刻印象。因此，广告创意要力求不落俗套，不去模仿他人的创意，不去抄袭别人的手法，认真研究广告诉求的内容和受众心理特征，使主题新颖独特。

2. 立足于真实

真实是广告的生命。广告创意应建立在真实的基础上，以事实为依据，尤其是广告诉求的内容。当然，在广告表现策略上可以运用艺术加工和适度夸张，但这种夸张不能脱离事实本身。

3. 切中受众关注点

受众关注点是指受众基于某种具体需要而针对相关商品、企业、活动所形成的关注焦点。只有准确抓住受众的关注点，广告宣传才能获得良好的传播效果。受众关注点的形态有很多，如消费性关注点、兴趣性关注点、情景性关注点、新奇性关注点、情感性关注点、利害性关注点、文化性关注点、职业性关注点、性别性关注点、人际性关注点等。这些关注点可以成为广告创意的思维源头。

4. 要有真情实感

广告创意构思时要能从内心深处流露出真情实感，要善于从日常生活中撷取与消费者能产生共鸣的场景和片段，充分运用各种表现手法来加强情调的感染作用，以生动的情节和场面来再现和传递广告内容。

对于广告创意的基本要求，著名的广告大师威廉 · 伯恩巴克曾提出 ROI 理论。ROI 包括三个方面，即原创性、关联性和冲击力。他认为，广告如果没有原创性，就会缺乏生命力和吸引力；广告如果与商品没有关联，广告也就失去了意义；广告如果没有冲击力，就不会给消费者留下深刻的印象。

相关链接

威廉·伯恩巴克

威廉·伯恩巴克毕业于纽约大学英国文学系，曾专为社会名流起草讲演稿，其优美的文笔颇获好评，后进入广告公司，曾在格雷广告公司任创意总监。1949 年他与道尔及戴思创办 DDB 广告公司，任总经理，1967 年，接任董事长，后又任执行主席。DDB 广告公司是著名的世界十大广告公司之一，被誉为 20 世纪 60 年代美国广告“创意革命时期”的三位代表人物和旗手之一。

威廉·伯恩巴克经典案例——德国大众汽车“甲壳虫”

标题：想想小的好处

文案：我们的小车不再是个新奇事物了。不会再有一大群人试图挤进里边。不会再有加油工问汽油往哪里加。不会再有人感到其形状古怪了。事实上，很多驾驶我们的“廉价小汽车”的人已经认识到它的许多优点并非笑话，如 1 加仑汽油可跑 32 英里，可以节省一半汽油；用不着防冻装置；一副轮胎可以跑 4 万英里。也许一旦你习惯了金龟车的节省，就不再认为小是缺点了。尤其当你挤进狭小的停车场时，当你支付那笔少量的保险金时，当你支付修理账单时，或者当你用旧大众换新大众时，请想想小的好处。

5.4　广告创意方法

1．集体思考法（Brain Storming）

集体思考法也叫综合思考法或头脑风暴法，就是通过集思广益进行创意，是 1938 年由美国 BBDO 广告公司创始人奥斯本提出来的。它通常采用会议方法，针对某一议题集体进行广泛讨论，深入挖掘，直至产生优秀的广告创意。

这是一种“动脑会议”，一般在召开会议前的一两天发出通知，说明开会的时间、地点、议题等。参加人员包括广告营业人员和创作人员等，人数在 5～10 人。设会议主持者一位，秘书 1～2 人。会议开始后，会议主持者详尽介绍需要议论的话题和问题要点，以及所有相关的背景材料后，任由与会的每个人开动脑筋。会议秘书及时地将大家的创意记录下来，让在场人员通过大屏幕随时可以看到，以便激发思想火花，开阔思路，互相启迪和补充。

这种思考方法的特点是：

- 集体性创作。新创意的产生往往是思考连锁反应的结果，凝聚着众人的智慧。
- 禁止批评。对每个成员提出的创意不能进行批评，不可反驳，有意见只能在会后提。
- 鼓励“随心所欲”。构想越奇越好，有时看起来荒唐的想法却是打开创意大门的钥匙。
- 创意的量越多越好。数量越多，可选用设想出现的概率越大。
- 对创意的质量不加限制。因为“动脑会议”并不是最终决定创意，即使是不可能实施的创意也可以提出。鼓励在别人构想的基础上联想、发挥、修饰，从而产生新的创意。
- 力求组合和改进，利用他人想法在其基础上提出更新更奇的设想。
- 会议不允许成员私下交谈，以免干扰别人思考，每个人的意见必须让与会者都知道。

2．垂直思考法（Vertical Thinking）

垂直思考法是按照一定的思维路线或思维逻辑进行思考的方法。一般是在一个固定的范围内，向上向下垂直思考。垂直思考主要是逻辑的思考和分析的思考，以思维的逻辑性、严密性和深刻性见长。

这种思考方法由于是从已知求未知，因而往往囿于旧知识和旧经验的束缚，多是旧观念的重复和再现，至多是更高一个层次和水平的再现。由这种创意产生的广告作品一般都似曾相识，雷同的东西比较多，缺少新意，尤其是顺向垂直思考，这些缺点更为突出和明显。

3．水平思考法（Lateral Thinking）

水平思考法由英国心理学家爱德华 · 戴勃诺博士提出。水平思考法强调思维的多向性，善于从多方面来观察事物，从不同角度来思考问题，思维途径由一维到多维，属于发散思维。因而，在思考问题时能摆脱旧知识、旧经验的约束，打破常规，创造出新的意念。在社会发展和科技发明过程中，常常会得到巨大的收获和成果。在进行广告创意时，水平思考法可以弥补垂直思考法的不足。

4．检核表法

为了有效把握创意目标和方向，奥斯本于 1964 年又提出广告创意的检核表法，即用一张清单对所需要的问题一条一条地进行核计，从各个角度诱发多种创造性设想。

检核表通用性强、简便易行，一般包括转化、适应、改变、放大、缩小、代替、重组、颠倒、组合 9 个方面的检核。后来，有学者将奥斯本的检核表进一步通俗化，提出 12 个“一”

的检核表，如表 5-1 所示

表 5-1　广告创意检核表

方　法	内　容
加一加	加高、加厚、加多、组合等
减一减	减轻、减少、省略等
扩一扩	放大、扩大、提高功效等
变一变	改变形状、颜色、气味、音响、次序等
缩一缩	压缩、缩小、微型化
联一联	把因果、相关因素联系起来
改一改	改缺点、改不便、不足之处
学一学	模仿形状、结构、方法，学习先进
代一代	用别的材料代替，用别的方法代替
搬一搬	移作他用
反一反	能否颠倒一下
定一定	定个界限、标准，以提高效率

5．联想法

联想法是借助想象，把相似的、相联的、相关的或在某一点有相似之处的事物加以联结，以产生新构想，有接近联想、类似联想、对比联想、因果联想等各种联想创意方法。接近联想是由时空上的接近而形成的联想，如由母鸡踩破鸡蛋联想到“鲜蛋”，由过节联想到“礼品”等，都属于接近联想的创意方法。类似联想是由性质、形状或内容上相似而引发的联想，如由冰冷特性把雪糕与“北冰洋”联系起来，由抽烟把地毯与肺的健康联想起来，由平面把田野与镜子联想在一起等，属于此种创意方法。图 5-4 是法国雷诺汽车的平面广告，从该作品中我们可以发现，雷诺汽车的速度表盘中的指针已弯曲，让人联想到雷诺汽车卓越的提速能力。

6．组合法

组合法又称拼图游戏法或万花筒法。按照一定的技术原理或功能目的，将现有事物的原理、方法或物品做适当的重组或配置，从而产生新技术、新方法、新产品的创新技法。具体组合的方法有附加组合、异类组合、同类组合、重新组合和综合法等。附加组合实质是在原有的创意或技术思想中，补充新的内容，在原有的物质产品上增加新的附件。异类组合是将两种或两种以上不同创意的组合。同类组合是将若干相同事物的组合，组合对象是两个或两个以上的同类事物。重新组合是在事物的不同层次上分解原来的组合，再以新的创意或构思重新组合。综合法是把对象的各个部分或因素结合成为一个统一体加以创新的一种组合技法。图 5-5 为某房地产广告，作品中将能体现“尊贵”的符号进行组合，并与文案相呼应。

图 5-4　法国雷诺汽车的平面广告

图 5-5　某房地产广告

广告创意还有其他方法，这里不逐一说明。创意可能是瞬间灵感思维的体现，但这种“顿悟”却是大脑长期思考、紧张运转的产物。要获得瞬间的灵感，更要注意平时的积累。要肯于动脑，让思维始终保持活跃状态。还要勤于动笔，可以借助于图示和笔记等方法，随时把观察到的事物勾勒出来，把脑海里瞬间闪现的思想火花记录下来，这样有助于打开思路，积聚构想，使思维更开阔、更活跃、更易产生好的创意。

5.5　广告创意应注意的问题

1. 不同的广告目的采取不同的创意策略

广告策划活动要想达到预期目的，必须有明确的广告目标。广告目标很多，如在消费者中树立企业和产品的形象，促使消费者产生直接的购买行动等。广告目标不同，其内涵的差异度是很大的。为了实现预定的广告目的，就要采取与之相应的创意策略，根据具体的广告目标进行创意，确定与广告目标一致的广告主题与创意表现，才可能获得良好的宣传效果。

2．不同的产品生命周期突出不同的诉求点

任何商品进入市场并占有一定的市场份额，都要经过几个不同的阶段。这一过程就是产品的生命周期，它包括进入期、成长期、成熟期和衰退期四个阶段。产品生命周期长短变化受到技术革新、市场变化、流行时尚和同类产品之间竞争的影响，每个时期都会面临不同的问题。因此，广告创意表达的重点也应随之不同，应按照“推出—竞争—维持—新推出—新竞争”的市场竞争的各个阶段，采取不同的创意对策，以帮助商品开拓市场、扩大市场、站稳市场。

3．不同的宣传对象采取不同的表现方式

现代广告创意都是针对特定的消费层次的。要取得良好的效果，必须根据目标消费者的年龄、性别、职业、文化教育、地位等不同特点，采取不同的表现方式和语言，才能达到预期的目的。

女用化妆品的宣传对象是女性，就要根据年轻女性爱美、求美的心理特点，采用美女式的诉求方式，运用浪漫抒情的情趣和优雅清新的画面来诱发女性消费者的需求。例如，力士香皂的电视广告就采用世界著名影星为广告诉求模特，极力渲染产品给人带来的舒适和增添的魅力，不仅提高了产品的地位，同时诱发女性消费者产生很强的认同心理，刺激其产生需求的欲望。

4．不同的广告主题采取不同的表现形式和手段

不同的广告主题要采取不同的表现形式和手段，使表现形式与商品品质相一致。有些主题可着重于感情诉求，造成一时冲动性的购买；有些主题则需要着重于理性诉求，说服消费者进行购买。

如食品、饮料等多采取甜美欢快的生活片断作为题材，表达爱情、社交的场景，抒发一种悠然自得的享受气氛和情调。药品和日常家庭用品则要采取展示使用效果的方法，来证明和强调产品的优点和性能，引导消费者进行购买。儿童用品的广告主题要采取以儿童为主角或以漫画卡通的形式进行表现，才能取得好的宣传效果。

5．不同的商品类别有不同的广告创意侧重点

将商品按人们的传统观念来进行分类，大致可以分为下列五大类：软性商品、硬性商品、包装商品、服务、生产用品等。以上五类商品由于其商品特性各异，在创意策略上应有所侧重：

- 软性商品属于流行的、时尚的、装饰的商品，其创意是商品价值的中心，因此在广

告创意上要极力突出商品的心理价值和企业印象，多做感性的诉求，加强其感染力。

- 硬性商品属于理性诉求的、金额较大、非消耗性商品，具有贵重的特征，应以服务来进行销售，需要详细的说明和企业的信誉。
- 包装商品是广告的商品，它本身采用心理的销售手段，是无声的推销员。由于竞争对手众多，冲动性购买较高，消费者自我选择购买较多，在广告创意上应着重提高商品的知名度、记忆度，引导消费者进行购买。
- 服务属于第三产业，本质上是非制品的商品，是无形的抽象商品。消费者购买劳务主要是通过代办行来获取自己能力以外所能得到的劳力或智力，因此劳务要以专门知识来进行销售，广告创意也应根据这些特征进行。
- 生产用品是投资性产品，一般不依靠广告等大众传播手段开展销售，而主要采用人员推销、示范操作等，即使做广告也需详细介绍产品的特点和性能，使用户彻底了解，取得绝对信任，方可促使用户进行购买。

6. 运用心理策略突出产品领先地位

广告宣传产品要能长期受到消费者的欢迎和信赖，与其在市场上所占据的地位有很重要的关系，在广告创意中运用心理策略突出产品品牌的市场领先地位，建立独特的市场形象，就能使广告产品从众多同类产品中脱颖而出，便于消费者识别和选择，久而久之会产生一定的消费行为模式，从而确保市场的销售地位。

7. 注重感情因素，加强心理攻势

在广告创意中对于某些软性商品和包装商品，宜采用感性诉求的策略，加强其心理攻击力，尤其是针对消费者的广告，更要注意创意中的感情因素。女性的心理特点是感情细腻，有较强的自我意识和自尊心，她们对于商品的外形十分敏感，完全以感情来决定其购买行为，感情容易受到气氛的左右。在广告创意中与其强调商品本身的特色，不如转为强调使用该商品能使她们更为出色，这样更能刺激她们的消费需求。在广告中创造令人羡慕的消费者形象，容易吸引她们的视线，使她们产生时代感，就能把她们从心理上推向商品，为了认同该形象而不断朝憧憬的方向消费，达到预期的广告目的。

8. 不同的媒体发挥不同的特点

广告媒体为进行广告活动而使用的物质技术手段，是沟通广告者与消费者的信息桥梁。不同的广告媒体有不同的适应性和心理效果。广告选择媒体的目的，在于获取更大更好的效益实现广告的预期目的。为此，在创意时要充分重视各种媒体的不同特点，并根据其特

点进行创意，充分发挥其不同的优势，避免不足之处。

5.6 广告创意表现

5.6.1 概述

广告创意表现就是将创意构想以适当形式传达出来，构想是创意的内容，而表现则是创意形式，二者是一体两面的关系。好的创意要通过恰当的形式表现才能实际形成并发挥作用。

5.6.2 广告创意表现策略

1. 从广告目标实现角度，可以将广告表现策略分为三类：强化认知型、引导态度型和影响行为型

（1）强化认知表现策略

强化认知表现策略是指以影响消费者品牌认知为目标的表现策略。具体包括引起注意，激发兴趣，加强理解，提高记忆及品牌定位等表现策略。

（2）引导态度表现策略

引导态度表现策略是指以影响消费者品牌偏好态度为目标的表现策略。常见的有美感诉求，幽默谐趣，树立品牌形象，改变品牌态度等表现策略。

（3）影响行为表现策略

影响行为表现策略是指以影响消费者行为为目标的表现策略。主要有以影响促销为目标，采用恐怖诉求，引发焦虑，刺激消费者直接反应等表现策略。

2. 从消费心理角度，可以将广告表现策略分为感性诉求策略、理性诉求策略和情感诉求策略

（1）感性诉求策略

感性诉求策略是指主要诉求于人们的感觉或知觉反应来进行广告表现的策略。一般包括视觉冲击型、前卫性表现、超现实主义表现、幻想型、气氛或印象型表现型策略等。

（2）理性诉求策略

理性诉求策略是指主要诉求于人们的理性判断来进行广告表现的策略。一般包括直白写实型、比较独特型、权威代言型、实物示范型、夸张说明型、科学证明型和类比比喻型等表现策略。

（3）情感诉求策略

情感诉求策略是指主要诉求于人们的社会文化的情感来进行广告表现的策略。一般包括民族文化型、性爱情侣型、文艺娱乐型、警示恐怖型、幽默谐趣型、人生片段型、故事讲述型、生活情景型等表现策略。

3．从广告表现方式，可以将广告表现策略分为美化、实证、引证、正向劝说、反向劝说等表现策略

（1）美化

美化表现策略就是对商品的优点加以突出和赞扬，使消费者产生良好的印象，这种手法在广告传播中经常使用。这种方法既有客观的尺度，也有主观的判断。

（2）实证

实证表现策略又叫典型示范或现身说法，就是借助于特定的人直接陈述或演示商品的功能、特点等，直观地表达有关的广告信息。很多商品都可采用这种方法，如显示衣物上的污垢被洗涤用品洗得干干净净；展示某人使用某种化妆品后更加鲜亮光彩；演示汽车跋山涉水、不怕路途艰险的情景，证明汽车性能好、跑得快等。

（3）引证

引证是通过引用正面的或反面的、正确的和错误的事实，来突出商品的优点。例如，权威机构和权威人士的评价、鉴定、各种获奖证书、消费者来信等，都可以作为引证的依据。

（4）正向劝说

正向劝说的方法是一种鼓励的形式，告诉消费者购买或使用某一商品将可以得到的种种好处，赞许消费者的选择是正确的。

（5）反向劝说

反向劝说的方法是一种警告，告诉消费者若不购买或不使用某一商品，将可能遇到的不便甚至不愉快。但如果劝说得当，所得到的刺激往往更强。例如，皇冠牌香烟广告：“禁止抽烟，皇冠牌也不例外。”反而引起烟民的好奇和对皇冠牌香烟的注意。一般来说，正向劝说是消费者愿意接受的，采用反向劝说的方式应该慎重把握。因此，往往也采用反面劝说和正面劝说结合的方式。

5.7　广告创意表现例析

1．感性诉求创意表现

感性诉求是利用受众的感知觉来进行广告表现。图 5-6 是 IOLI 纯净水平面广告，作品中的西瓜瓤其背景都采用透明的蓝色，给人视觉上产生纯净的直观感觉，很好地传达了“纯净”概念。

图 5-6　IOLI 纯净水平面广告

图 5-7　“邦迪”的平面广告

2．情感诉求创意表现

一般情感诉求往往以爱情、友情、亲情为主题。图 5-7 是“邦迪”的平面广告。作品利用韩朝峰会的政治事件，提出了“邦迪坚信没有愈合不了的伤口”，一语双关，既强调了产品的卖点“愈合伤口”，也暗指韩朝两国的融合。

3．诙谐幽默创意表现

该创意表现运用理性倒错的表现手法，在欢快愉悦中认知广告意向。图 5-8 是中国电信互联星空的平面广告。作品表现了某消费者满头大汗地在街边小贩淘电影碟片。作品文案点明了，只要在中国电信互联星空，2 000 部电影可以轻松点播。

4．夸张创意表现

夸张是指为了启发受众的想象力和强化信息的力量，用夸大的词语或情节表现事物。夸张在广告中运用很普遍。图 5-9 是统一营养强化鲜乳广告。该产品强调含有大量的钙和维生素 D，能增强人的体质。作品创意在“强”字上做文章，新鲜的统一营养强化鲜乳在倾倒的过程中将厚实的杯子击碎，很好地表现了“强”的概念。

图 5-8　中国电信互联星空的平面广告

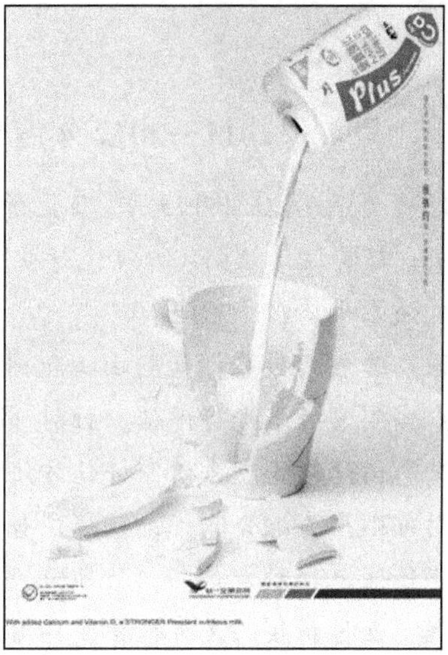

图 5-9　统一营养强化鲜乳广告

本章小结

- 广告创意就是广告人员根据市场调查结论、品牌形象特性和公众心理需求，运用联想、直觉、移植等创造性思维方法，提出新颖的主题设想，设计广告宣传意境和表现情节的构思过程。
- 广告创意的前提是科学的调查与分析；广告创意的关键是要符合公众的心理；广告创意的表现形式是创新与优化；广告创意的成果表现为形成富有吸引力的美好意境。
- 对于广告创意流程，詹姆斯·韦伯·扬认为是“收集信息→品味资料→综合孵化→灵光突现→付诸实用”的过程。
- 广告创意方法主要有集体思考法、垂直思考法、水平思考法、检核表法、联想法、组合法等。广告创意没有固定模式，需根据不同的产品、不同的广告目标、不同的媒体特点等灵活运用。
- 广告创意表现策略可以从多个角度分类，如广告目标实现角度、消费心理角度、表现方式角度。

专论 5 Focus

2011—2012 年度日化行业电视广告创意综述

2011 年 6 月—2012 年 5 月，日化行业电视广告以 574 个新创意电视广告在所有行业里独占鳌头。与其他行业相比，日化行业广告效果消费者测评总体评价为 100.2，与所有中国电视广告效果平均水平相当。

中国广告创意效果评估网由梅花网提供新电视广告创意，通过消费者调研，全面对中国电视广告创意效果进行评估。针对 11 类行业，2 000 个品牌，全年评估 5 000 条电视广告片。采用国际领先广告研究评估方法 Ameritest，从广告的注意力、品牌联系及说服力三方面，对每则广告综合测评，获得广告的创意效果指数（API）。

日化行业包括护发产品、肥皂/液体皂、家庭清洁用品、口腔护理、美容化妆品、女性个人护理、女性护肤品及男性护肤品 8 小类。收录、评估研究的 574 则广告，来自 142 个不同的广告主，共涉及 177 个品牌。由此可见，日化市场广告花费巨大、竞争激烈。

1．品类之争，护肤品广告浪费严重

在所有细分的 8 个品类中，女性护肤品的新广告创意最多，平均每月超过 20 则新广告播出，全年达 247 条之多。但是，广告效果差强人意，平均广告效果得分只有 86 分，迫切需要在推量的同时，加强广告创意的深度思考，避免过度广告对企业长期发展产生负面影响。

值得一提的是，男性护肤品作为日化行业的新兴市场，全年新推出 25 则广告，以欧美品牌为主，占 19 则。总体来说，男性护肤品广告效果表现不高，平均广告效果得分只有 89 分。8 个品类的平均广告效果见图 5-10。

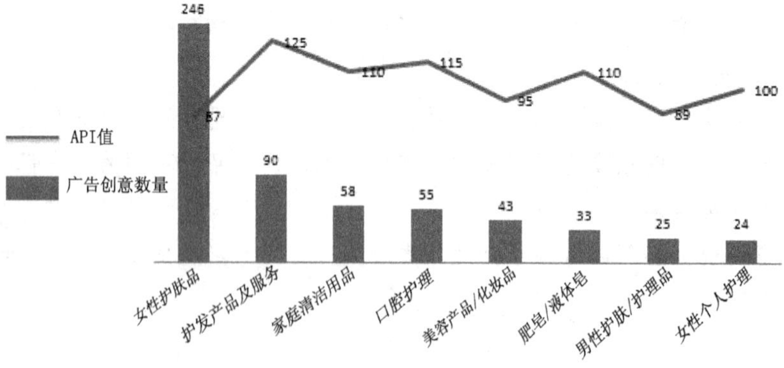

图 5-10　8 个品类的平均广告效果

2. 欧美品牌领先，资生堂亟待改进

欧美品牌日化公司共推出 327 则新广告，平均广告效果得分 109 分，效果明显高于行业平均水平（100 分）。然而，并不总是外来的和尚会念经，同样是世界名牌的资生堂，平均每月推出一个新广告，但广告效果之差，实在出人意料，平均得分为 71 分，远远低于行业平均水平。不同地区品牌的平均广告效果见图 5-11。

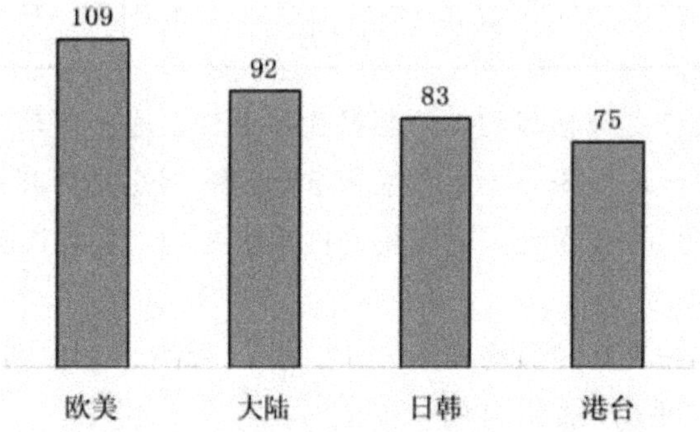

图 5-11 不同地区品牌的平均广告效果

从表 5-2，我们可以清晰地看到，勤快的广告主其广告表现高于新创意少的广告主。

表 5-2 广告创意数量排名前 10 位一览表

创意数量排名	广 告 主	平均广告表现（分）	广告片数（条）
1	宝洁公司	127	104
2	欧莱雅	115	52
3	联合利华	118	43
4	强生集团	96	19
5	上海家化	103	18
6	高露洁棕榄公司	110	16
7	伽蓝国际美容集团	94	13
8	纳爱斯集团	114	13
9	雅诗兰黛	108	11
10	霸王国际集团	113	10

在创意类型上，代言人为娱乐明星（263 条创意）和普通消费者（254 条创意）的广告平分秋色（见表 5-3）。

表 5-3　两种创意类型的广告数量和平均广告表现

创意类型	新广告片数（条）	平均广告表现（分）
娱乐明星	263	99
普通消费者	254	101

有趣的是，广告主在支付巨额的娱乐明星代言费后，这些娱乐明星并没有给其广告效果带来任何额外的收获。表 5-3 显示，明星代言的广告创意平均效果反而低于普通消费为广告主角的平均效果。广告主在决定是否使用娱乐明星时，需要认真考虑。

3．广告时间长度

广告时间长度对广告效果的影响非常大，共有 15 秒广告 338 条，广告平均表现 95 分；30 秒广告创意 171 条，平均表现 121 分（见表 5-4）。

表 5-4　广告时间长度对广告效果的影响

广告时长（秒）	新广告片数（条）	平均广告表现（分）	注意力（分）	说服力（分）
15	338	95	17	47
30	171	121	25	52

时间的增长增加了广告“讲故事”的空间，从而有效地增强了广告的注意力，30 秒广告的平均注意力为 25 分，超过了 15 秒广告的注意力平均水平 17 分；在说服力部分，30 秒广告和 15 秒广告相差不大。广告主在产品的不同阶段需要结合营销计划，交叉采用不同的广告片长度媒体计划。

4．季节性影响

夏季是日化行业推出新广告的高峰期，冬季是明显的冬眠期。通过宝洁公司与全行业的对比，不难发现其中一些很有趣的现象，值得深思。宝洁公司全年新广告推出节奏上比较平均，只是在 2 月和 9 月的全行业的广告爆发期，宝洁公司的新广告推出量反而明显减少（见表 5-5）。

表5-5 全行业新广告数量与宝洁各月广告投放数量

月份	全行业新广告数量（条）	宝洁（条）
1	32	7
2	40	5
3	55	9
4	43	9
5	77	7
6	64	9
7	8	4
8	61	13
9	52	5
10	53	7
11	54	14
12	32	8

（资料来源：中华广告网.）

问题理解

1. 广告创意的特性有哪些？
2. 韦伯·扬的广告创意流程是什么？
3. 广告创意应注意的问题有哪些？
4. 广告创意的表现策略有哪些？
5. 阅读专论5，并结合实际梳理日化类产品广告的创意模式。

案例分析

广告创意中女性消费者的定型误区

1. 女性负责大部分的清洁和煮食

美国的电视或广告中经常显示许多女性洗衣服，或者查看闪亮发光的地板。但是，这可能是一个专为消费者而设的女性形象。美国劳工统计局的统计指出，女性相较于男性，每周多花 15 小时做家务。事实上，最新的数据显示，女性相较于男性，每天平均只多花 20 分钟做家务，甚至比男性每天多花 20 分钟处理工作。清洁产品公司的研究指出，这些额外的家务可能只是女性的想法，69%的女性认为她们负责所有的家务，但是，53%的男性并不同意，指出两人分担相等的家务。

2．女性不购买汽车和计算机

绝大多数的高科技和汽车广告针对的是男性消费市场，但营销公司的统计指出，女性购买所谓的传统男性产品（电子科技产品、家庭组装工具和汽车）的比例已超过 50%。另外，当谈论到购买一辆汽车时，佛罗里达州分析研究发现，女性购买第三方汽车检验的比例占 67.2%，而男性只有 54.5%。年轻消费者之间的差距尤其显著，78.2%的年龄为 21 岁至 30 岁的女性要求汽车外部检查，而同一年龄层的男性只有 42.3%。同时，女性也比男性更常查问一辆汽车的意外事故背景、安全性能和功能等问题。

3．女性只爱粉红色

无论是在英国推出的粉红色啤酒、粉色 LG 手机，还是玫瑰色调的电脑笔记本，这些产品的市场营销主要针对女性。但乔祖的调查指出，女性最喜欢的颜色实际上是蓝色，其次是紫色，23%的受访女性喜欢葡萄色。此外，电子消费协会的一份报告表明，女性跟男性一样，在购买电子产品之前，优先考虑的是其产品价格、保证及产品功能，颜色几乎是最后考虑的因素。电子消费协会研究经理杰西卡·布思说："忘记粉红色吧!女人其实不想迎合超女性化的产品，她们更喜欢轻便的设备，可以适合较细小的手袋。"

4．女性更加注重仪容

当然，女性仍然比男性购买更多的美容产品，但是，越来越多的男性开始使用个人护理的产品。2010 年，男性皮肤护理产品的销售额增长 5%，2011 年增长 11%。其中，37%的男性受访者表示，每天使用洗脸肥皂、脸部保湿护肤品；30%的男性受访者表示，他们使用唇部护理的产品。男性不仅关注外表仪容，甚至是香味。2010 年，宝洁公司考虑如何销售有香味的男性沐浴露，最终想出一句宣传口号："闻起来像一个男人，真正的男人。"赤膊上阵的广告模特告诉男性停止使用女士的沐浴露，转换到有香料的品牌。其 YouTube 视频的商业广告获得超过 390 万人次的观看，其男性沐浴露的销售量也增加了 55%。

思考题：

1．简述女性消费者的心理和行为特征。

2．针对女性消费者的特征，广告在创意和表现策略上应考虑哪些因素？

3．选择一则女性产品电视广告，对广告的创意和表现策略进行评析。

4．结合案例资料谈谈经验和习惯对广告创意的影响。

技能训练

1．实训内容：广告创意练习。

2．实训要求：运用集体思考法，针对“和谐·发展”主题进行公益广告创意练习。

3．实训组织方法及步骤

（1）教师将学生分为若干组，安排任务；

（2）学生按小组进行讨论；

（3）根据分析讨论的结果，确定广告创意方案并撰写文案；

（4）由教师组织，各小组委派代表在班级进行交流；

（5）教师进行点评，对本次实训进行总结。

第6章

广告媒体

引导案例

三精牌柴连口服液为了提升其品牌知名度、理解度、记忆度和信任度，促进消费者对三精牌柴连口服液的使用与购买，利用“炎黄健康传媒”所特有的医院液晶电视媒介平台，在北京、上海、南京、武汉和济南五个城市进行广告投放，投放时间为3个月。广告投放后，炎黄健康传媒委托CTR市场研究公司选取5个城市8家医院对三精牌柴连口服液进行广告效果评估。在关注过医院液晶电视媒体的被访者中，柴连口服液的广告提及率是48.7%，明显高于其他医药保健类产品；认知广告版的被访者中，93.3%能正确识别柴连口服液品牌；63.2%的被访者在医院液晶电视上看到该广告后，愿意再次看到这个广告，广告很容易被接受；51.1%的被访者表示在医院液晶电视看完该广告后，会向他人推荐柴连口服液，女性、年长的被访者表示会推荐的比例较高；68.3%的被访者表示在看完医院液晶电视中的柴连口服液的广告后增强了购买意愿；60.4%的被访者认为在医院里播出的医药/保健类广告的功效比较可靠。综合媒体评价指标看，医院液晶电视媒体的到达率高，且受众对医院液晶电视媒体的关注度和偏好度均较高。由于处于医院这样一种特定的媒体环境中，与其他媒体形式相比，医院里的液晶电视媒体更容易在被访者心目中建立起专业、真实、可靠的印象，有利于增强受众对广告品牌/产品的信任度和好感度，进一步提升广告投放效果。从媒体环境看，受众在医院的停留时间较长，且大部分时间处于等待状态，液晶电视播放的内容成为受众消磨时间，缓解无聊、焦虑心理的主要方式之一，受众接触液晶电视的有效时间长，收视效果好。

➲ **辩证性思考**：医院液晶电视媒体的广告传播价值。

本 章 学 习 目 标

- 掌握传统媒体的基本特点及其广告特点；
- 掌握主要的小众媒体的特点；
- 掌握对广告媒体的分析评价与选择；
- 掌握媒体策略。

关 键 术 语

广告媒体　户外媒体　POP　直邮广告　媒体策略　广告计划　利用率
开机率　到达率　有效到达率　千人成本

6.1　广告媒体概述

广告信息的传播是广告活动的重要实施环节，作为广告最终与受众接触的渠道和承载商业广告信息的载体，广告媒体是广告市场不可或缺的三大主体之一。随着技术的发展，广告媒体的形式呈现多元化态势，广告对媒体的使用无孔不入。同时，由于绝大部分广告费用用于支付媒体的购买费用，广告的媒体决策已经直接影响了企业的经营效益，所以，广告媒体分析是现代广告学研究的重要内容。

1．广告媒体及其发展

媒体（Medium）又称媒介，是人们借助用来传递信息与获取信息的工具、渠道、载体、中介物或技术手段。广告媒体（Media）是指传递广告信息的载体。凡能在广告主与广告受众之间起媒介或载体作用的物质都可以称之为广告媒体或广告媒介。

广告媒体是随着商品经济和科学技术的发展与进步而发展的。从广告发展史中可以知道，最早、最原始的广告是叫卖广告，它是销售现场广告发展的基础。因此，我们可以把声音、店前的实物悬挂看做广告媒体的鼻祖。非现场销售广告是商品经济比较充分发展之后，特别是现代大工业生产的产物，而印刷业的发展则产生了非销售现场广告的最早物质手段。随着市场和科学技术的进一步发展，越来越多的物质与工具被开发和利用，成为广告的传播媒体。广告媒体在随着科技的进步而日益丰富的同时，正朝着电子化、现代化和艺术空间化的方向发展。

2．广告媒体的类型

根据媒体的传播形态差异，广告媒体可以划分为三种基本类型：平面媒体、电子媒体和数字媒体。平面媒体以文字为元素，以印刷为基本手段，最常见的是报纸和杂志，其他还包括海报、招贴、直邮、企业印刷物、购物指南、商品包装、日历等。电子媒体以声像为元素，以电波为基本手段，最常见的是电视和广播。随着技术的发展，电子媒体的种类也在不断丰富。数字媒体以互联网媒体为代表。除此之外，以手机为代表的无线终端也逐渐成为重要的数字媒体。了解不同媒体的特点，把握各种媒体的特性，将直接关系到整个广告活动的成败。

6.2　各类广告媒体的特点分析

6.2.1　大众广告传播媒体

报纸、杂志、广播、电视和网络这五种大众媒体，由于在广告传播中所占的比例及所起的作用都是其他媒体所无法比拟的，因此被称为五大媒体。各种媒体都有着自身的不同特点。

1．报纸广告媒体

在传统的四大媒体中，报纸是历史悠久、普及性广和影响力大的媒体之一。报纸广告几乎是伴随着报纸的创刊而诞生的。随着时代的发展，报纸的品种越来越多，内容越来越丰富，版式更灵活，印刷更精美，报纸广告的内容与形式也越来越多样化，所以报纸与读者的距离也更接近了，成为人们了解时事、接受信息的主要媒体。图 6-1 所示的是《金陵晚报》刊登的广告。

（1）报纸广告媒体的主要特点

- 报纸是一种依靠平面视觉、倾向于理性的广告媒体。报纸以文字传播为主，通过版面载体的平面形式向读者传递信息。由于文字可以给读者增加思考的层次和深度，相对视频类媒体来讲，它更偏向于理性色彩。另外，阅读能力限制了部分文字阅读能力较差的人，一定程度上制约了受众面的普及，如在广大的农村地区，报纸的覆盖率就很低。

- 报纸是一种具有主动选择性的广告媒体。所谓主动选择性，是指读者在选择广告信息时，具有收受的主动性，即读者在阅读内容、阅读时间、阅读地点、阅读速度等方面具有较强的主动选择性，这是电波媒体无法相比的一大优势。报纸的读者可以根据自己的阅读习惯、需要、兴趣来选择不同的报纸、版面和内容，根据自己的知识能力对报纸的信息进行解读。当然，由于报纸广告的独特魅力，大部分读者还是会关注报纸广告的。一旦读者对广告信息产生兴趣并主动阅读，他们对广告信息的接受也就较为深入、较为完整深刻。
- 报纸是一种比较廉价、灵活的广告媒体。从报纸的制作成本来看，主要包括采编、纸张、印刷、发行等费用，这些费用与电视媒体的节目制作成本相比要低得多。报纸是一种散页装订的纸质媒体，可以随时因情况的变化而增减版数，灵活处理各类新闻及广告内容。此外，报纸分类广告因其低廉的价格也引来了不少小公司和小企业的关注，使小规模企业也能通过影响力较大的报纸媒体进行宣传。
- 报纸是一种权威性、可信度较高的广告媒体。在大众媒体中，报纸发展历史最为悠久，其权威性和可信性在人们的心目中留下了深刻的印象。不少读者通过长期订阅报纸而形成了对报纸的潜在可信性。也因此使得读者对该报刊的广告产生较大的信任感。

(2) 报纸广告媒体的不足

报纸媒体作为一种纸质媒体与电波媒体相比，还是存在着一些不足之处：

- 受材质与技术的影响，报纸的印刷品质不如专业杂志、直邮广告、招贴海报等媒体的效果好。报纸仍以文字为主要传达元素，表现形式相对于电视的立体、其他印刷媒体色彩的斑斓丰富，显然要单调得多，报纸仍是印刷成本最低的媒体。
- 报纸的时效性较短，往往只有一天甚至更短的时间，因而广告内容被反复阅读的可能性很小。
- 注意度不高。报纸刊登内容较多，广告分布其中，读者的注意力较易分散，传播效果不稳定。

2. 杂志广告媒体

杂志也是一种印刷平面广告媒体，尽管与报纸广告相比，它明显缺乏时效性，而且覆盖面有限，但由于它精美的印刷，具有光彩夺目的视觉效果，故深受特定受众的喜爱。由于杂志种类繁多，雅俗均有，影响颇大，因此，它成为现代广告五大媒体之一。图 6-2 为奥林巴斯摄像机的杂志广告，作品的光影效果极佳，体现了奥林巴斯摄像机的成像质量。

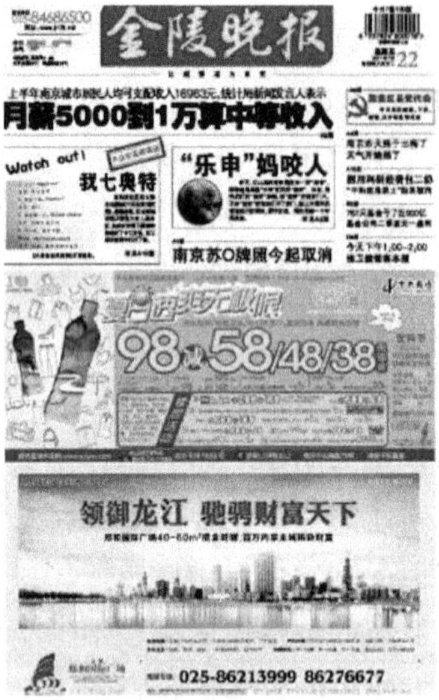

图 6-1 《金陵晚报》报纸广告

图 6-2 奥林巴斯杂志广告

杂志广告媒体的主要特点有：

- 对象明确，认同集中。从总体上说，杂志的受众不如广播、电视、报纸那么广泛，但杂志有比较固定的受众，可以根据受众的消费需求，有针对性地刊登相关的广告。杂志受众集中、明确，广告主可以按商品的顾客群选择合适的杂志刊登广告，使杂志广告信息的传播更有针对性。
- 阅读周期长，接触次数多。期刊具有反复阅读的优势，而且传阅率高。一般杂志的篇幅多，读者大部分要分几次才能读完，这样一来，接触杂志上的广告次数增多了，对杂志中的广告印象也就比较深刻。加之杂志装订成册，便于存放和查阅，杂志上的广告也就享有较长保存期和阅读期，深化了广告传播效果。
- 突出醒目，干扰很少。杂志广告大多独占一页，醒目、突出，读者在阅读时受干扰很少，注意力集中。由于连续出版，可以取得反复宣传的声势。成功地调度期刊的连锁创意，集中宣传声势，可以取得其他媒体难以达到的广告力度与广度。
- 印刷精美，富有吸引力。杂志广告通常都是采用高级纸张和彩色印刷，加之广告本身在设计上、图片上、字体上都非常讲究，力求完美，具有视觉快感，常常成为读者喜欢欣赏的一部分原因。随着印刷技术的进步，高仿真印刷、特种印刷等手段的运用，给杂志带来了在表现上几乎无所不能的优势。商品广告要求惟妙惟肖、出奇制胜，杂志正是能够体现这些效果的媒体。

当然，杂志除了上述的优点之外，还存在一些局限性，如杂志的时效性不如广播、电视和报纸等，专业性强，发行量少，读者层面较狭窄，市场覆盖率低，广告刊登选择面小等问题。

3．广播

广播媒体的发展是20世纪初的事。在其后的多种广告媒介的竞争中，无线电广播凭着独特的功能而保有其竞争力，在广告市场中占有相当高的地位，发挥着较为重要的作用。广播的主要特点有：

- 广播广告媒体的交流感与意境性。从传播的方式上看，报纸的交流感是机械的，电视的意境是局限的，而广播的交流感是跃动的，意境是深邃的，而且两者是统一的。有人说，看电视评书连播不如听广播小说连播，原因是广播可以使人对感知的一切事物和事理出现反跳，并依此再造一个“世界”。而电视的图像是一种成型的和定格式的表现手段，观众的想象空间有限。
- 广播广告媒体的流动感与兼顾性。一方面收听广播的工具携带方便，另一方面广播是传送声音的媒体，除了耳朵外，不需要眼睛和人体其他器官来接收信息，所以人们可以在各种状态下接收广播信息。随着人们生活节奏的加快，在动态中获取信息是广播的优势，这也为广播媒体的生存和进一步发展提供了空间。
- 广播广告媒体覆盖的无限性与广播广告受众的全面性。广播的覆盖面可以说是无限的。随着广播技术的飞速发展，广播信号已经可以顺利地直接传送到环绕地球的通信卫星上，而且在一些发达国家还开发和研制出一种可以直接接收卫星信号的收音机。所以，即使在最偏僻的地方发生的有价值的新闻或信息，通过广播也可以在最短时间里迅速传播到地球上的任何一个地方。另外，虽然广播行业根据听众市场的变化提出了广播要窄办，但广播的受众不是完全对象化的，如司机既可以听交通台，也可以听健康台或其他台，所以广播广告受众不局限于哪一类或几类消费群体。
- 广播广告的低投入与高回报。在同等级别的媒体中，无论报纸还是电视的广告收费远比广播广告的收费高得多，原因是因为广播广告的成本远远低于报纸和电视广告的成本。由于广播广告需要高密集度投放，才能产生较好的效果，因此一些广告主误认为广播收费低是因为广播广告的效果差，这是一个认识上的误区。
- 信息保持性差，稍纵即逝。广播只诉诸听觉功能，听众接收信息时的注意力不能保证，收听效果难以准确把握和测定，除非有特殊的音响效果和语言感染力，否则很难达到应有的传播效果。

相关链接

古汉养生精广播广告

女：（播送简报语气）

1973年，古汉马王堆《养生方》出土。

1986年，湖南衡阳古汉养生精问世。

音乐：中国古代悠扬的音乐起。

男：（声音成熟、干净，语气稳定，略显沧桑）

人参，四钱三分。

黄芪，一两四钱。

金樱子，七钱五分。

白芍，六钱。

……

智慧，十二分。

无数春秋造就，

古汉养生精。

（注：本则广告曾获第四届中国广告节金奖，由中央人民广播电台广告部制作。）

4．电视

电视在所有的广告媒介中是具有很强的发展势头和发展潜力的一种。由于其发展势头的强盛，在广告市场上具有很强的竞争力。图6-3是一个视觉冲击力很强的公益广告，画面运用沙漠、骸骨、绿草、水珠等元素，向人们展示了水对于生命的重要性，对引导人们节约用水起到了教育作用。画面对比强烈，形象直观，表现力强。

图6-3　节约用水电视广告

电视媒介具有极强的传播力，其主要特点有：

- 同时诉诸视觉与听觉，表现力丰富，感染力强。电视媒体集声音、图像、文字及动画为一体，巧妙地在广告信息中融入感人的形象和真挚的情节，具有较强的吸引力和艺术感染力，容易被记忆和留下深刻的印象。
- 传播面广，渗透力强。电视广告是除了广播广告以外，覆盖率最高、传播面最广的媒体，由电视台发出的信号可以将各种信息不受任何影响地发送到电波覆盖区域内的各个角落。
- 娱乐性强，被注意率高。电视节目娱乐性强，在人们日常生活和业余闲暇中占据重要位置。在所有广告媒体中电视是最强势的大众传播媒体，尤其是与特定节目如体育节目、重大事件直播等联动，其广告更具有其他媒体不可比拟的瞩目度和积累性效果。
- 信息生命周期短，具有稍纵即逝性和不可重复性。电视广告在时间上受限制，时间一到，节目即告终止，难以一次性地在观众中留下清晰而深刻的印象。同时，在播送内容上也受时间限制。
- 费用昂贵。一是指电视广告片本身的制作成本高，周期长；二是指播放费用高。
- 不利于深入理解广告信息。由于电视广告收费较高，电视广告时间长度多在 5～30 秒。要在很短的时间内，连续播出各种画面，闪动很快，不能做过多的解说，影响人们对广告商品的深入理解。因此，电视广告不宜播放需要详尽介绍的商品，如生产设备之类商品。一些高档耐用消费品在电视播放广告时，还要运用其他补充广告形式做详细介绍。
- 电视广告的实际收视率较难统计，特别是在多台、多频道、多节目可遥控选择的情况下，逃避广告、跳跃观看节目的情况较为普遍，这使电视广告实际到达率大打折扣。

5．网络媒体

伴随着网络经济的发展，网络广告应运而生，并得到快速发展。网络媒体是发展潜力巨大的新兴广告媒体，直至今日，网络媒体已经发展成继报纸、电视、广播、杂志之后的第五大媒体。网络媒体虽然发展时间短，但网络以其自身的优势，成为当今世界不可或缺的信息传播载体。网络的特点是传播范围广泛，信息传播具有交互性，信息容量大，视听效果综合，实时性与持久性统一，广告投放准确，受众数量可准确统计。关于网络媒体与网络广告的相关内容，后面新媒体广告章节将做专门介绍，这里不再详细分析。

6.2.2 小众媒体

小众媒体一般是指户外广告、售点广告、直邮广告、通信广告、交通广告等多种形式的小范围传播媒体。

1．户外广告媒体

凡是能在露天或公共场合向消费者传播广告信息的媒介都可称为户外广告媒体。制作精美的户外广告已成为一个地区经济发展的象征。根据媒体发生作用的介质不同，可以将户外广告媒体主要分为以下几种类型：绘制类、光源类、电子类、空中广告媒体以及其他户外媒体，如图 6-4 所示。除了图 6-4 中所列户外广告媒体类别外，还有其他户外广告媒体，如赛场广告、雕塑广告、电话亭广告、立体充气模型等，在此不逐一列举。图 6-5 是 SONY 的一则户外广告。

（1）户外广告的主要优点

- 节约成本，反复诉求。首先，户外广告相对于其他媒介广告，制作比较简单，广告制作费也比较少；其次，户外广告的媒介费用相对比较低。
- 灵活多样，覆盖率高。户外媒体种类繁多，可通过对目标对象群体的生活习惯进行一定的分析归纳，进而进行策略性分析，让目标受众在不同环境中都能或多或少接受广告信息。
- 图文清晰，视觉冲击力强。户外媒体虽然是瞬间媒体，但是它可以融合多种表现手段，图文并茂，引人注目。如光源类和电子类广告往往因主题鲜明、造型独特，成为城市的一道风景，也达到了广告传播的目的。

（2）户外广告媒体的局限性

- 信息量少，干扰性强。一般户外广告用来宣传企业或产品品牌的名称或标志，信息相当简单，而且户外媒体一般设置在繁华地段，白天广告牌比比皆是，晚上各类霓虹灯、电子类广告让人眼花缭乱。户外广告之间的互相干扰以及其他非广告信息的辐射，都会影响广告效果。
- 区域性强，宣传范围小。由于户外广告大多固定在某一位置，信息传播范围有限，而且户外媒体易被气候或破坏性行为损坏外观，需要长期维护。
- 效果评估难度大。户外媒体评估遇到的最大问题就是样本抽取的难度很大。没有固定的样本，监测的数据难以让人信服。

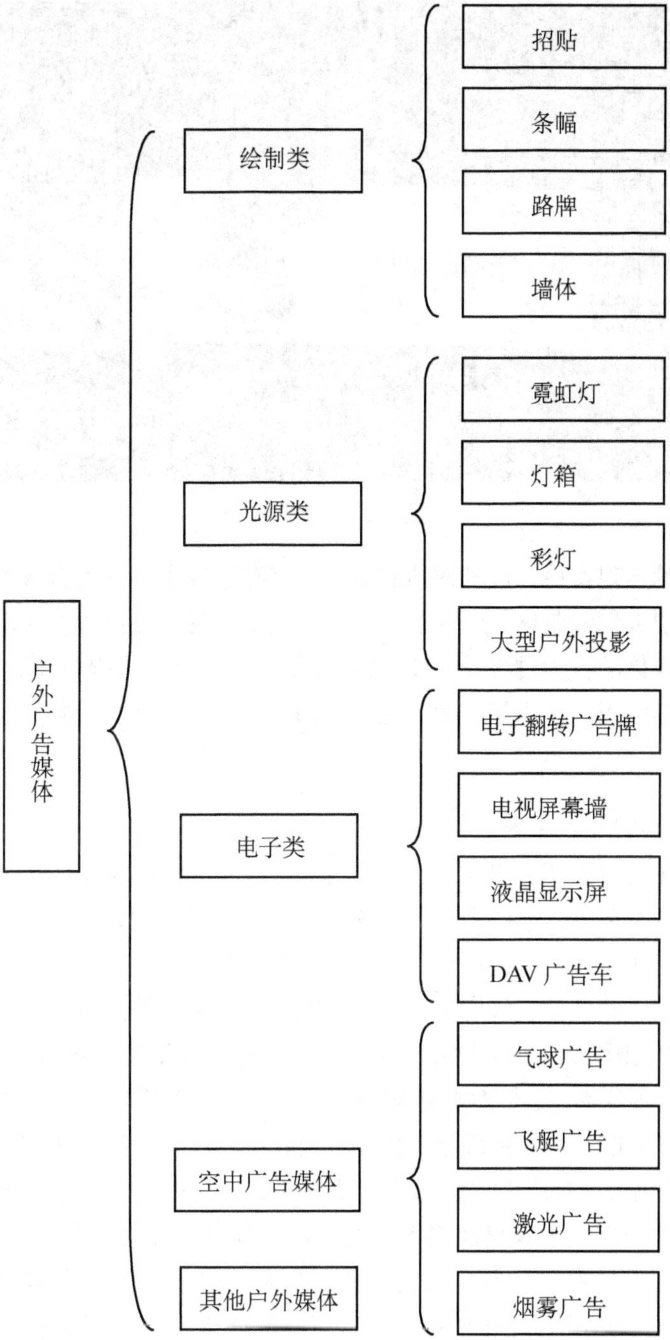
户外广告媒体
绘制类
招贴
条幅
路牌
墙体
光源类
霓虹灯
灯箱
彩灯
大型户外投影
电子类
电子翻转广告牌
电视屏幕墙
液晶显示屏
DAV 广告车
空中广告媒体
气球广告
飞艇广告
激光广告
烟雾广告
其他户外媒体

图 6-4　户外广告分类

图 6-5　户外广告

- 事后评估的不现实性。户外媒体的魅力，就在于其主要利用自身独特的创意、醒目的形式吸引人们的眼球，让人们在不知不觉中接受广告信息。要求人们在事后清晰回忆接触媒体的行为过程着实比较困难，如人们在这个过程中往哪些方向分散目光，被哪些因素吸引。作为第一手研究资料的重要细节的缺失，必然造成评估结果的不可信。

2．售点广告（POP）媒体

售点广告媒体又叫 POP 广告媒体，POP 是英文“Point of Purchase”的缩写，指商家或广告主针对消费者发布可置于销售现场的各种广告的载体（见图 6-6）。包括导购牌、展牌、展柜、广告牌、霓虹灯、电子闪光灯、灯箱、陈列货架、橱窗、招贴画、商品招牌、海报、门面装饰、包装纸、奖券、有线广播、特殊音响、闭路电视等。售点广告媒体最早出现于 20 世纪 30 年代的美国，现已在全世界广泛使用。例如，日本预估 POP 广告费每年可达 1 600 亿日元。近年来我国这类广告媒体的使用也越来越多。北京某自选商场曾对 POP 广告进行过现场调查，结果表明，对销售现场广告感兴趣的占 80%，看了销售现场广告采取购买行动的占 35%，看了销售现场广告才认识某商品的占 5%，从中获知商品性能、用途的占 60%。随着无人销售形式出现，尤其是超级市场的出现与普及，售点广告的功能也在逐渐扩大。售点广告最主要的形式是以商品本身为媒体的陈列广告。售点广告实际上是其他广告媒体的延伸，对潜在的购买心理和已有的广告意向能产生非常强烈的诱导功效。其主要功能如下：

- 信息告知功能。通过 POP 广告告知消费者商品、服务等基本信息，如服装打折信息等。这种 POP 广告能紧密配合各种现场促销活动，实用性强。
- 购买引导功能。通过 POP 广告引起消费者的注意，让消费者的脚步停留在商品面前，伴随着销售额的上升，使顾客对生产者也产生认同感。
- 消费诱导功能。通过 POP 可加深顾客对商品的认识程度，诱发顾客的潜在愿望，形成冲动性购买。有些 POP 广告与产品包装整合后，诉求明确，易被受众认知和喜爱，对销售有很好的促进作用，特别是消费者在做低卷入度产品的选购时效果尤为显著。
- 提升形象功能。通过 POP 广告制造卖场气氛，增进消费的情趣，改善购物环境，提升企业形象。

3．直邮广告媒体

直邮广告（Direct Mail，DM）就是广告主通过邮局将印刷、书写或以某种形式处理的广告信息在一定范围内直接寄送给特定受众的广告形式，包括商品目录、产品说明书、广告函件、传单、折页、小册子等（见图 6-7）。DM 除了用邮寄以外，还可以借助其他方式，如传真、杂志、电子邮件、直销网络、柜台散发、专人送达、来函索取、随商品包装发出等。DM 与其他媒体的最大区别在于：DM 可以直接将广告信息传送给真正的受众。这是其他媒体不能相比的一大特点。据统计，在国外成熟的广告媒体市场中，DM 所占的份额，美国不低于 18%，日本不低于 12%，而我国不足 1%。尽管直邮广告与四大媒体相比所占份额不大，但因为其独特的优点，如针对性强、成本低廉等，近年来的发展速度很快。图 6-7 为某房地产的直邮广告。直邮媒体的主要特点有：

- 从广告持续时间看，DM 广告保存性好。一条 30 秒的电视广告，其信息在 30 秒后荡然无存，DM 则明显不同，在受众做出最后决定前，可以反复翻阅直邮广告信息，并以此作为参照物来详尽了解产品的各项性能指标，直到最后购买。直邮广告可以自主选择广告时间、区域，更加适应善变的市场。
- 从广告形式看，DM 广告灵活性大。不同于报纸杂志广告，DM 广告的广告主可以根据自身具体情况来任意选择版面大小，并自行确定广告信息的长短及选择全色还是单色的印刷形式。除此之外，广告主可以根据自身要求制作各种 DM 广告，不为篇幅所累，可以让消费者全方位了解产品。
- 从广告内容看，DM 广告互动性强。DM 广告无法借助报纸、电视、杂志、电台等媒体在公众中建立信任度，因此 DM 广告只能以自身的优势和良好的创意设计以及富有吸引力的语言来吸引目标对象，以达到较好的效果。DM 最大的卖点在于直接连通企业和客户终端，信息反馈及时，有利于买卖双方双向沟通。直邮广告尤其适合超市式经营的销售企业和直销企业。

- 从广告效果看，DM 广告针对性强，广告效果可达到最大化。DM 可以把求购对象按地区、年龄、职业、地位、收入、爱好等特征区分，对象的选择性和针对性强。同时 DM 可以将商品样品或赠品寄送给对方试用，这种一对一直接发送，可以减少浪费，促进销售。此外，受众收到 DM 后在了解广告内容时，可不受外界干扰而转移注意力。

图 6-6　麦当劳的 POP 广告

图 6-7　房地产直邮广告

4．通信广告媒体

通信广告是指利用通信工具（主要包括手机、电话、传真等工具）进行传播的方式。目前一些服务性公司比较偏重使用通信广告媒体进行广告宣传，如咨询机构、培训机构、电信公司、保险公司、广告公司等。

- 手机短信广告。它是一种基于数字网络的双向文本信息传递的广告，一般由互联网内容提供商通过短信向大量手机用户有偿提供内容服务。手机短信广告的特点是市场覆盖率较高，广告信息可以多样化，传递速度快，成本低廉，互动性较强等。
- 电话广告。它是指广告费用由商家提供，普通用户免费拨打广告电话的新兴广告方式。一般电话用户可以通过拨打广告号码免费通话，但在通话前要听一段广告，其话费由业务申请者支付。电话广告的特点是到达率高，广告时间较长，成本低等。
- 传真广告。它是利用计算机网络群发实现自动化发送资料的一种新颖独特的广告模式。这种广告模式具有效率高、准确率高、方便简洁、成本低等特点。

- E-mail 广告。它是借助互联网的电子邮件发送广告的模式。电子邮件广告成本低、速度快，但由于受垃圾邮件的困扰、免费邮件退信率高以及邮件用户更换或废弃邮件地址等因素，这种广告模式的发展受到一定制约。

5．交通广告媒体

交通广告成为当今广告的一种重要形式。交通工具上设置广告，可以让乘客在旅途中放松心情，打发时间。交通广告的成本低廉，信息阅读率高，受众在相对封闭的空间接受广告信息，广告信息的到达率和暴露频率都能达到较高的水准。交通广告广泛运用于公交（见图 6-8）、民航、地铁等领域。

图 6-8　公交车车身广告

6.3　媒体的商业价值评估

广告媒体的商业价值评估通常会依据一套完整的评估指标体系。这一指标体系包括媒体量化评估指标、媒体定性评估指标和媒体效益评估指标。除此之外，考虑到商品的特殊性，也应该对媒体实际的传播状况予以考虑。

6.3.1　媒体商业价值的量化评估

媒体量化评估指标通常有视听率、发行量、毛评点、视听众暴露度、到达率、暴露频次等。

1．视听率

视听率是接收某一特定电视节目或广播节目的人数（或家庭数）和百分比。视听率是衡量广告信息传播范围的重要指标。当然，视听率只能大致表明收视收听人群的比例，并不表示广告信息被受众实际收看（听）到的比例。

2．发行量

发行量指报纸和杂志通过发行渠道发送给读者的报刊份数。发行量指标主要有期发数和年发数两种。当然，发行量和视听率相似的特点是，发行量也只是用来衡量读者的大致范围、流量与状况，并不意味着刊载的广告信息被实际看到。目前国内媒体发行量存在着虚假问题，所以应以媒体发行量背后的媒体发行质量作为重要的考察标准。

3．毛评点

毛评点又称总视听率，是指特定时期内，某一广告数次播放的收视率之和，是一则广告在媒体推出数次后所能达到的总的效果。毛评点的计算公式为：毛评点=到达率×暴露频次。

4．视听众暴露度

视听众暴露度是指在一定时期内收听、收看某一媒体或某一媒体特定节目的人数（家庭数）总和，实际上是毛评点的绝对值。视听众暴露度的计算公式为：视听众暴露度=视听众总人数×毛评点。

5．到达率

到达率又称接触率，是指广告由某种媒体传播后，一段时间内接触到这则广告的人数占媒体传播范围内总人数的比例。到达率实际上就是看到或听到某一广告的人数的百分比。

6．暴露频次

暴露频次又称频次或频率，是指在一定时期内，每个人（或家庭）接收到同一广告信息的平均次数。暴露频次与到达率在本质上是不同的，到达率衡量广告信息到达的人数，而暴露频次则用以衡量到达的平均人数。

媒体量化评估指标主要用于考察接触广告信息的受众广度，除量化评估指标之外，媒体定性评估指标也是衡量媒体商业价值的重要元素。

相关链接

电视开机率的真相

关于电视开机率的话题在网上被重新提及，大家都搞不懂，开机率究竟是什么？开机率到底是多少？实际上开机率这个指标在广告效果评估里很少提及，以致被误读。

1．什么是电视开机率

根据国际通行的电视收视率调查操作指南——《全球电视收视率调查指南》(GGTAM）定义，开机率（Household Using Television，HUTs）是指某特定时间段内用户的电视平均开机（不论看何频道）百分比。简单一点说，就是在一段时间内，平均每分钟看电视的家庭户占全部拥有电视的家庭户的百分比。通常我们提到的开机率，如果没有强调是哪个“特定时间段”，都指的是全天平均每分钟看电视家庭户所占的百分比。

2．电视开机率下降了吗

从2001年至2012年的开机率数据看，全国电视市场的平均每分钟户开机率一直保持在20%～25%，其中2011年的开机率最高，达24.64%。从历年变化看，开机率已从2001年的21.17%上升至23.74%，可见电视仍旧保持一个良好的发展势头，在稳步前进。

以2012年为例，全年电视市场户均开机率为23.74%，就是说2012年平均每分钟有23.74%的家庭在收看电视，中国有4亿多拥有电视机的家庭，这个数据说明平均每分钟大约有1亿个家庭在看电视。

前面提到的23.74%是2012年全国电视市场户均开机率，这是全年每分钟的一个平均值，实际上，受众的这种开机行为会因一天中的不同时段、不同季节、不同地理区域以及市场而有所不同，并不是一成不变的。从开机率全天分钟走势看，20:45左右是打开电视的家庭数最多的时段，这一分钟的开机率高达66.81%，就是说，每10户家庭中约有7户在收看电视！而全天开机率最低的时间点为04:00，这一分钟开机率仅为2.13%，就是说平均100户家庭中仅有2户在这个时段收看电视。

（来源：中华广告网　作者：郑维东）

6.3.2 媒体商业价值的定性评估

媒体定性评估主要指媒体的说服力效果。虽然定性评估不能根据统计加以量化，却是实际影响媒体投放的要素。通常媒体定性评估指标包括接触关注度、干扰度、编辑环境、广告环境、相关性等。

1．接触关注度

接触关注度是指消费者接触媒体时的专注程度。其基本假设是，专心接触媒体的广告被记忆程度，高于漫不经心接触媒体的广告被记忆程度。

2．干扰度

干扰度是指消费者在接触媒体时受广告干扰的程度。它指广告版面或段落长度占媒体本身内容的比例。其基本假设为，众多的广告在一定时间里集中“轰炸”消费者，因此形成了广告信息强度彼此互相干扰和抵消的现象。干扰度分为直接干扰和间接干扰。直接干扰指相同品类的广告相互之间的干扰，间接干扰指所有品类的广告挤在一起所形成的相互干扰。媒体广告越多，分配到某一特定广告信息的关注就越少。广告所占的比例越大，干扰度就越大，记忆需要的时间越长，传播效果也就越低。

3．编辑环境

编辑环境是指媒体所提供的编辑内容及其在受众心目中的位置和影响，对品牌和广告创意发挥的影响。这种影响力大小体现在两方面：媒体形象和媒体地位。媒体自身会在消费者心中形成一定的形象，吸引具有相同心理倾向的受众，对具有类似形象的品牌或创意具有较高的媒体价值；媒体在类别里所占的地位也对广告传播效果有影响，居于领导地位的对受众的说服效果就较强。

4．广告环境

广告环境是指媒体承载广告所呈现的媒体环境。其基本假设为，媒体发布的广告的整体形象对广告效果产生影响，良好的广告环境对广告品牌有提升作用。广告环境与干扰度不同，干扰度侧重于媒体上广告量所产生的干扰，而广告环境侧重于媒体上广告质带来的影响。

5．相关性

相关性是指产品类别或创意内容与媒体本身在主题上的相关性。相关性评估的意义在于，该类型媒体本身对受众具有针对性，受众对该类型媒体产生兴趣，也就容易对该类型产品产生兴趣。产品类型与媒体类型相关联，会更容易吸引对该类型产品产生较高兴趣的受众。

6.3.3　媒体商业价值的效益评估

所谓效益指标，是衡量采用某一媒体可以获得的利益同消耗费用之间关系的指标，是媒体经济效益的度量。媒体有两个基本效益指标：千人成本和收视点成本。

- 千人成本。媒体信息到达 1 000 人所花费的费用，其计算方法为：媒体单位广告费用与到达的目标受众总数之比再乘以 1 000。
- 收视点成本。又称每毛评点成本，指购买一个收视率的价值高低，即广告的媒体单位购买成本与收视率之比。

对广告媒体商业价值的评估是十分复杂的。要想完善广告媒体商业价值的评估，除上述三类评估指标外，还应综合考察其他变量，如媒体受众结构、媒体影响力与公信力、媒体目标与广告目标契合性等。

6.4　广告媒体策略

6.4.1　媒体受众策略

媒体受众策略解决的是媒体传播对象的问题。媒体投放要以目标消费受众为依据。首先，确定目标消费群受众有两个依据：一是从社会人口统计学角度，如人口、性别、职业、教育、收入等；二是从消费行为学角度，如心理特征、生活习性、消费习惯等。其次，目标消费者的结构描述。在做目标消费者结构描述时要考虑两点：一是媒体投放的重点。通过一系列的市场调查研究、特定的数据分析区隔出消费者的消费梯度，重点是确定重度消费群的核心价值取向和媒体选择取向。二是考虑消费者与产品的关系。区分产品的消费者、使用者和消费的影响者，进行有效的传播。三是考虑目标受众的媒体接触特征。要综合两方面的数据，分析目标受众的媒体接触习惯，确定媒体投放的策略。

6.4.2　媒体时机策略

把握好广告的媒体时机，可取得事半功倍的效果。媒体的时机策略中的“时机”可以从以下几方面着眼。

1．产品生命周期的时机策略

一般情况下，产品的投入期广告的投入很高，这一时期的广告可以科学地分配到各种媒体上，运用媒体组合，加大宣传力度，整合媒体效果。在产品的成长期，随着消费者对新产品的不断熟悉，可以适当地收缩媒体的投放，选择几个重点媒体投放。产品进入成熟期后，同类产品竞争加剧，有必要再度提高媒体投放的密度和力度，但应该保持大体的稳定。待产品进入衰退期，媒体类别和媒体投放的频次都应该有所减少或转向新产品宣传。

2．季节媒体时机策略

根据产品销售季节来把握广告传播的时机。很多商品都存在明显的销售季节性，广告应抢在产品进入销售季节前投放，在相应的广告媒体上大量投放广告。当然凡事无绝对，有些反季节广告媒体策略也取得了成功。

3．事件媒体时机策略

事件媒体时机策略是指利用重大事件、赛事等大众广泛关注的事件进行广告宣传。如奥运会就是很好的事件媒体时机。奥运会很容易把赛事的、冠军的某些体育品质在不知不觉中嫁接到产品中，这也是为什么每逢奥运会等大事件时，企业都会花巨资投放广告。

6.4.3 媒体区域策略

媒体区域策略解决媒体投放的地理区域问题，具体策略主要有四种类型：第一，广告在全球范围投放，这种投放主要针对那些全球性的大品牌；第二，广告在全国性媒体投放；第三，全国性媒体与地方性媒体相结合；第四，只使用地方媒体或者绝大部分广告投放在地方性媒体。

6.4.4 媒体选择与组合策略

广告媒体组合策略是指将多种类型的媒体进行组合投放广告，达到立体化、整合传播的效果。具体的媒体组合方式有以下几种。

1．视觉媒体与听觉媒体的组合

视觉媒体指借助于视觉要素表现的媒体，如报纸、杂志、户外广告、招贴、公共汽车广告等。听觉媒体主要是借用听觉要素表现的媒体，如广播、音响广告，电视可以说是听觉和视觉完美结合的媒体。视觉媒体直观，给人以一种真实感；听觉媒体抽象，可以给人丰富的想象。

2．瞬间媒体与长效媒体的组合

瞬间媒体指广告信息瞬时消失的媒体，如广播、电视等。电波电子媒体由于广告一闪而过，信息不易保留，因而要与能长期保留信息、可供反复查阅的长效媒体配合使用。长效媒体一般是指那些可以较长时间传播同一广告的印刷品、路牌、霓虹灯、公共汽车等媒体。

3．大众媒体与促销媒体的组合

大众媒体指报纸、电视、广播、杂志等传播面广、声势大的广告媒体，其传播优势在于“面”。但这些媒体与销售现场相脱离，只能起到间接促销的作用。促销媒体主要指邮寄、招贴、展销、户外广告等传播面小、传播范围固定、具有直接促销作用的广告，它的优势在于“点”。若在采用大众媒体的同时又配合使用促销媒体，就能使点面结合，起到直接促销的效果。

在采用广告媒体组合策略时，还需要注意以下问题：

- 媒体组合策略较适合于开拓新市场及推出新产品时使用；
- 媒体组合要耗费大量广告费，因此只适合有经济实力的大中型企业；
- 媒体组合运用是复杂的，不能随心所欲，而应建立在研究分析和规划的基础上。

如图 6-9 所示，一家汽车厂商在为它所推出的一款新车做广告宣传时，充分考虑了各媒体的特点，采用了有效的媒体组合方式，从而很好地提高了广告投入利用率。

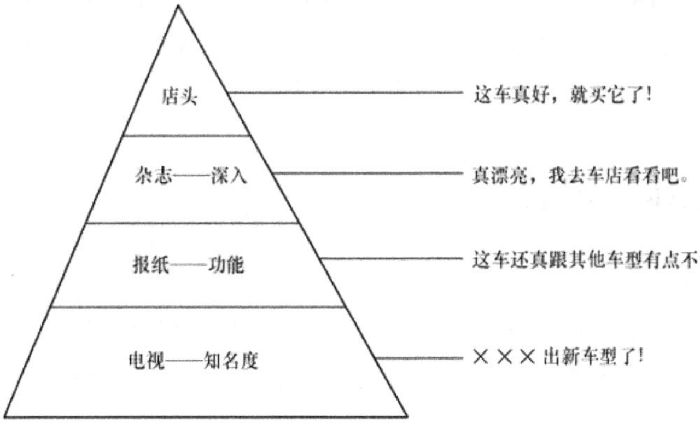

图 6-9　媒体组合

6.4.5 制定广告媒体策略时应该注意的问题

1．媒体的品质与传播效果

我国的媒体发展进入了新的竞争时代，媒体的品质成为媒体竞争的关键。不同的广告媒体，有不同的特点和局限性，是选择媒体时首先要考虑的。媒体的发行范围和发行数量会影响媒体受众人数；媒体的社会文化地位的不同，对广告传播效果会产生极为明显的影响；媒体的社会声望会影响广告的影响力和可信度；媒体的信息生命周期的长短及媒体是否有某些方面的限制等，也会在一定程度上影响广告效果。

2．执行层面的超越

制定广告媒体策略时要考虑以下问题：执行整体策略时是否采取不同区域策略以及如何有效分配预算；是否考虑竞争者的动作，把竞争者的媒体干扰考虑在内；媒体的策略手段是否有所创新，是不是竞争者难以模仿的；媒体组合效果是否达到最佳，是否考虑了广告活动媒体的整合；是否综合运用了广告、促销、公关等多种手段。

3．广告商品的性能和使用范围

不同的产品有不同的性能和不同的使用范围。要考虑广告商品自身的特点、使用价值、所处产品生命周期及质量、价格、产品包装等，从而选择最合适的广告媒体。

4．目标消费者的消费和收视情况

选择媒体首先要考虑的就是消费者的媒体接触情况。要根据目标消费者的特征，分析他们的媒体接触习惯，做到有的放矢；其次要根据目标消费者视听率的高低选择媒体时间；再次要根据消费者的记忆规律来选择。各种媒体在知晓、理解、记忆三个层次上的效果不同，如广播广告有利于知晓，报纸广告则有利于记忆。

6.5 广告媒体计划书

1．标题、概要和目录

此部分作为广告媒体计划书的开端，是对全盘计划的一个概括，扼要介绍媒体计划的总体构想及简要评述，可使执行人员快速浏览要采取的行动，了解此计划的全部内容。

2．背景与环境分析

广告媒体计划的背景和环境因素应包括企业面对的市场状况、竞争环境，企业的优势及不利因素，各种媒体在广告活动中的占有率等。这部分内容主要包括：市场形势和产品的历史及现状、与媒体相关的营销目标和策略、竞争对手的广告媒体综合运用的情况。

3. 媒体目标

每个媒体目标应该与一个营销目标和策略相关联。媒体目标一经确定，便成为日后计划执行检查、广告效果评估的依据。制定媒体目标时应该包括以下要点：目标受众的详细情况，需要的到达率，需要的可持续性以及可持续的方式，有特殊需要的区域比例，媒体的商业特性描述（如果需要的话），可以利用的预算和使用上的限制，所需的灵活性，必须支持促销的媒体水平等。

4. 媒体策略

媒体策略和媒体目标不同之处在于，媒体目标是关联到营销目的和策略的目标，而媒体策略是履行这些目标的行为。有时媒体计划者制定两种或三种可供选择的策略，并说明其中一种为何优于另外两种。媒体策略至少应该包括以下内容：媒体类别选择，预算分配及比例，首要和次要目标市场的范围，目标受众的比例，使用媒体范围的详细情况，使用、选择或安排媒体的标准等。

5. 媒体计划细节和说明

- 确定媒体价值的标准陈述；
- 证明所选媒体是可供选择和预算的最佳选择；
- 数据表明通过所有媒体组合后的净到达率和接触频次，包括频次分布；
- 数据表明全体媒体组合的总接触人次，尤其是目标受众数；
- 所选择或考虑的所有媒体的千人成本；
- 显示每个媒体总体费用、每个月使用次数、花费以及每月全部费用；
- 对于目标受众，采用年度流程显示媒体和每个星期插播率、到达率、频次及每月费用；
- 每年总费用；
- 其他对制定计划有帮助的数据。

6. 媒体流程表

媒体流程表以图表的形式表现，以使计划者在很小的空间内表达媒体计划中的所有主要行动。流程图最重要的目的是提供给所涉及的每个人——计划者、媒体购买者以及客户对全部行动计划的细致观察。媒体流程图以简单明了的方式表明了整年媒体购买的流程，所以流程图应易于理解且不可忽略任何要点。

7．总结

最后，必须对编写好的媒体计划书进行检查总结。总结时应重点考虑以下几个方面：

- 计划怎样被组织好？如何能更轻易地得到所需的信息？
- 标题和抬头相配合吗？有关于页数的表格吗？
- 所有数据表格都能正确表明数据的作用吗？
- 对重点的营销目标和策略是否进行了评论？
- 在计划书的逻辑推理方面是否存在不足？

本章小结

- 广告信息的传播是广告活动的重要实施环节，作为广告最终与受众接触的渠道和承载商业广告信息的载体，媒体已经成为企业营销者时时必须考虑和认真对待的问题。同时，由于绝大部分广告费用用于支付媒体的购买费用，广告的媒体决策已经直接影响了企业的经营效益。
- 媒体是人们借助用来传递信息与获取信息的工具、渠道、载体、中介物或技术手段。广告媒体是指传递广告信息的载体。凡能在广告主与广告受众之间起媒介或载体作用的物质都可以称为广告媒体或广告媒介。
- 媒体按其影响力大小，可分为大众媒体和小众媒体。大众媒体主要包括传统的报纸、电视、广播、杂志媒体以及新兴的网络媒体等；小众媒体形式多样，常见的有户外媒体、POP、直邮广告、通信广告、交通广告等。
- 报纸是最早的大众传播媒体。报纸传播范围广，读者众多且相对稳定；发行地区和发行对象明确，因此选择性较强；编排灵活，时效性强；具有特殊的新闻性和权威性；具有保存价值，其内容无阅读时间的限制；广告费用相对较低。但读者的阅读能力受到文化水平的限制，报纸印刷效果一般。
- 杂志也是传统的四大传媒之一。杂志阅读率高，保存期长；针对性强，读者阶层和对象明确；编辑精细，印刷精美，表现力强。但时效性差，读者层面较狭窄，市场覆盖率低。
- 广播是最早的大众电子传媒，虽然受电视的影响，地位不如以前，但广播以其独有的优势，仍然是当今重要的大众传媒之一。广播传播速度快、传播范围广、时效性强；节目的听众明确，广告语言通俗化，广告对象易于掌握；制作成本与播出费用低廉；信息传播较少受时空限制。但信息保持性差，稍纵即逝。

- 电视在所有的广告媒介中是具有很强的发展势头和发展潜力的一种。电视表现力丰富，感染力强；传播面广，渗透力强，娱乐性强，被注意率高。但电视信息生命周期短，具有稍纵即逝性和不可重复性；广告费用昂贵，受时间限制，不利于受众深入理解广告信息；电视广告的实际收视率较难统计。
- 网络媒体是继四大传统媒体之后又一种新兴的大众传媒。虽然发展时间短，但网络以其自身的优势，成为当今世界不可或缺的信息传播载体。网络的特点是传播范围广泛；信息传播具有交互性，信息容量大，综合了视听效果；实时性与持久性统一；广告投放准确，受众数量可准确统计。
- 媒体商业价值的评估可以量化评估、定性评估以及效益评估。量化评估的主要指标有视听率、发行量、毛评点、到达率、暴露频次等；定性评估的指标有接触关注度、干扰度、编辑环境、广告环境以及相关性等；效益评估的主要指标有千人成本和收视点成本。
- 广告媒体策略主要研究媒体受众策略、媒体时机策略、媒体区域策略、媒体选择策略和媒体组合策略等。
- 广告媒体计划书主要包括标题、概要、目录、背景与环境分析、媒体目标、媒体策略、媒体计划细节和说明、媒体流程表、总结 7 部分。
- 媒体计划中常用的几个重要指标有利用率、开机率、千人成本、到达率等。

专论 6　Focus

报纸的新媒体革命

随着互联网时代的到来，人们的阅读方式发生了革命性的变化，人类开始进入“快速点击阅读”时代。正是依靠传播速度快、受众面广、互动性强等特性，网络已成为新时代宠儿。传统纸媒的地位因此受到了猛烈冲击，甚至有人预言“报纸在不久的将来就会消亡”。

“狼来了！”近年来，面对新媒体咄咄逼人的架势，传统媒体人几乎一夜惊醒，有了深深的危机意识，开始为传统媒体谋划出路。

事实上，从草莽年代一路走来，都市类报纸从不畏惧挑战，更勇于尝试，颇具创业精神。特别是一些已成为所在地区“龙头老大”的都市类报纸，早就开始探索与新媒体的合作和融合问题了。

河南《大河报》将96211呼叫中心从发行延伸到了家政、电商等服务内容，并由此衍生出社区网站，年收入达到400万元，此后，《大河报》还和通信商合作开设3G网生活门户网站，组建专门团队经营官方微博，目前初见成效。

福建《海峡都市报》将报社平台968111，发展成了一个提供各项生活类服务的最大平台，2012年实现500万元的赢利。

东北第一大都市报《辽沈晚报》早在几年前就介入手机报，也取得了不俗的成绩。

尽管各家都市类报纸发展程度不一，但这些年来，几乎都在尝试新媒体以期实现突围，这几乎成了一个普遍的行业态势。目前这样的融合虽没有形成新的赢利模式，但从大方向上看是对的。可以预见，在相当长一段时间内，纸媒的权威性和公信力，都是新媒体无法取代的。

“纸媒的发展不仅仅是一个话题，而是全世界都在共同讨论的问题。”全国都市报研究会会长、《大河报》总编辑王守国打气说，对于纸媒的发展一定要充满信心，经过这么多年的积累和发展，都市报媒体已具备了较为广阔的新闻资源、人脉资源，这一点是其他媒介所无法比拟的。

在《辽沈晚报》总编辑彭宁看来，与其他媒介相比，看似“夕阳西下”的纸媒其实存在着更多的发展机会，还有更多更大的发展空间，能找寻到新的赢利点和增值空间，关键是要从以网络为代表的新媒体中汲取营养，为我所用。

在挑战面前，唯有让自己更强大，才是不二的选择。《北方新报》通过创办地方版，向内蒙古东部区和西部区两个方向扩张，稳坐了地方老大的位置。《齐鲁晚报》目前的主要精力是进行地方版的拓展，几乎在每个城市都开设地方版，依托各地的记者站，进行报纸拓展，在广告收入方面的表现较为明显。

近年来，一方面，大部分都市类媒体在占领都市制高点之后，着力进行外部市场拓展，以扩大规模和影响；另一方面，靠“打打杀杀”社会新闻起家的都市类媒体，已在慢慢向“主流媒体”方向转型。

内容为王，一直以来，支撑都市报媒体发展最有利的因素无外乎就是内容。对此，《南方都市报》执行总编辑任天阳有一个论断。他说，全媒体≠全体，也≠全能，纸媒内容品质的提升依然是未来发展的重点。

《南方都市报》的转型从2005年开始，经过7年的曲折路程，构建起了一个包括报纸、杂志、网站、微博、音视频制作等在内的全媒体集群。任天阳认为，这一切产品的核心都是《南方都市报》，离开了《南方都市报》，全媒体就成了无本之木。近年来，包括《南方都市报》在内，从主攻社会新闻转向时政新闻、深度报道和评论等高品质新闻产品，都市类媒体的转型有目共睹。只有拥有主流读者，强化主流话语权，都市类媒体才能真正实现华丽转身。

（资料来源：《中国新闻出版报》.）

问题理解

1．传统四大媒体各自的特点是什么？
2．简述网络媒体的特点及其形式。
3．户外广告媒体的优缺点各有哪些？
4．POP 广告的特点有哪些？
5．直邮广告的特点有哪些？
6．简述通信广告的形式和特点。
7．简述广告媒体策略。
8．简述广告媒体计划书的结构。
9．阅读专论 6，谈新媒体时代传统媒体的创新与出路。

案例分析

曾经风靡一时的“哈药模式”正在淡出央视舞台。2013 年中央电视台黄金资源广告招标中，曾经因央视广告而被人们耳熟能详的诸多药企却不见了身影，留下来的药企有 3 家——云南白药、北方医药和广州药业，中标额依次为 1.59 亿元、1.50 亿元和 0.61 亿元，共计 3.70 亿元，占比不到 2.40%，或者这 2.40%都是一种奢想。网络、智能手机、平板电脑等新兴电子产品的兴起，促进了网络、软件应用、电子杂志等一批新媒体的发展，使人们获取信息的途径也多元化起来，不再像以前那样，要知道新信息必须下班回家看电视听新闻。据有关媒体统计报告显示，看电视的人正变得越来越少，且正在逐渐成为一种趋势，越来越多的人在重视电脑等新兴电子产品的同时，逐渐远离电视机。有统计数据显示，过去 3 年，北京电视机开机率从 70%下降到不足 30%，而其他地方也出现了同样的局面。由于看电视的人在减少，导致了电视广告的效果大打折扣，加之电视广告最缺乏的是精准营销，所以逐渐被企业所淡化，央视广告已经离“开进一台桑塔纳，出来一台奥迪的时代”越来越远了。

思考题：

1．新媒体的发展对市场有哪些影响？

2．信息传播渠道多元化时代企业广告媒体策略应如何选择？

技能训练

背景资料：某日化公司最近开发出一款新配方的洗发水，该产品的目标市场是中老年男性市场，产品的主要功能是防止脱发。该公司首期准备进入的区域市场是华东地区市场，且以城市为主要市场，通过城市市场进一步辐射到乡镇以及农村市场。

1．实训内容：广告媒体计划书设计。

2．实训要求：针对背景资料，运用所学的广告媒体策略相关知识，设计一份有可行性的广告媒体计划书。

3．实训组织方法及步骤

1）教师将学生分为若干组，也可以让每位学生单独完成任务；

2）根据广告媒体计划设计的基本要求，通过调研和规划，在规定时间内完成任务；

3）由教师组织在班级进行交流；

4）教师进行点评，对本次实训进行总结。

第7章

广告文案

引导案例

特仑苏牛奶广告文案

20岁，遇见一包好牛奶，遇见一个心爱的人。

一个冬日的午后，我懒惰地坐在咖啡馆门口，晒着太阳。他从阳光下走来，坐在我的对面。看到我面前的咖啡，他说："牛奶更适合你。"他为我点了一包特仑苏。品味着纯美的特仑苏，听他讲述这包牛奶的来历：北纬40度，生活着一群幸福的奶牛，它们快乐地产奶，愉快地生活……幸福因子在我面前这包特仑苏中流淌。听着他的讲述，我沉醉在这包好牛奶中，也沉醉在温暖阳光下他温柔的目光中。

30岁，爱的表达，特仑苏。

一周五个工作日，每天都很忙、很累，甚至忙得没时间告诉我有多爱他。早晨，我出门的时候，他还没有起床，我会热一包特仑苏放到餐桌上；晚上，累了一天的我回到家，他会递给我一包温暖的特仑苏。无须言语，我们的爱情就如那包特仑苏，总是一如既往的香醇。

40岁，爱从来不间断。

结婚十几年，爱情似乎远离了我们。我的重心是孩子，他的重心是事业。那一天，我说胃疼，他只淡淡地应了一句："别老吃辣的。"然后便去上班了。晚上，他回来，又只是淡淡的一句："胃还疼吗？"我摇摇头，疼的不是胃，而是心。洗完澡，准备睡觉，我看到床头放着一包特仑苏。他又是淡淡地说："睡前喝杯牛奶，可以养胃。"那一刻，我好感动。爱情从来不曾离开我们，只是我们把它放在了心的深处。

特仑苏，爱到深处味更浓。

➲ **辩证性思考：** 广告文案在广告作品中的地位与作用。

本章学习目标

- 理解广告文案的含义与结构；
- 掌握广告标题的类型与写作要求；
- 掌握广告正文的类型与写作要求；
- 掌握广告口号的类型与写作要求；
- 了解广播电视广告文案的特征；
- 了解软文广告的特点与写作要求。

关键术语

广告文案　广告标题　广告正文　广告口号　软文

7.1 广告文案概述

7.1.1 广告文案的含义和构成

广告文案（Advertising Copy）又称广告文或广告文稿，指的是通过一定的媒体向公众介绍和推销商品、报告服务内容的应用文。广告文案作为广告的核心，是广告信息桥梁功能的主要承担者，其劝诱性、说服性直接影响整个广告活动的成败。

一般而言，广告文案由以下几个部分组成：标题、正文、广告口号、随文（附文）四大部分。不同媒体的广告文案构成是不一样的。霓虹灯广告是标题与正文的合一；路牌广告、交通广告以图为主，文字部分非常精练，有时甚至标题、正文、标语合一；电视广告与广播广告则有自身的特点，一般没有标题；印刷广告各种构成部分则比较齐全。

7.1.2 广告文案的特性

广告文案的撰写，与一般文章的写作有不同的要求。它并不追求文字的华丽，也不完全要求成为受众鉴赏的对象。广告文案要服从广告传播活动的总体目标，符合广告总体设计的要求，能够在瞬间形成强烈的刺激，引起消费者的关注，使消费者认知、感觉，产生浓厚的兴趣和留下深刻的印象，并能具有强烈的号召力，促使消费者采取一定的购买行动。广告文案一般具有以下特性。

1. 具备完善的表现结构，但不拘泥于结构的完整

与一般文本相比，广告文案文本具备标题、正文、附文、标语等，表现结构独特而完善。在完善的表现结构中，各部分各司其职，赋予文案文本独特的吸引力、完备的信息内容、生动的表现力、深长的感召力，层次分明、主次有序，以获得圆满的传播效果。同时，广告文案文本的结构并不拘泥于结构形式自身的完整，而是从广告的传播目的或销售目的出发，以发展创意、表现创意为根本，有机地处理结构的安排和取舍。因此，实际的广告文案文本写作中，会出现只采用了结构的某一部分的文案文本（如无标题文案、唯标题文案等），打破了完整结构的文案文本，以独特的结构、独特的诉求方式，形成了更有效的传达力、说服力。

2. 运用各种表现手法，但只是借助表现达成广告目的

广告文案文本的表现方式、表现手法是多种多样的，在广告文案文本中，我们可以看到许多表现手法上的创造，以期以最吸引人的形式将信息传达出去。但是，文案文本形成过程中的表现手法的创造、选择和运用，与其他文本不同。在文学创作中可以以表现手法的创造为创作的最终追求，新的表现手法的创造和运用即可以使文学写作者得到一种创造的满足。而广告文案文本中的表现手法虽千变万化，其目的只是借助表现达成有效传播，获得广告目的。

3. 传达信息，但更注重对受众的说服和劝诱

虽然广告文案的文本形式多种多样，但广告文案必须在传达广告信息的活动中才能得以存在，广告文案的写作活动也只有在传达广告信息的过程中得以展开。然而，传达广告信息并不是广告文案写作的最根本的目的，广告文案要传达信息，但最主要的目的是在传达的同时说服和诱导受众，特别是目标消费者。

相关链接

中国广告协会广告公司委员会优秀广告的10条标准

1）创意独特，立意新颖。

2）主题突出，构思完整。

3）广告定向，定位准确。

4）文案寓意深刻，精练生动。

5）整体效果，简洁鲜明。

6）构图完美，布局严谨。

7）形象真实，生动感人。

8）色彩明朗，构成合理。

9）文字规范，字体易读。

10）技巧熟练，表现力强。

7.2 广告文案的写作

7.2.1 广告标题

标题是广告的题目，是印刷广告中最重要的元素，往往被置于广告最醒目的位置。广告标题是广告的生命，标题的字体一般要大于其他文案部分。在对广告的阅读中，有80%以上的读者仅仅阅读广告标题，所以如果广告标题不能引起受众的充分注意，他们就没有兴趣再读正文。因此，一则广告的成败，在很大程度上取决于标题的质量。

1．广告标题的类型

广告标题的类型有很多，按其内容与形式的组合不同，我们可以把它划分为直接标题、间接标题和复合标题三大类。

（1）直接标题

直接标题又可称为直接诉求式标题。这种广告标题可以直接告诉顾客产品对他的收益。在标题中呈现卖点，不需要读正文，消费者就能明白其中的宗旨。直接标题简明、确切，使人一目了然，因而深受广告创作人员的喜欢。

例如，美国煤气联合会的广告是这样写的："唯独这种煤气能向你提供一大桶一大桶的热水，比普通的快 3 倍。”这里首先提到的是产品（煤气），接着是它向顾客所提供的收益，诉求直接。

（2）间接标题

间接标题又称为间接诉求式标题，它不直接点明广告主题和广告宗旨，往往以富有情趣和戏剧性的语句来吸引读者，引发其足够的好奇心或关心。其唯一的目的是让读者去看广告正文。

如中国电信的“慰问电报（肩篇）”广告就采用的是间接标题。“寄不去一双可倚靠的肩……”的标题配合图片，富有情感和视觉冲击力，诱人转读正文。

（3）复合标题

复合标题指由多个单标题形成的，相互之间具有某种内在的逻辑关系，在排列上呈先后次序排列的标题结构。复合结构的标题形式能够对受众进行多重层次的、符合受众各种接受心态的诉求。在具体的操作中，它可以有 3 种表现结构：引题＋正题＋副题，引题＋正题，正题＋副题。

例如：松下电器变频式空调的报纸广告标题

引题：销售进入第二年

正题：松下电器变频式空调的使用者越来越多

副题：这么多的笑脸是舒适性和令人信赖的质量证明

2．广告标题写作的基本要求

（1）突出主题，标出新意

在写作广告标题时，要注意把广告内容中最重要、最精彩的部分突出出来。如突出某种商品给消费者带来的好处，点明某产品的作用、功能。

（2）简洁明确，一目了然

广告标题要简单明了，字数不宜过多。但是，简洁不等于苟简。广告标题不仅仅要做到简明扼要，而且要能够明确，给读者完整的印象。

（3）题文相符，互为一体

广告标题要符合广告创意的要求，不能脱离主题，不能为追求某一方面的效果，使标题与广告内容游离，题文不符；同时，也要注意广告标题与广告正文是互为一体、不可分割的。

（4）易懂好记，引人注目

广告标题的根本目的，在于运用特殊的编排形式，引起读者的注意，或在一瞥之中，得到较为深刻的印象，或唤起兴趣，读完广告全文。因此，制作广告标题，注意遣词造句不要过分追求华丽，尽量避免晦涩，能为大多数读者所接受，其次是要富有创造性，不能陈词滥调，套话空话大话。

相关链接

大卫·奥格威的广告标题写作检测原则

- 是否体现广告主题？
- 是否表现了商品的消费者利益和销售承诺？
- 是否运用了诱发受众好奇的表现形式？
- 有没有诱人继续往下阅读的元素在内？
- 语言是否简洁易懂？
- 形式是否简明而有趣味？
- 如果是长句子，广告的目标对象能轻松地明白句子的意思吗？
- 如果运用了否定词，在体现你所想达到的风格和创新的同时，目标对象能产生相同理解吗？
- 是否运用了品牌名称？运用它对广告的效果是否能产生正向的作用？
- 是否使用了新颖的、有感召力的词汇？

7.2.2 广告正文

所谓广告正文，就是阐述广告所要向公众宣传的商品、企业、服务等诸方面内容的文字部分。广告正文是广告文案的核心，是广告主题的表现，对宣传广告信息、树立商品形象和推动公众购买产品具有决定性的作用。

1. 广告正文的结构

广告正文根据其结构，一般分为导语、主体和结尾三大部分。

（1）导语部分

导语又称前言、总述和开头。导语往往以高度概括性的精练、简短的文字来介绍宣传的主题，力求开门见山点明主题，为读者阅读理解全篇广告文案打下基础。

导语的写法因人而异，有很多种，这里选择4种常见方法略做介绍（见表7-1）。

表 7-1　常见的导语写作技巧

方式	内　　容	实　　例
概括式	概括介绍传播主题或标题的基本情况和全文的主要内容，使受众对广告宣传内容的轮廓有个大致了解	**美菱冰箱的广告** 标题：留住营养与水分，保鲜时间延长 50% 概括式导语：食物保持时间长短是冰箱品质是否优异的重要标志
声明式	在开头部分直接表明企业的服务宗旨，表示乐意为公众服务的愿望，以直接缩短企业与公众之间的距离	**别克汽车广告** 标题："别克"能解除你的困乏与烦恼 声明式导语：生活总是由您自己来主宰，或兴奋激越，或平淡无奇。自由与困扰之界限简单如汽车的两轮。驾上"别克"，您就可以冲破烦恼
陈述式	采用陈述背景、理由的方式开头，在导语部分概括地交代发布广告的原因、目的、根据、事由等，多用"为了……"、"经……"、"根据……"、"随着……"等介词结构行文	**婷美广告** 标题：婷美集团真能超越明星战横扫减肥市场吗 陈述式导语：今年一开春，减肥市场立刻热闹起来。先是各大明星代言减肥产品，更有几大港星同时证言，据说还有一个产品包装了更多明星组合即将推出，似乎明星减肥成了今年的制胜法宝。然而，国内营销大鳄婷美集团却认为，把产品命运寄托于明星，只能是奢望。要在减肥市场赚大钱，就必须创造颠覆性的全新概念，改变市场的游戏规则。今年，婷美集团潜心研发"鸡尾酒减肥法"，要靠概念创新、功效创新、策划创新引领 2004 年的减肥市场

（2）主体部分

这一部分是广告的精华，是关键性的、有说服力的证据或立论，证实广告所提出的事实，支持广告所标榜的东西，充分阐述商品的优点，说明这并非是同类商品共有的优点，而是本产品的特殊优点。

主体部分的介绍方式千差万别，需要根据广告目标、宣传内容、广告创意等诸方面的要求而定。主体常见的写作方式有很多，将在"广告正文的表现形式"一节中逐一阐述。

（3）结尾部分

结尾部分是广告正文的结束部分。结尾的内容一般是诱导人们采取购买行为，用带有鼓励性的语句，敦促消费者采取购买行为，同时可说明产品价格、优惠办法、订购方法、维修及服务的承诺及担保等。其对于渲染广告正文、加深印象和刺激消费者具有极其重要的作用。常见的结尾写作技巧如表 7-2 所示。

表 7-2 常见的结尾写作技巧

方 式	内 容	实 例
祈使式	以祈使、启发、鼓动、号召、建议等语言文字结尾	出租广告结尾："数量有限，欲租从速"。又如"试试看，用威尔护儿眠固定宝宝的被褥，宝宝不生病，妈妈好睡眠"
强调式	在结尾部分以显著的文字突出强调广告的宣传主题和特色	瑞福伦化妆品的广告结尾语："世界上最令人难忘的女人都使用瑞福伦化妆品"。又如力士广告结尾语："我只用力士"
服务式	以表达服务愿望的词句作为广告结尾	韩国三星集团广告结尾："三星技术，为生命服务"
决心式	以表达决心的词句作为广告结尾	凌志轿车广告结尾："不懈追求完美"
祝愿式	以祝愿、问候的词句作为广告结尾	某文具广告结尾："祝同学们进步"
总结式	以总结广告正文内容的语句作为广告结尾	贵州醇《老农篇》广告结尾："这就是'贵州醇'绵厚悠长的甘醇境界"

广告结尾的方式写法，除了上述几种外，还有展望式、说明式、抒情式、设问式等多种形式。

2．广告正文的表现形式

（1）记叙体

记叙体即以记叙为主要表达方式而撰写的广告正文。它通过记叙产品的研制、开发、市场销售情况、企业发展历史和未来展望等来宣传企业和产品。由于它用事实本身说话，线索鲜明，过程性强，因而具有较强的说服力。

（2）说明体

说明体即以说明为主要表达方式而撰写的正文，简明扼要地介绍企业的情况、商品的性能特点、服务的风格特色等。这种表现形式的特点是客观、冷静、有条不紊，适合在运用文字较多的媒介上运用，如美菱保鲜冰箱锁住水分的广告。

(3) 新闻体

新闻体即以新闻消息为主要表达方式而撰写的广告正文。这种广告强调以简要的文字，借用迅速、及时报道新闻事实的手法，宣传企业和产品。其特点是短小精练、时间性强，注重写实性，具有权威性。

(4) 描写体

描写体即以描写为主要表达方式而撰写的广告正文，主要给公众提供具体的商品形象，即通过描摹、描绘、描述手段，勾画出广告宣传内容的形状、姿态、样式、大小等，给公众以形象感，产生身临其境的感觉。因此其主要特点就是“以形见长”。

(5) 论说体

论说体广告以说理、议论为主要表达方式，其特点是以概念、判断、推理为主要形式，直接阐明道理。论说体广告属于理性诉求，文案用充足的论据或雄辩的评论来说服消费者，旨在唤起人们对商品有明确的认识，从而促成购买行为。这类广告文案文字严谨、针对性强，持之有据、言之有理，多采用肯定句来正面说明，如凯迪拉克轿车广告。

相关链接

凯迪拉克轿车的论说型广告

标题：出人头地的代价

正文：(选录部分) 在人类活动的每个领域，得到第一的人必须长期生活在世人公正无私的裁判之中。无论是一个人还是一种产品，当它被授予先进称号之后，赶超和妒忌便会接踵而至。在艺术界、文学界、音乐界和工业界，酬劳与惩罚总是一样的。报酬就是得到公认；而惩罚则是遭到反对和疯狂诋毁。当一个人的工作得到世人的一致公认时，他也同时成了个别妒忌者攻击的目标。……杰出人物遭到非议，就是因为他是杰出者，你要力图赶上他，只能再次证明他是出色的；由于未能赶上或超过他，那些人就设法贬低和损害他，但只能又一次证实他所努力想取代的事物的优越性。这一切都没有什么新鲜，如同世界和人类的感情——嫉妒、恐惧、贪婪、野心以及赶超的欲望一样，历来就是如此，一切都是徒劳无益。如果杰出人物确实有其先进之处，他终究是一个杰出者。杰出的诗人、著名的画家、优秀的工作者，每个人都会遭到攻击，但每个人最终也会拥有荣誉。不论反对的叫喊声多响，美好的或伟大的，总会流传于世，该存在的总是存在的。

广告正文的表现形式，除了以上几种类型外，还有很多种，如故事体、抒情体、对话体、赠言体、证书体、名人推荐体、公文体、格式体、自述体、诗歌体、歌曲体、相声体、对联体和幽默体等。限于篇幅，在这里就不一一介绍了。

3．广告正文写作的基本要求

（1）紧扣主题，围绕标题

正文是标题的解释，同时增加了标题的信息量。正文应围绕标题展开阐述，可举事例来论证标题。正文更是对主题的文字表述，以主题为核心概念展开，否则广告正文就失去了重心。即使正文很华丽，很吸引人，但言之无物或受众不知道广告想说明什么，也会使正文失去作用，反而影响到广告标题的效果。

（2）正面陈述，言简意赅

正文应尽量陈述广告产品的事实，用艺术化的语言表述产品特性，以传达最为直观的信息。切记不要闪烁其词，躲躲闪闪，让人不知所云。正文的篇幅长短并无界定，一般以短文为好，但对于特殊商品如汽车，长文案反而效果显著。

（3）特性突出，具体生动

正文应突出广告商品的特性，抓住受众最为关心的利益点进行阐述，但注意避免“使用说明”式的陈述，读来枯燥乏味、毫无活力，而应增加艺术表现成分，使其生动有趣。

（4）语言热情，朴实真诚

正文行文应注意流露出对广告商品的喜爱，这样才能感染受众。广告正文创作的艺术性并非要求文字华丽，而要强调朴实和真诚，在此基础上渲染气氛，增强诱惑性。广告正文毕竟不是散文。

（5）提出忠告，表明承诺

广告正文的结尾若对目标受众提出有益的忠告或表明与目标受众利益相关的承诺，则会比整篇广告正文只讲广告产品吸引更多的受众，且此忠告或承诺可与广告标题遥相呼应，强化广告主题，加深广告信息的印象，更好地体现广告效果。

相关链接

大卫·奥格威的广告正文写作原则

- 要直截了当地用准确的语言来写作；
- 不要用最高级的形容词、一般化字眼和陈词滥调，要讲事实且把事实讲得引人入胜；

- 要经常运用用户经验谈广告信息；
- 向读者提供有用的咨询或者服务而不仅仅单纯地讲产品本身；
- 文学派的广告很无聊；
- 避免唱高调；
- 用消费者的通俗语言写作文案；
- 用消费者的通俗语言写作文案；
- 衡量优秀广告文案人员的标准是看他们使多少新产品在市场上腾飞，而不是用文字娱乐读者。

7.2.3　广告口号

广告口号又叫广告标语，指为加强受众对企业、产品或服务的印象而在广告中长期反复使用，旨在向消费者传达一种长期不变的观念的语言或文字。一个好的广告口号能使消费者加深对企业的经营特点和商品、服务的优良个性的理解和记忆，给人留下深刻的印象。而这一印象往往在无形中成为人们购买或选择商品时的依据，所以广告口号是现代化广告中常用的重要形式。

1. 广告口号与广告标题

广告口号与广告标题很相近，经常被混为一谈，但二者的区别还是很明显的，具体如表 7-3 所示。

表 7-3　广告标题与广告口号的区别

区　　别	广告口号	广告标题
目　　的	为了强调企业、商品和服务的一贯性的、长期的印象	为了使广告作品得到受众的注意，吸引受众阅读广告正文
表现风格	语言表达风格要长期体现口语化特征，自然、生动、流畅，给人以朗朗上口的音韵节奏感，而且必须是意义完整的一句话	可以是生动流畅的口语风格，但由于它在广告中提纲挈领的作用，更倾向于书面语言风格的运用，可以是一句话，也可以是一个词或词组
在广告中的位置	必须与正文放置在一起，放在广告作品中最醒目的地方，通常是与照片、插图等有机地结合在一起	可以单独使用，即使放在广告作品中，其位置也没有特殊的限制

续表

区　别	广告口号	广告标题
运用时限范围	运用期限长、范围广，可重复使用	运用期限短、范围窄，一次性使用
负载信息	所负载的信息一般是企业的特征和宗旨、商品的特征、服务的特征等，是企业、商品和服务的观念和特征的体现	可以负载广告口号中同样的信息，也可以负载与广告中的信息不相关的内容
传播渠道	借助受众的阅读和接受来获得传播目的达成的同时，更利于人际间的多种传播、扩散和流行	借助受众的阅读和接受来获得传播目的

广告口号与广告标题之间，经常会出现两者之间互转的现象，就是广告口号即广告标题，或广告标题即广告口号的情况。

2. 广告口号的种类

广告口号从写作手法和突出内容来看，可以分为以下几种主要类型，如表 7-4 所示。

表 7-4　广告口号的类型

类　型	内　　容	实　　例
形象建立型	主要表现和建立的是企业的形象。这个形象可以是企业形象、产品形象、品牌形象，其目的是建立一个让公众和目标受众信任、赞赏的形象，为企业一系列长期的销售活动做有效的铺垫	全心全意小天鹅——小天鹅洗衣机广告
观念表现型	表现企业生产者、产品经销者、服务者的观念和看法，表现对一种消费方式和消费观的创造和引导。通过观念的提出和表现来表达企业的胸怀，创造某种消费新时尚	创世界名牌，扬民族志气——波司登羽绒服广告
优势展示型	展示企业的功能、特点，让消费者用最简便的方式了解企业的优势。对于直接进行销售的广告运作来讲，这很具有煽动性	娱乐信息、新闻动向，即时捕获——中国移动短信业务广告
号召行动型	向受众发出某种号召，号召他们行动起来，去做某一件事，去进行某种消费行动。这种号召一般都是采用直接的方式运作祈使句来进行的	让沐浴精彩，让皮肤光彩——力士美容沐浴露广告
情感唤起型	借助受众心目中的人性因素、情感因素，用情感向受众呼唤、宣泄、倾诉，以此求得广告受众和目标消费者的情感消费	雪竹温情，暖在身、暖在心——雪竹内衣广告

3．广告口号的写作要求

广告口号在写作上要注意这样几点，即简短、明确、贴切、有独创性、有趣味性和易于记忆。其具体要求如下。

（1）简短易记，口语风格

这是广告口号写作的最重要的规定。广告口号主要是通过口头传播，来扩散广告主体的形象和观念的影响力，并成为消费大众的日常生活流行语。要便于口头传播，就要简短易记和口语化。

（2）用词朴素，合乎音韵

这里的用词朴素，指的是写作广告口号所运用的词汇，要词性平易而不华丽、浮泛。这里的合乎音韵，不能简单地理解为要求句子押韵，更主要的是要求广告口号要体现音韵之美、流畅之美，令听的人感觉流畅轻松、悦耳动听，富有韵律感和节奏感。

（3）突出个性，表现特征

广告口号出现在广告组合的每种广告形式之中，是整个广告活动的核心，它鲜明地体现广告的定位和主题，是整个广告活动的灵魂所在。突出个性比较常见的一种做法是在广告口号中自然地嵌入公司、品牌、服务等名称，使公司或产品名称配合产品特点不断出现，产生宣传强势，这样既宣传了产品特点，又扩大了企业、产品的知名度。

（4）观念前瞻，鼓动性强

观念前瞻是为了使广告口号能适应长期运用的需要，在观念的表现和引导上不至于落伍，被消费大潮所淘汰。而一个观念前瞻的广告主体往往富含哲理，具有启迪性，能够引导、号召、动员、激励人们产生某种欲望和实现欲望的行动。

（5）适应媒体，长期运用

只有长期运用的广告口号，才能使广告主体的一贯风格、观念得到一致的传达。只有能适合各种媒介特征表现的广告口号，才能被全方位地运用在广告的每个活动和每个作品中。因此，写作广告口号时，与标题、正文等其他构成部分的一个关键的不同是：广告口号要适宜在任何媒介上运用。

值得注意的是，以上原则要在一则广告中综合体现，不能顾此失彼。比如，为了语言的优美而忽略了对对象的把握或个性的体现。

相关链接

广告口号示例

- 海尔：海尔，中国造
- 长虹：以产业报国、以民族昌盛为己任
- 中国联通：情系中国结，联通四海心
- 商务通：科技让你更轻松
- 飞亚达：一旦拥有，别无选择
- 李宁：一切皆有可能
- 康师傅：好吃看得见
- 张裕：传奇品质，百年张裕
- 孔府家酒：孔府家酒，叫人想家
- 农夫山泉：农夫山泉有点甜
- 联想：人类失去联想，世界将会怎样
- 润迅通讯：一呼天下应

7.2.4 广告附文

广告附文是对广告正文的补充和辅助，是在广告正文之后向受众传达企业名称、地址、购买商品或接受服务的方法的附加性文字。因为是附加性文字，它在广告作品中的位置一般总是居于正文之后，因此也称随文、尾文。

1．广告附文的存在意义

- 对广告正文起补充和辅助作用；
- 促进销售行为实施；
- 可产生固定性记忆和认知铺垫。

2．广告附文的具体表现内容

附文的具体表现内容大致分为以下几个部分：

- 品牌名称；
- 企业名称；
- 企业标志或品牌标志；

- 企业地址、电话、邮编、联系人；
- 购买商品或获得服务的途径和方式；
- 权威机构证明标志；
- 特殊信息：奖励的品种、数量，赠送的品种、数量和方法等，如需要反馈，还可运用表格的形式。

7.3　广播电视广告文案的写作技巧

广播电视广告词的写作与一般广告文稿的写作要求基本上一致。但是，由于广播是以声音诉诸听众，电视是以声像诉诸观众，因此广播电视广告词的写作也因传播方式的不同，而有一些特殊的要求和技巧。而且，由于广告时间的限制，一般广播电视广告只有数十秒甚至数秒的时间，语言文字要更简练、艺术化，用“一字千金”、“惜墨如金”来形容绝不过分。

7.3.1　广播广告文案写作

广播广告利用电波传播信息，以声音诉诸听众，因此广播广告要注意扬长避短，充分发挥声音的优势。广播广告由广告词、音乐、音响三大要素构成，除了注意恰当地发挥音乐、音响等要素的作用外，广播广告广告词的写作也至关重要。

广播广告广告词的写作同报纸杂志的广告文稿有一定区别。它是通过声音传递有关信息，因此广告词首先就要让听众听得清楚，便于理解和记忆。在写作时，要特别注意以下几点。

1. 迅速抓住诉求对象

广播传播内容转瞬即逝，听众在收听广播时注意力往往并不集中，将广播当做可有可无的背景声音，这虽然增加了听众对广告的接触度，但也增加了广告到达诉求对象的难度。因此，广播广告的广告词应能起到迅速抓住听众注意力的作用，尽量简短，多用短句，少用修饰语，注意口语化；要在广告一开始就明确重点，富有特色，让听众马上就能理解并形成印象。

2. 适宜收听要求

广播是纯粹的听觉媒体，这是广播与其他媒体最根本的差异，这种特性给广播带来了形象性差的欠缺。因此，广播广告文案尽量要用容易理解的口语，不能使用过于书面化的语言，避免使用过长的复杂句、生硬字词、容易引起歧义的同音多义字词。广播广告文案必须生动形象，能够让听众通过想象在头脑中形成画面，这可以充分借助人声的表现力，使用对话、内心独白、广告歌等善于表现情感与情绪的形式。快板、评书、相声等听众熟悉的听觉艺术形式也可以帮助增强广播广告的生动性和形象性。

3．力求即时理解并形成印象

广播是一种非持久性媒体，传播内容稍纵即逝，不留痕迹。因此，广告必须将信息一次性传达到位，让听众马上就能理解，并形成印象。这就要求文案集中于重要信息，突出品牌和主要利益点，并做富有吸引力的传达。

4．言简意赅，重点突出

信息无法保存的特点也决定了广播广告不适合传达复杂的解说性信息，不适合做深度诉求。一则广告只能突出一个主题，比如只突出品牌、只告知产品的一个容易理解的鲜明特征，或者承诺一个明确的利益。需要重点突出的词句，还要简明扼要，以便重复朗读。特别是商品的品牌，反复说明以后，才可能为听众所记忆。

5．文案与音乐、音响的有效配合

广播广告可以采用人声、音乐、音响三种听觉符号。音乐和音响可以为人声提供背景，避免广告音调乏味；可以增加广告的现场感，帮助营造广告所需要的氛围、情境、风格及体现品牌个性，从而增强对听众的感染力；可以推进广告信息的展开、帮助突出重要信息；还可以有效促进听众的想象。

7.3.2 电视广告文案写作

电视广告以声音和图像两方面诉诸观众，具有综合优势。虽然电视的画面对观众具有强烈的吸引作用，但电视的文字语言绝不可等闲视之。它通过解说和屏幕两个方面表现出来，对电视图像起到补充、加强的作用，与画面相互配合、相得益彰，使电视广告充分发挥整体效能。

电视广告词的写作，除符合以声音诉诸受众的传播特点外，还要注意以下几方面。

1．明确语言对画面的作用

有声语言是电视广告的重要组成部分，是电视广告不可缺少的重要表现手段。虽然它在电视广告中处于配角的地位，但它对担任“主角”的画面有着重要的辅助作用。电视广告画面的直观性，带来内容表达的局限性，这就需要通过语言来弥补。

2．广告文案不必追求自身表达的完美无缺

电视广告词具有非独立性的特性，不必独立成章。结构可不严密，形式可不完整，语句可不连贯，语言自身逻辑关系可以有明显的缺憾和不足。而这些缺憾和不足，正是为电视其他表现要素开辟了天地。追求文字自身形态的完美，是电视广告词写作的大忌。

3．广告文案不要去描绘事物的外部形态

电视广告主要通过画面来再现事物，因此广告词就不必画蛇添足，再用语言做一番形象描述。一方面，电视广告词要具有画面感和形象感，运用巧妙的语言引导观众强化对画面形象的感受，揭示画面内涵和画面组间的逻辑关系；另一方面，又要注意不能用抽象笼统的语言去描述具体形象的事物，尽量避免直接描写。

4．注意“声画对位”

“声画对位”是写作电视广告文案的基本要求。换句话说，电视广告的文案要与画面保持基本的一致性，并且其内容出现的节奏也要与画面相同。画面说此而声音言彼，两者毫无关系，是电视广告的大忌。画面已经进展到下一步，声音却还在对前面的画面做喋喋不休的解释，或是画面还没有进展到这一步，而声音却提前将画面的内容说出，都会使画面和声音显得极不协调。

5．关注观众

电视广告的受众是在看电视的同时听到或看到文案的，因此他们不可能像阅读报纸广告文案那样专注地阅读电视广告的字幕，或者像广播广告的听众那样将注意力集中于听觉。所以，电视广告文案的撰稿人应该明白，电视广告文案的受众是边看边听的“观众”，而不是只需要听而不需要看的“听众”，也不是仅仅需要阅读，而不需要运用听觉的“读者”。这就要求电视广告文案要容易听懂而不是仅能够读懂。

6．注意电视广告字幕的作用

在丰富多彩的电视节目中，字幕在多数节目中只能起“强调、说明、注释”的作用。但在电视广告中，字幕却被赋予了四种重要的职责：第一，以字幕呈现商品的品牌名称，并加以强化，这是绝大多数广告片常用的手法；第二，标明生产厂家、经销单位的名称、地址；第三，在广告片中值得强调、解释和说明的地方，要不失时机地打出字幕；第四，参与画面构图。

7.4 软文的写作技巧

所谓软文，指通过特定的概念诉求、以摆事实讲道理的方式使消费者走进广告设定的“思维圈”，以强有力的针对性心理攻击迅速实现产品销售的文字（图片）模式。

软文的定义有两种，一种是狭义的，另一种是广义的。

- 狭义的定义：指企业花钱在报纸或杂志等宣传载体上刊登的纯文字性的广告。这种定义是早期的一种定义，也就是所谓的付费文字广告。
- 广义的定义：指企业通过策划在报纸、杂志或网络等宣传载体上刊登的可以提升企业品牌形象和知名度，或可以促进企业销售的一些宣传性、阐释性文章，包括特定的新闻报道、深度文章、付费短文广告、案例分析等。

与硬广告相比，软文之所以叫做软文，精妙之处就在于一个“软”字，好似绵里藏针，收而不露，克敌于无形。它追求的是一种春风化雨、润物无声的传播效果。如果说硬广告是外家的少林功夫，那么，软文则是以柔克刚的武当拳法。软硬兼施、内外兼修，是重要的营销传播方式。

7.4.1 软文写作要点

1. 标题要生动、传神

俗话说“人看脸，树看皮”，一篇文章要吸引人，关键是标题要出彩，要让人产生浓厚的阅读兴趣。否则，即使内容再好，也会由于长了一张“丑脸”而与读者失之交臂。如黄金搭档：“权威试验：女人皮肤水分增加 28.3%”，雪域骨宝：“父母在掩饰什么？”标题简洁、有吸引力和说服力。

2. 导语要精彩

一篇软文能否吸引读者，标题和导语起着主要作用，有时甚至起决定性的作用。导语对软文的重要性，好比一支乐曲的“过门”，应将全曲最优美、最动听的地方集中到一起来表现，然后吸引听众听下去。也可以这样讲，软文的导语应将全文最重要的信息集中到一块来写，同时要设置冲突和悬念，让人读了以后，想进一步弄清事实的真相。

3. 主题要鲜明

一篇好软文，读后一定要给人留下深刻的印象，而不是一头雾水。海尔曾推出了一篇软文《两包感冒药和一台海尔空调》，光看标题，大家觉得稀奇。然而，读完全文，就会情不自禁地被海尔“急用户之所急，想用户之所思”的诉求打动。该文通过选择“元旦期间，昆明的气温突然下降，高先生刚刚出生两个月的儿子和患有哮喘病的妻子因为天冷都感冒了”这个背景，以海尔售后服务人员冒着严寒为高先生安装空调，并为他们带来了感冒药的感人情节，悄无声息地突出了海尔全心全意为用户服务的中心思想。

4. 多引述权威语言

好软文要避免自说自话。大多数人都有这样一个心理，就是容易被暗示，尤其是常常容易被权威机构和知名人士的观点说服。但对于自卖自夸的人，常常会很反感，当然也就不会接受他的观点。因此，软文要多引用第三方权威观点和语言，不要“王婆卖瓜，自卖自夸”。

5. 尽可能写成新闻

软文说到底是广告，但一篇好软文必须不让人轻易地觉察到它就是广告。这就要求软文应尽可能写成新闻，以新闻事件掩盖深层次的诉求，让受众在不知不觉中“自投罗网”。这样做还有一个好处就是，比较容易发稿，因为它的公信力较强。

相关链接

软文案例：警惕你身边的地雷

是什么导致英才早逝？

在 1995 年，日本著名精工公司和全日本航空公司等 12 家大公司的总经理相继去世，他们的年龄大多在四五十岁。平均不到 51 岁，是什么原因导致这些老板过早离开人世？医学专家给出的答案是——过度疲劳。

另外一项数据表明：最近 5 年，中国科学院所属的 7 个研究所和北京大学的专家、教授共 134 人谢世，平均年龄仅仅为 53.2 岁。又是什么原因导致英才早逝？答案是——过度疲劳。

一项针对上海 2 000 位中年人健康状况的调查结果显示：60%的人有失眠、多梦、不易入睡或白天打瞌睡的现象；经常腰酸背痛者为 62%；一干活就累的人占了 58%；脾气暴躁或焦虑者为 48%。而这些症状的起因，绝大多数跟工作疲劳有关系。

明朝抗疲劳配方流入民间。崇祯 17 年，明朝最后一个皇帝在景山自杀，李自成查封太医院，侥幸的是，御医丁禄盛用银子打通关节，冒死将金匮御方带会泰兴老家，隐姓埋名过起隐居的生活。几经转折，这副“金匮御方”流传到江苏泰兴师锦荣老人手里，师锦荣老人在解放初就是有名的中药师，他是目前中国唯一掌握这副药方的主人，老人今年86岁，鹤发童颜，身体硬朗。

为了让更多人的享受到正宗的"金匮御方"，师锦荣老人将配方委托上海金门保健品研究中心加工，并将加工而成的产品命名为"金门参灵宝"。"金门参灵宝"有什么好处？

传统医学和现代医学揭开了"金门参灵宝"的秘密。"金门参灵宝"含有从西洋参、灵芝、茯苓、冬虫夏草中提取的有效成分。西洋参含有16种微量元素和17种以上氨基酸和多糖等，具有抗疲劳、抗衰老等多种功能；灵芝具有抗疲劳、延缓衰老等功效；茯苓含有90%以上的茯苓多糖和丰富的茯苓酸、卵磷脂等；冬虫夏草含有丰富的核苷酸、多糖、虫草素等物质，对人体有抗肾衰、解毒等功效。

"金门参灵宝"能有效缓解肝、肾疲劳症状，对人体的抗疲劳和缓解化学性肝损伤有独特的功效。

哪些人需要吃"金门参灵宝"？

第一类人群：老板和办公室白领。经常加班、熬夜，休息不好，时间长了，就觉得胸闷气喘，而且记忆力明显下降。尤其是主管级别以上的白领阶层，整天跟电脑打交道，更容易疲劳，应该引起足够的重视。

第二类人群：司机和营业员。营业员一站就是一天，腰酸腿疼的，司机一忙就是十几小时。尤其是司机朋友，一天是机器人，一天是植物人，开车当天从早上六点忙到晚上12点，甚至有人一开就24小时，就是钢铁也受不了。

第三类人群：脑力劳动者。尤其是记者和教师，经常忙得没有休息日，而且整天需要用脑。用脑过度导致的脑疲劳非常可怕，建议记者和老师多休息和保养，注意劳逸结合。

第四类人群，从事高强度劳动的体力工作者。如建筑工人、饭店的厨师等，由于工作环境和工作性质导致工作强度可能比常人大许多，这类人尤其要注意身体的疲劳状况。身体是革命的本钱，不要冲着年轻卖命地干。

这四类人群在服用"金门参灵宝"一个月后就会见到效果，明显改善的有：睡觉香了，腰板硬了，记忆力好了，不易怒、也不烦躁了，头痛、耳鸣、头晕这些现象也改善了，而且工作起来不打瞌睡，疲劳症状得到明显的改善。

专家称，过度疲劳是"过劳死"的预备军。这种被称为"第二种艾滋病"的症状，正迅速地蔓延全球。国外医学家有句经典名言：过度疲劳的人是在追逐死亡。这句话跟中国的古话"积劳成疾"意思一样，道理都是劝告人们不要小看疲劳，疲劳就好像埋伏在身边的地雷，一不小心它就会爆炸。

保养自己的身体从今天开始，现在买"金门参灵宝"，让"地雷"滚得远远的！

7.4.2　软文的形式

1．悬念式

又称设问式。核心是提出一个问题，然后围绕这个问题自问自答。如“人类可以长生不老吗？”“牛皮癣，真的可以治愈吗？”通过设问引起话题和关注是这种方式的优势，但是必须掌握火候，提出的问题要有吸引力，答案要符合常识，不能作茧自缚、漏洞百出。

2．故事式

通过讲一个完整的故事带出产品，使产品的“光环效应”和“神秘性”给消费者心理造成强暗示，使销售成为必然。例如，“1.2 亿元买不走的秘方”、“印第安人的秘密”等。讲故事不是目的，故事背后的产品是文章的关键。听故事是人类最古老的知识接受方式，所以故事的知识性、趣味性、合理性是软文成功的关键。

3．情感式

情感可以叫人心灵相通。“老公，烟戒不了，洗洗肺吧”、“女人，你的名字是天使”、“写给那些战‘痘’的青春”等，情感最大的特色就是容易打动人，容易走进消费者的内心，所以“情感营销”一直是营销百试不爽的灵丹妙药。

4．恐吓式

恐吓式软文属于反情感式诉求，情感诉说美好，恐吓直击软肋。“高血脂，瘫痪的前兆！”“天啊，骨质增生害死人！”“洗血洗出一桶油”。实际上恐吓形成的效果要比赞美和爱更具备可记忆性，但是也往往会遭人诟病，所以一定要把握度，不要过火。

5．促销式

“北京人抢购×××”、“×××，在香港卖疯了”、“一天断货三次，西单某厂家告急”，这样的软文或者是直接配合促销使用，或者就是使用“买托”造成产品供不应求，通过“攀比心理”、“影响力效应”等多种因素来促使受众产生购买欲。

本章小结

- 广告文案又称为广告文稿。狭义上的广告文案仅指广告中的语言文字部分。广告文案主要包括标题、正文、广告口号和随文。
- 标题是广告的题目，是印刷广告中最重要的元素，往往被置于广告的最醒目位置。

广告标题的作用表现为：引起公众的注意；传递主要的广告信息；诱发消费者阅读正文的兴趣；增强消费者对广告的记忆；激发消费者的购买欲望。

- 广告标题的形式主要有直接式、间接式和复合式 3 种。
- 广告标题的写作要求：突出主题，标出新意；简洁明确，一目了然；题文相符，互为一体；易懂好记，引人注目。
- 广告正文是广告文案的核心，是广告主题的表现。一般而言，广告文案除去标题、标语和附文以外的说明文字，都属于广告正文。广告正文主要包括导语、主体和结尾部分。主要表现形式有记叙体、说明体、新闻体、描写体、论说体等。
- 广告正文的写作要求：紧扣主题，围绕标题；正面陈述，言简意赅；特性突出，具体生动；语言热情，朴实真诚；提出忠告，表明承诺。
- 广告口号又叫广告标语，指为加强受众对企业、产品或服务的印象而在广告中长期反复使用，旨在向消费者传达一种长期不变的观念的语言或文字。广告口号的写作要注意简短、明确、贴切、有独创性、有趣味性和可记忆性。
- 广播电视广告词的写作，与一般广告文稿的写作要求基本上是一致的，但由于广播电视媒体的特殊性，广告文案的写作要求也不同。而且，由于广告时间的限制，语言文字要更简练、艺术化。
- 软文是一种有效的广告形式，软文相对于硬广告具有隐蔽性好、亲和力强、传播效果好等特点。软文创作需要注意标题、导语、主题、形式的创新。软文的常见形式主要有悬念式、故事式、情感式、恐吓式、促销式等。

专论 7 Focus

涉外广告文案的文化差异分析

1．不同价值视角下中西方广告文案的诉求差异

文化的核心是价值观，中国传统文化以强调协调和秩序为核心价值观，西方文化核心价值观则偏重于强调个人的自由和权利。不同的价值视角直接导致中西方一些广告文案的诉求点存在明显的差异。

（1）等级观念的鲜明与模糊

“君君，臣臣，父父，子子”是中国传统文化的一个重要内容，即不能以下犯上，不能随便拿领导、长辈开玩笑。《中国广告审查标准》第一章第八条也明确规定：“禁止使用国家领导人的名义、形象、言论进行广告宣传。”但在国外，这样的做法却屡见不鲜。如1997年戛纳广告节的一个获奖作品，就是以当时的美国总统克林顿曾在公众场合莫名其妙地当众失态、呕吐、摔倒的事情来调侃，广告文案写道：“祸福无常，你需要保险。”这样拿自己国家领导人开涮的广告，在中国是绝不可能出现的。

（2）情感表达的含蓄与直露

人类拥有共同的情感，如亲情、友情、爱情等，但表达方式却不尽相同。西方人比较直率，而东方人则比较含蓄。如美国贝尔电话公司的一个广告：千里之外的女儿给正在用晚餐的年迈父母打电话说“我爱你们”，让老父母激动不已。而这种情感，中国人则多用行动表示：“威力洗衣机，献给母亲的爱”、“正清制药，关爱老人健康”是通过送给父母礼物来表示孝心；“相爱永无语，地久天长”（奥妮皂角洗发浸膏）、“找一天，我们温习浪漫”（台北市某大饭店广告）传达的则是夫妻间的深爱与默契，感人的是那份含蓄的浪漫。

（3）性观念的保守与开放

中西方文化中对待“性”的观念在开放程度上是不一样的。西方的性观念相对开放，追求感官的快乐，反对禁欲主义。所以法国弗劳里克香水广告可以写成“一滴是为了美，两滴是为了情人，三滴足以招致一次风流事”，美国的无赖　(Scoundrel) 牌香水广告也可以说“它有些性感，看接下来发生什么事吧……”。而中国正统文化中的性观念一直很保守，中国的广告法规定：广告不许含有淫秽、迷信、恐怖、暴力、丑恶的内容；禁止有性挑逗或性诱惑的画面。虽然也是“女为悦己者容”，但中国化妆品的广告词是婉转含蓄的：“今年二十，明年十八”（白丽美容香皂）、“小痘痘不见了！”（姗拉娜痘胶膏）。

（4）女性形象的阴柔与阳刚

受传统儒家思想的影响，中国妇女的形象一直被定位在温柔贤淑的框架内，所以在中国的广告中，女性模特儿所展现出来的基本上都是阴柔之美。如果广告创意要表现豪情壮志的话，那一般都是由男人来抒发的。请看这则“劲酒”广告：男人们端着酒杯感叹“好一个中国劲酒”，旁边的女人端着茶盘，温柔地嘱咐道“劲酒虽好，可不要贪杯啊”。而20世纪20年代始于美国继而波及整个西方世界的女权运动使西方性别差异大大缩小。看美国的一则酒广告：黛博拉·莫尔博格，阿拉斯加人，39岁，狗拉雪橇赛手和教练，在1986年世界杯赛中获胜。她坚持从事这项运动的原因是1967年她第一次参加比赛时输掉了。她爱喝的酒是杜尔的白色标签酒——“在经过3天60英里的吆喝之后，没有什么比这更味美的了！”谁说女子不如男，女人豪气冲云天。

2．不同思维方式对中西方广告文案的影响

思维方式不仅仅指思维的形式和方法，也是指由一系列基本观念所规定和制约的、被模式化了的思维整体形式，是特定的思维活动形式、方法和秩序的总和。由于所处的生存环境和所面临的问题不同，不同国家和民族对问题的反映方式也就不同。在全球经济一体化的环境下，思维方式的差异无疑会直接对广告文案的创作产生深刻的影响。

(1) 西方“个人本位”与中国“群体本位”观念在广告中的反映

西方文化的主线是个人本位，或曰个体主义。其特点是突出个人，以个人为中心，言谈举止只要不妨碍他人，一概由个人自主并为之负责。而中国的群体本位也称人伦本位或集体主义，即一个人说话办事，总是以不破坏群体关系为前提，以他人为参照，个人该做什么，不该做什么，往往受到特定群体的影响。这种观念反映在选购商品上，国人存在一种随大流的从众心理，因而国内广告往往着力渲染群体的行为，力图说服消费者和大家一起去购买某种产品。请看下列广告：“娃哈哈，好营养，鸡蛇兔肉味道香。纯牛奶，鲜草莓，酸酸甜甜喝完还想要。今天你喝了没有？我们都喝娃哈哈！”“老子、儿子、孙子，我们都爱吃三金菱粽子！”在中国，这种广告颇为流行且相当有效。但在英语国家里则不然，由于人们一般比较注重个体，在广告中撰稿人经常以“个性”(personality)、“个人”(individuality)、“独立”（independence)、“隐私”（privacy）等作为诉求点或主题，有时甚至以非常明确的针对个人的口吻对消费者进行说服。

英国*PRIMA*杂志1999年第10期刊登了一则广告。广告首先抓住孕妇为没有合体衣服可穿而发愁的心理为诉求点，着重渲染购买“款式新颖、突现个性的孕妇服”的去处仅此一家，不但价格公道合理，而且附设的各种宝宝服和婴幼儿营养食品琳琅满目，任君挑选。这种既能买回体现孕妇个性魅力的服装，又方便为未来宝宝购物的理想商场，心痒的人自然不少。这个广告的可借鉴之处，就是抓住了买主张扬的个性——即使是孕妇，也要一展其与众不同的“大肚子”风采！两相对照，差异明显。而国内一些涉外广告中却往往忽视了对这种文化差异的研究，极力推崇“人人都爱”、“男女老少皆宜”，因而在英语广告文案中，delicacies loved by all (深受大众喜爱佳品)、good companions for children as well as adults（老少良友）, suitable for men, woman, and children, good for both sexes and ages（男女老少皆宜）等词句屡见不鲜。如此广告，当然无法唤起外国消费者的共鸣，要激发其购买欲望并说服其采取购买行动就更难了。

(2) 西方人“直线形”与中国人“螺旋形”思维模式的差异对广告文案内在逻辑结构的影响

著名广告文案专家大卫·奥格威曾说过，广告是文字的生涯。的确，文案的创作有赖于语言文字的运用。语言与思维是密不可分的，语言不同，思维也不尽相同。一般来说，西方人的思维呈“直线形”，一篇文章通常以一个主题的开头，直接点明中心思想，然后在以后各句中发展这一中心思想。或者与此相反，先有例证句，最后以主题句收尾，即典型演绎型和归纳型。而中国人的思维则呈“螺旋形”，汉语文章的展开多数也呈螺旋式变化，即作者不直接论证段落主题，而是在主题外围“团团转”，从各种间接角度来说明问题，这往往使西方人读了困惑不解。

（3）汉英词语的心理联想意义差别对广告文案的影响

比喻是广告文案写作中一种重要的修辞手法，由于文化背景不同，操不同语言的人在运用比喻时往往会产生不同含义与联想，哪怕使用同一词语，其心理联想的含义也不尽相同。如在中国封建社会，人们把“龙”（dragon）和“凤”（phoenix）作为皇权的传统象征，因而这两个词在汉语里毫无贬义。而在西方人眼里，“龙”却是邪恶的象征，“凤”则与复活、再生有关。英语中的颜色词 blue（蓝色）常常表示“忧郁”、“沮丧”，还可以表示社会地位高、有权势。而在汉语里，“蓝色”并不令人有这类联想。这都与中西方不同的文化传统有关。同时，在撰写广告文案时，不能只注意到词语的字面意义，还必须研究词汇的心理意义。词语心理意义的差异突出表现在以下两个方面：一是心理意义空缺，即有些词语 A 语言有，B 语言却找不到相应的词语，出现所谓的“词汇空缺”。如汉语中的“四合院、胡同、炕、气功、粽子”和英语中的“hippie”、“punk”等。一个完全不了解对方文化的人，听到自己语言中无法找到的对方语言的特有词汇时，其心理联想几乎是空白。二是外延一致但内涵有别的词语。有些词语，如 fox（外延义“狐狸”，内涵义“狡猾的人”）、ass（“驴”、“蠢人”）在汉英两种语言中其内涵、外延意义几乎没有多大区别；但有些词，如汉语中的“狗”与英语中的 dog，其外延意义虽然相同，但就其内涵而言，欧美人偏向于产生褒义的心理联想，所以“幸运儿”可以是 a lucky dog，而中国人偏向于产生一种贬义的心理联想，如“走狗、狐朋狗友、狗嘴里吐不出象牙”等。涉外广告文案的创作如果不充分考虑外国的这种风俗文化，便有可能制作出一些令人啼笑皆非的广告文案。如我国有一种在国内销路不错的“白象”牌电池，如果把这个品牌直译成英文打入国际市场的话，恐怕就无人问津了。因为“白象”（white elephant）在英语中是“无用而累赘的东西”。再如“芳香”在汉语中是一种令人陶醉的香味，而在英语中“fang”则成了令人恐怖的“犬牙”和“毒牙”之类。马戏扑克的汉语拼音是“ma xi pu ke”，而在英语中刚好为两个字——maxi（特大的）和 puke（呕吐）。可以想见，外国消费者见到如此广告，其反应一定是避之唯恐不及。

3．结语

美国广告界的知名人士迪诺 · 贝蒂 · 范德努特说过：“我们应当承认我们确实影响了世界的文化，因为广告工作是当代文化整体中的一部分，是文化的传播者和创造者。”

广告文案以其艺术性、渗透性和主动性等特性，在向我们传递商品信息的同时，也向我们推销着传统的或外来的观念、价值等文化信息。《礼记 · 曲记》云：“入境而问禁，入国而问俗，入门而问讳。”在涉外活动日益频繁的今天，中国的产品要走向国际市场参与竞争，就需要在不断提高产品质量、完善售后服务的同时，着力加强广告文案中中西方文化差异的研究，尤其应加强对涉外广告中所蕴涵的外国文化的研究。了解了文化差异，就有利于避免文化冲突，有利于向世界销售产品。

（资料作者：郭海鹰　有删减）

问题理解

1. 广告文案包括哪几个部分？
2. 广告标题主要有哪些类型？
3. 广告正文主要有哪几种类型？
4. 简述广播电视广告文案的写作特点和要求。
5. 简述软文的创作要点。
6. 阅读专论 7，谈论文化差异对广告文案创作的影响。

案例分析

伊利金典牛奶广告文案

午后，清风，深呼吸。

蓝蓝的天和一望无际的草原。

天籁般的莫扎特《摇篮曲》……

这种你梦想的生活，是有机牧场奶牛幸福的每一天。

为了原奶的高品质，

金典的工作人员，培育出让人都嫉妒的奶牛。

一出生就有个人档案，

有私人按摩师和营养师，

只吃天然食物，每天吃多少要看心情和胃口，

有充足的个人空间，每天都有音乐欣赏课，

冬天不喝冰水，按计划进行户外锻炼，

心情不好的时候，有心理医生辅导……

这样让人嫉妒的事实还可以再写上若干条。
但当你知道它们能产出品质更高的牛奶时，那么这样的事实再多，
你也会认为那值得。
这只属于金典。

思考题：

1．本案例中的广告文案是哪种诉求方式，这种诉求方式有什么特点？

2．结合本章引导案例特仑苏广告文案进行比较分析。

技能训练

1．训练主题：文案创作

2．训练内容：选择某一产品，根据该产品的市场定位，撰写一则报纸广告文案（也可以写成软文形式）。

3．训练要求：根据广告文案写作要求进行文案创作，标题、正文、广告口号和附文要齐全，并撰写一份广告文案创作说明书。

4．训练评价：根据本章广告文案写作的要求进行评价。

第8章

广告受众心理

引导案例

央视近期播出《关爱老人》系列公益广告，其中一则以患有老年痴呆症父亲为主角的公益广告《打包篇》，让许多观众忍不住流下眼泪。广告一开始，一位老人表情木讷地望向家门，等待着儿子的回家。“爸，爸，给我开门！”当儿子真的回来敲门时，老人却慌了起来，一句“我不认识你”让儿子倍感震惊。原来，不知道从什么时候起，爸爸患上了老年痴呆症，记忆越来越差。害怕不能继续照顾儿子，这位老爸开始在清醒时，用写纸条的方式继续挥洒着父爱，“记得多穿衣服”“带钥匙”等。渐渐地，老爸病情加重，冰箱在哪儿，洗衣机在哪儿，这位爸爸甚至连自己刚做过的事情都不记得了。有一天中午，儿子带着父亲去外面吃饭，盘子中剩下了两个饺子，当着一桌子亲朋好友的面，爸爸居然直接用手抓起饺子放进口袋。儿子看到，立刻抓住了爸爸的手，又羞又急地问：“爸，你干嘛？”这时，已经说不清楚话的父亲却吃力地说：“这是留给我儿子的，他最爱吃饺子。”爸爸的回答让儿子愣住了，原本以为爸爸已经忘记了一切，可却从未忘记对儿子的爱。这则《打包篇》公益广告一经播出，引起了观众的强烈共鸣，并在各大视频网站和微博上迅速传播。土豆、优酷、56等视频网站的点击量都超过了十万次，不少网友看完之后纷纷表示“被深深地感动到了”，并将其称为“催泪弹”。

➲ **辩证性思考**：广告如何才能直击受众心理？

本章学习目标

- 掌握广告受众的一般心理规律；
- 掌握广告受众心理策略；
- 掌握广告心理诉求的方式。

关键术语

受众心理 感觉 知觉 注意 记忆 联想 广告诉求 理性诉求 感性诉求

受众是指传播过程中的受传者。在大众传播过程中，受众不仅是信息的接受者，同时也是信息的反馈者。广告受众既是一般意义上的传播受众，同时又特指广告信息传播过程中的接受方。奥格威曾说过："在广告活动中，消费者是我们的上帝，而消费者心理则是上帝中的上帝。"其一语道出了广告心理学的价值。广告的最终目的是要通过信息的传播，说服消费者自觉自愿地购买商品或服务。因此，要想加强广告的效果，就必须了解广告受众的各种心理现象及活动规律，重视广告受众心理的分析，根据广告受众的心理特性和心理需求，制定出科学的心理影响策略，这样才能提高广告宣传的科学性和艺术性。

8.1 广告受众的一般心理

8.1.1 广告受众心理活动过程

受众的心理活动过程，指的是受众对企业形象和商品形象客观现实的综合能动反应，从感觉企业形象、商品形象的存在，到认知企业的商品、产生消费需求、采取消费行为，包括一系列的心理活动过程。这个心理过程，大致可以分为认知过程、情绪过程和意志过程三部分，在这些不同的过程中，受众的心理行为直接反映出受众个体的心理特征。

1. 受众心理活动的认知过程

认知过程是广告受众为了弄清企业或商品形象而产生的心理活动。当一则广告作用于广告受众的感官时，广告受众就会通过记忆、思维、想象等一系列复杂的心理过程，形成对某个企业或商品的理性认知。广告受众对企业或商品的认知有一个基本的过程。首先企业广告宣传活动会以鲜明的特征吸引公众的注意，然后在广告宣传的影响下，强化、巩固公众对企业或商品的印象，在公众对企业或商品有了比较丰富的感性认识，并对这些感性认识进行分析、综合后，再判断出企业的性质、发展战略目标和商品的整体形象。因此，广告宣传对公众施加影响的基础就是认知过程，其目的就是期待公众的高度注意、强化广告受众的记忆。

2．受众心理活动的情感过程

情感过程是受众心理活动的特殊反应方式，贯穿于购买心理活动的评定阶段和信任阶段，因而对购买活动的进行有着重要影响。广告受众在接触广告时，由于广告作品在语言、画面、色彩、结构及播出时间长短等方面的不同，受众会根据自己的需求、动机、兴趣和信念等个性心理特征，对广告或广告中的商品或企业产生喜欢或讨厌、满意或不满意、愉快或不愉快等方面的情感体验，这就是广告受众的情感过程。广告受众的情感过程会对其购买行为产生决定性的作用。因此，广告宣传的一个重要任务就是在公众拥有了较多的信息后，引导受众及时从认知过程转入情感心理过程，使广告受众在需求心理上认同企业及其商品，为完成意志心理过程创造出良好的前提条件。

图 8-1 为耐克的品牌形象广告。耐克的标志置身于一系列户外运动场景中，直观、准确地诠释了耐克的品牌特性和品牌内涵。

图 8-1　耐克形象广告

3．受众心理活动的意志过程

在购买活动中，受众表现出有目的地、自觉地支配和调节自己的行为、努力克服自己的心理障碍和情绪障碍、实现其既定购买目的的过程，被称为受众心理活动的意志过程。它对消费者在购买活动中的行动阶段和体验阶段有着较大影响。

在有目的的购买行为中，消费者的购买行为是为了满足自己的需要。因而，总是在经过思考之后提出明确的购买目标，然后有意识、有计划地去支配自己的购买行为。意志可以帮助人们在实现预定目的的过程中克服各种阻挠和困难，使购买目的顺利实现。因此，企业在广告宣传活动中，要加强对受众的心理影响，以坚定受众对企业及其商品的意志信念，促成广告目标的最终实现。

受众心理活动的认知、情感、意志过程是相互作用、相辅相成的。认知过程是整个心理过程的起始，决定着情感过程和意志过程的行进模式、发展方向和转换速度，而情感过程和意志过程又反过来促进、强化认知过程。情感过程是受众心理过程的中介环节，影响着意志过程的发生与稳定，而意志过程又反过来调节、修正着情感过程。三者相互关联，互为一体，在受众的心理活动过程中缺一不可。这个过程实际上就是企业开展广告宣传，影响、控制受众的心理轨迹，是促使受众接受企业传播的商品信息和倡导的消费观念的过程。从这个意义讲，广告宣传活动就是不断对公众施加心理影响的过程。

8.1.2　广告受众的心理特征

1．广告受众的感觉

感觉就是当外界事物作用于感觉器官时，大脑对特定对象个别属性的直接反映。感觉是消费者认知的最初来源，是认知所必需的第一步。广告受众的感觉过程，是指商品直接或间接作用于其感觉器官并加以刺激而引起的过程。在这一过程中，广告受众一般是借助视觉、触觉、听觉、嗅觉和味觉五种感觉器官来接受各种信息的，所以在购买活动中，感觉对消费者的购买行为具有很大的作用。在设计、制作广告作品时要注重对商品特性的表现，以强化对受众的感官刺激，获取良好的宣传效果。

人类感觉的需求，以视觉为最高，约占 80%，听觉、触觉、味觉、嗅觉次之。可见视觉是人类对外部世界的主要感觉器官，尤以颜色视觉对广告心理作用更具有意义。色彩对人们的生理和心理影响很大，它可以让人产生不同的感觉，引发情绪，产生联想。

（1）色彩的意义

- 红色是色谱中最鲜明、最生动、最热烈的颜色。由于红色的这种品性，在老百姓那里，它成为驱灾避邪、大喜大庆的象征；到政治家那里则成为革命、胜利的标志。
- 黄色是所有色彩中明度最高的颜色，具有轻快、辉煌、透明、活泼、光明、希望、功名、健康等特征。黄色表示土地，象征权力，还具有神秘的宗教色彩。
- 橙色是色谱中最耀眼的颜色，给人以温暖、华美、兴奋、热烈等感觉，带有快乐、健康、自由、勇敢、渴望等象征。

- 蓝色来自自然的启迪。无论深蓝还是淡蓝色，都会使人们想到无限的宇宙或者流动的大气，因此，蓝色也是永恒的象征。蓝色的天空、大海，是那么高远、博大、深邃，是那么壮阔、浩渺。
- 绿色是人类永恒的主宰。它是大自然植物的颜色，是生命之色，希望之色。正是那茫茫林海孕育了人类，原始人类也正是吸吮着绿色汁液才一步一步地成长起来。绿色在世界范围内象征和平、安全。
- 紫色在大自然中是最不常见的颜色。物以稀为贵，紫色是高贵、奢华、庄重、神圣、浪漫的象征。

(2) 色彩的心理感觉

观看色彩时，由于受到色彩的视觉刺激，而在思维方面产生对生活经验和环境事物的联想，这就是色彩的心理感觉。

- 色彩的冷暖感。色彩的冷暖感被称为色性。红、黄、橙等色相给人的视觉刺激强，使人联想到暖烘烘的太阳、火光，感到温暖，所以称为暖色。青色、蓝色使人联想到天空、河流、阴天，感到寒冷，所以称为冷色。
- 色彩的兴奋感与沉静感。凡明度高、纯度高的色调又属偏红、橙的暖色系，均有兴奋感；凡明度低、纯度低，又属偏蓝、青的冷色系，具有沉静感。
- 色彩的膨胀感与收缩感。同一面积、同一背景的物体，由于色彩不同，会给人造成大小不同的视觉效果。凡色彩明度高的，看起来面积大些，有膨胀的感觉；凡明度低的色彩看起来面积小些，有收缩的感觉。
- 色彩的前进感与后退感。暖色和明色给人以前进的感觉；冷色和暗色给人以后退的感觉。色彩有轻重感。高明度的色彩给人以轻的感觉；低明度的色彩给人以重的感觉。

2. 广告受众的知觉

知觉是人脑对直接作用于感觉器官的客观事物的整体反映。当受众对商品产生心理印象，也即对商品产生感觉之后，其意识还会随着对感觉资料的综合处理，把商品所包含的许多不同特征和组成部分加以解释，在头脑中形成进一步反映商品的整体印象，这一过程就是知觉。消费者对商品知觉的速度、正确性、清晰度和知觉内容的充实程度不仅受到本人的需要、兴趣、情绪和个性倾向等因素的影响，还受到人们以往知识、经验、注意力及定式作用等心理因素的影响，体现在广告知觉的选择性、整体性、偏见等方面。如在中国台湾一则以节水为主题的公益广告中，整个画面只有两个字：一个为“陈”，另一个为“扁”，中间空了一个字的位置。因为“陈水扁”为当时的“总统”，这一名字虽然缺了一个字，但根据知觉整体性的规律，消费者会把视觉刺激缺乏的部分补充起来，把不完整的知觉变为完整，观众会把它知觉为“陈水扁”。只因没有“水”，所以要节水，构思巧妙，发人深省。

消费者的知觉是各种心理活动的基础，这能有力地满足消费者的需求，促进其产生购买行为。随着对广告知觉程度的提高，消费者就会形成对广告的主观态度。

3．广告与注意

注意指的是心理活动或意识对一定对象的指向与集中。注意本身不是一个独立的心理过程，而是感觉、知觉、记忆、思维等心理过程的一种共同特性。任何心理过程，总是开始于人们把注意力集中指向特定的事物。吸引广告受众的注意是广告产生效果的基础，广告要想对消费者发生作用，前提是首先必须在众多广告中脱颖而出，引起消费者的注意。正如广告界流传的一句名言：“让人们注意到你的广告，就等于你的产品推销出去一半。”如果一则广告无法引起人们的注意，那么这则广告就是失败的。图 8-2 中计算机显示器非同寻常的小，这幅作品往往会引起受众的好奇心，从而提高了广告的注意度。

图 8-2　智联招聘广告

心理学根据引起和保持注意时有无目的性和意志努力的程度，把注意分为无意注意和有意注意。无意注意是事先没有预定目的，也不需要付出努力的注意。刺激物的强度、对比度、活动性、新奇性等，是引起非自发性注意的主要原因。凡是能够使刺激物在这些方面迎合消费者的广告创意，几乎都能取得利用人们的无意注意的功效。如我们逛商场时，可能事先没有打算买什么东西，但看到商店新颖的广告海报，抢眼的商品包装，或很多人正在抢购某商品时，往往我们的注意力就会被吸引。有意注意是有预定的目的，需要付出努力的注意。如急需购买某品牌汽车的消费者，会刻意寻找、收集相关的广告信息，并在众多的同类商品中，把注意力集中于期望的品牌上，这就属于有意注意。

4．广告与记忆

记忆是一个人过去的经验、感受在其头脑中的反映。广告的记忆就是一个人过去接触过的广告在其头脑中的反映，是人脑积累经验的功能表现。人的记忆一般经历识记、保持、再认和回忆三个过程，其中识记和保持是前提，再认和回忆是结果。只有识记准确、保持牢固，再认和回忆才能实现。人们对广告的记忆过程也与此相同。

在广告活动中，广告识记是广告记忆的开端。广告受众就是通过看、听和接触广告，在人脑皮层上形成客观事物之间的暂时神经联系，来记住广告信息的。图 8-3 所示的开米宠物浴液广告，通过对比的方式，让人很容易记住这则广告。

保持是对头脑中识记内容的保存和巩固。只有在头脑中得以保持的信息，日后才能回忆起来。因此，在广告传播中，广告必须保持一定的重复率，才能使广告受众在反复的感知过程中把广告信息牢固地保持下来。

当曾经见过的广告再度出现时能够加以识别是广告的再认；能够回想起来过去见过的广告是广告的回忆。再认和回忆都取决于人们对旧广告信息的识记和保持的程度。因此，在广告设计和制作时，要注意为广告受众实现广告再认和回忆提供必要的线索，如企业标志、商品商标、广告语等，通过强化这些要素的宣传，加强人们对广告信息的识记，以便更好地促成再认，引起回忆，巩固广告效果。

5．广告与联想

所谓联想，就是由当前感知的事物回忆起有关的另一事物，或由想起的一件事又想起另一件事。许多事物之间存在着不同程度的共性和人们对事物之间存在着某种认识上的关联性，构成了联想的客观基础。这种客观基础的存在，往往使人们由当前感知的事物“触景生情”地联想到有关的其他事物。广告运用各种手法激发有益的联想，能加剧刺激的深度和广度，这是广告策划设计中有意识地增强广告效果的重要手段。图 8-4 美的冷柜广告，通过凿冰垂钓的表现方式，让人联想到美的冷柜的保鲜功能。

广告的时间与篇幅是有限的，仅靠直接印象，广告效果也是有限的。联想能使人们扩大和加强对事物的认识，引起对事物的情绪和兴趣，这对形成购买动机和促成购买行为有很重要的影响。依据事物间联系的不同，广告中运用的联想原理主要有接近联想、相似联想、对比联想、关系联想、颜色联想等。

图 8-3　开米宠物浴液广告

图 8-4　美的冷柜广告

8.2　广告心理策略

广告要想取得预期的宣传效果，就必须根据广告受众的心理特性和心理需求，分析广告受众的心理，制定出科学而合理的广告心理策略，运用心理影响技巧来强化广告作品的感染力。

8.2.1　吸引注意策略

广告界流行着一句名言："让人注意到你的广告，就等于你的产品推销出去一半。"最大限度地引起受众的注意，这是任何一个商业广告获得成功的基础。在人们的日常生活中，每天都要接触大量的广告信息，只有小部分给人留下一个模糊的印象，极少部分能使人们清晰地感知并储存在大脑中。因此，为了引起公众对广告的注意，在广告设计时必须充分研究广告宣传过程中消费者心理活动的特点与规律，巧妙地应用心理学原理，增强广告的表现力、吸引力和诱导力，才能使广告具有冲击力，加强广告吸引受众注意的效果。

1．增大广告的刺激物强度

由于刺激物绝对强度和相对强度的增强都有利于吸引人们的注意力，因此，在广告设计制作中，可以有意识地增大广告的刺激强度。其方法有很多，如运用鲜明强烈的色彩或光线、醒目突出的字体或图案、特殊的声响及扩大广告版面的尺寸等方法增大广告的强度。刺激达到一定的强度，会引起人们的注意。刺激物在一定限度内的强度越大，人对这种刺激物的注意就越强烈。因此，在广告设计中，可以有意识地增大广告对消费者的刺激效果和明晰的识别性，使消费者在无意中引起强烈的注意。

2．增大刺激物之间的对比

我们一般用"万绿丛中一点红"来形容在许多事物中凸显一个事物。也就是说，在同一刺激物中突出部分特点，或者不同刺激物之间的对比，都容易引起无意注意。在一定限度内，这种对比度越大，人对这种刺激所形成的条件反射也越显著。因此，在广告设计中，可以有意识地处置广告中各种刺激物之间的对比关系和差别，增大消费者对广告的注意程度，如色彩对比、字体对比、空白对比、图案对比等。例如，在同一报纸、同一版面的众多黑白广告中，使用彩色广告，或在众多的彩色广告中，使用黑白广告，都会引起消费者对这则广告的注意。在报纸广告中，使用的字号、字体要尽可能与其他相邻广告形成差异，使用多种字体、字号大于周围广告字号效果更好，使自己的广告在整个版面中有突出的感觉，便于引起消费者的注意。在广告周围适当地留出空白，也会引起视觉上的反差，就像大海中突出的一个小岛，能抓住读者的视线。图 8-5 开米餐具净广告，通过盘子清洗前后的对比，强化了开米餐具净超强的去污能力。

3．提高刺激物的感染力

刺激物的强度和对比度固然可以引起受众的注意，但倘若它反映的信息毫无意义，缺乏引起受众兴趣的感染力，引起的注意也是短暂的。在广告设计中，有意识地增大广告各组成部分的感染力，激发消费者对广告的各种信息的兴趣，是维持注意的一根支柱。在广告中，新奇的构思、艺术性的加工、诱人关心的题材都能增强广告的感染力。美的东西会首先被人们所注意，因为对美的追求是人类的一种本性，它始终存在着。而艺术可以给人们带来美的享受，可以满足人们追求美的需要。广告的艺术性应是创意新颖、不落俗套，表现技巧精湛，声音、图像、文字配合得当。如动听的广告歌曲、富有趣味的故事情节、恰当的模特人物等，都能调动人的情绪，吸引人的注意。

图 8-5　开米餐具净广告

4．利用刺激物的变化

受众对广告的注意受到刺激物活动变化的影响。周围环境发生变化，或是活动的、多变的刺激物，都易引起受众的无意注意。刺激物变化，包括突然变化与不断变化两种。例如，一亮一熄的霓虹灯广告不断变换字体与图案，就比固定不变的广告更能吸引消费者的无意注意。又如，活动的玩具就比不活动的玩具更能引起儿童的注意。突然变化是指突发性的，没有固定规律的变化。

成都地奥集团的"地奥银黄含片"广告，广告一开始是电影演员李雪健在向观众诉说，但听不到声音，也没有任何音乐发出，持续了近 5 秒钟才听见声音，李雪健向观众诉说："没声音再好的戏也出不来，地奥牌银黄含片……"在电视播放的过程中，突然静止 5 秒钟，这种突发性的变化，容易引起消费者的注意。

5．增强广告的重复率

增强广告的重复率包括广告出现频率的增多和同一广告中主题的重复。广告出现频率的增加，会扩大消费者对广告注意的机会。以电视广告为例，电视广告"决定性的注意瞬间"是在最初的 3～7 秒。如果在这一瞬间不能有效地抓住消费者的注意，则很难在后面的时间再引起消费者的无意注意。国外广告设计者研究认为，应在 0.3 秒上下工夫，人眼瞄一下电视画面的时间 0.3～0.4 秒，户外广告的阅读率在 3～4 字/秒和 4～6 字/秒。如此短暂的瞬间，要想吸引人们的注意力，就既要在广告的内容、形式上下工夫，又要增加这瞬间出现的机会。广告的重复对此十分有效。如果有效地把握了这一瞬间，而此后却不能进行主题引导与重复，消费者的注意力也可能渐渐减弱或转移，因而还应在同一广告中适时地重复强调主题，使消费者能保持对广告注意的稳定性，从而对广告内容产生深刻印象。报纸与电视的系列广告就是依据这一原理而设计的。

海王银得菲推出"关键时刻，怎能感冒"这一主题，制作了《生日蜡烛篇》、《求婚篇》、《中奖篇》、《理发篇》，既重复了广告的主题，保持消费者的注意力，又不让消费者厌烦，满足消费者求新求异的心理需求。

6．符合消费者的兴趣

注意是认识广告的开始，兴趣是引起注意的重要原因。消费者的注意具有选择功能，而这种选择常常是依据消费者自己的兴趣爱好而定的。兴趣对人的心理活动起着积极的影响，人们对广告内容发生兴趣，不仅引起对广告的注意，而且会提高注意的持久性，主动收集商品的信息，为购买活动做好准备。消费者在众多的广告面前，为什么偏偏注意了甲广告，却未注意乙广告、丙广告呢？原因很可能是广告引起了他们的兴趣。因此了解消费者的个性倾向，尤其是广告具体对象的共有兴趣，并使广告符合他们的兴趣，则可提高他们对广告的注意度。

7．运用口号和警句

在广告宣传中，如果广告主从长远利益出发，需要将一个确定的观念传播给受众，使他们能够理解并保持长久的记忆，巧妙地运用广告口号与警句，是一种最为有效的方法。所谓要善于利用口号和警句，就是要用一段特别精美的文字，使之看来醒目，读之上口，听后耳目一新，并便于记忆，让人一想起这句话，就联想到所广告的产品。“雀巢”儿童奶粉的广告语：“成长只有一次!”这句广告语几乎说到父母的心坎上了，它不断地提醒父母，一定要注意孩子的成长。

8．利用悬念

所谓出奇制胜，就是采用一些合理的却又是有违常规的广告设计。这样的广告设计，往往也能博得消费者的普遍注意。

生活中为什么有那么多的人喜欢听评书、看章回式小说呢？因为这类作品在每章结束时总要留下一个悬念。广告中常常利用这种手法，让消费者对广告从被动的状态转为主动的状态，吊起他们的胃口，让他们主动去注意悬念的结果。悬念型广告是指广告信息不是一次，而是通过系列广告，逐渐完善与充实的。由于这种信息的不完善，刺激了消费者的探究欲，并为他们留下了充分的想象空间，消费者由此可能更加关注并寻找信息的线索。

9．巧用名人效应

人物在广告中是将广告产品与消费者的实际生活联系起来的黏合剂，创造性地加上对广告作用有一定价值的人物，对促进广告的注意程度、扩大广告的知名度有积极意义。许多给人深刻印象的广告案例，都是利用人物来介绍产品。

8.2.2 增强记忆策略

广告主除了希望其广告能够有效地引起公众的注意外，还希望受众能够长久地记住其广告信息，起码能在一定时间内留存。因此，提高受众对广告作品的记忆程度，成为策划广告的基本心理策略之一。

1．适当减少广告信息数量

广告是在有限的时间和空间内进行传播。心理学的研究表明，学习材料越多，遗忘的速度越快。广告是一种短时的记忆，而短时记忆的容量只有 5～9 个单位，因此广告中所传递的信息只有简短、易懂才能取得成功。在广告中，主题思想越明确，词句文字越简洁，画面越单一，记忆效果就越好。一般广告标题或广告宣传主句字数不宜太多。国外广告心理学家的研究表明，少于 6 个字的广告标题，读者的记忆率为 34%，而多于 6 个字的标题，读者的记忆率只有 13%。广告文案内容也不宜过多，广告的信息点不能超出 7 个，广告文案的语句或段落最好也不要超过 5 个。广告文案内容应尽量简洁，应删除无关的信息；广告画面内容保持单一，这样容易在短短的时间内，将某一人物、情景突出地加以表现，因而记忆较为深刻。广告界的一些经典作品都是遵循这一原则的。金利来“男人的世界”，飞利浦“让我们做得更好”，诺基亚“科技以人为本”，海尔“真诚到永远”，海王“健康成就未来”，无不是简洁明了，字字千金。

2．适当重复广告信息

现代认知心理学关于记忆系统的研究表明，外界信息要进入人的长时记忆系统之中，其最重要的条件就是重复。所以，要提高人们对广告的记忆效果，更确切地说，要提高人们对广告信息的记忆效果，最重要的手段就是将广告信息不断地加以重复。重复不仅可以加深对广告内容的记忆，还可以使视听者增加对广告的亲切感。一般地讲，广告重复策略有以下 4 种方式。

（1）将同一广告不断重复刊播

这是我国商品广告最常见的做法。只要你连续一段时间收看电视节目，那么同一则广告看过多次是司空见惯的事。有的广告还将同样的画面、同样的语言连续重复多次。最典型的是哈尔滨制药六厂所推出的盖中盖、护彤等药品，它们都是通过不断重复地刊播，来达到增强观众记忆力的目的。

（2）将有关信息在多种媒体上呈现

使受众分别在不同的时间、不同的地点、不同的活动中，用不同的感官接受到同一品牌的广告信息。当今社会是一个信息的社会，广告媒体众多，除了报纸、杂志、广播、电视这传统的四大媒体之外，还有网络、路牌、灯箱、招贴及形形色色的售点广告，可以说广告无时不在，无处不有。全面整合各种广告媒体，让其发布同一条信息，可让受众从多个侧面接触广告信息，从而保持较高的记忆度。

（3）在同一媒体上进行系列广告宣传

系列广告是每则广告分别从不同的角度来介绍产品，通过连续的系列广告，既可以加深消费者对品牌的印象，又可以让消费者对产品有一个全面的认识。例如，获香港 4A 广告创作金帆奖的爱立信企业形象系列广告《父子篇》、《健康篇》、《教师篇》、《爱情篇》、《代沟篇》，虽然情节不同，但都传达了“电信沟通、心意互通”这一主题。

（4）在一则广告中反复重复主题，以增强记忆效果

如中央电视台及各省卫视热播的康师傅方便面的电视广告，它选用《欢乐颂》为音乐背景，以其音乐旋律，利用“辣”与“啦”的谐音，不断重复“辣”的概念，最后用一句旁白点明主题“要吃辣，找康师傅”。

3. 广告形式新颖独特

新颖独特的信息在记忆中不容易受其他信息的干扰，记忆比较牢固，提取也比较方便，因而容易回想起来。因此，选择创意新颖独特的广告形式是提高广告记忆度的一个有力的手段。广告形式新颖独特可以从广告表现形式、广告媒体形式和广告编排形式等方面进行创新，如利用鸡蛋做广告，把整栋大楼全部包起来做广告，以及在地上、在太空中做广告，这些多种多样的创意媒体广告都能达到非常高的记忆度。

4. 减少信息变异

记忆不像一面镜子，机械、静止地反映镜外的事物一成不变。记忆是一个动态过程。在保持阶段，储存的经验会发生变化，保持的数量会随时间下降。由于每个人知识经验的不同，加工组织的方式不同，保持的内容会受到头脑中已有信息的影响而发生变化。如果广告不能使消费者头脑中的记忆信息按照广告所期望的方向加深，即使曾在消费者头脑中留下了概括化的商品信息及其对消费者有意义的信息，也可能因为发生信息改变，而违背了广告主的初衷。消费者对于一则广告内容的初期记忆是较为完整的，时间长了，记忆的内容就有可能模糊、分解或与新的内容重新组合。

5. 运用多种感官同时参与记忆

心理学研究表明，视觉识记的效果为 70%，听觉识记效果为 60%，视觉与听觉双重识记的效果为 86.3%。由此可见，多种感官同时参加的识记，其记忆效果优于单一感官的识记。

为了帮助消费者更好地记住广告内容，应尽量考虑广告载体是否能更好地调动消费者的多种感觉通道，通过多种感官的同时作用来加深印象，这也是当今电子媒体比印刷媒体更受广告主和广告商青睐的根本原因。再如现场展示会、博览会，它不但可让消费者看，还可说给消费者听，同时消费者还可触摸，如果是食品，甚至可现场品尝。因此，这种展示会能给消费者留下深刻的记忆痕迹，起到很好的宣传效果。

6．增加感染力以引起消费者的情绪记忆

消费者在记忆时往往把体验过的情感和情绪作为记忆的内容，如一次快乐的购物行动，一种温馨的购物环境，以及让他满意的产品。但是消费者也会记住一些让他产生忧虑、不愉快的情景。因此，在广告宣传时适当地增强广告肯定或否定的感染力，能使消费者识记下来。例如“万宝路”广告中运用美妙的画面和富有感染力的解说词带给消费者一种粗犷、新奇的西部感受，而“非常可乐”则利用电视广告中轻松、喜庆、吉祥、欢快等画面的组合和有较强诱惑力的解说，很好地吸引了观众，从而使他们印象颇深。

广告心理学研究发现，有时使用否定比使用肯定感染力效果更佳，消费者往往会记住那些宣传“如果不使用某某产品就会产生不利后果”的广告。例如海飞丝洗发水广告基本都采用了对比方法，开头宣传那些俊男靓女们未用海飞丝洗发水头发有很不雅观的头皮屑，令人烦恼，但用了海飞丝洗发水后，头屑没有了，烦恼就全没了，增添了美丽和自信。

8.3　广告心理诉求

所谓诉求，是指诉以愿望或需要，博得关心或共鸣，最终达到诱发购买的目的。广告诉求，是指广告主运用各种方法，激发广告受众的潜在需要，形成或改变广告受众的某种态度，告知其满足自身需要的途径，促使其出现广告主所期望的购买行为。显然，广告诉求能否达到预期目的，与广告主是否透彻地了解、娴熟地把握广告受众的心理息息相关。因为，尽管广告所宣传的产品种类繁多，但它总是通过人（广告受众）而起作用的。对广告受众心理的任何方面的忽视，都将导致广告效果锐减，甚至完全失败。

广告心理诉求的基本目标是：诉诸感觉，引起需求；赋予特色，激发兴趣；创造印象，诱导欲望；加强记忆，确立信息；坚定信心，促成购买。

一般来说，广告诉求方式可以分为两种：理性诉求方式和感性诉求方式。

8.3.1　广告的理性诉求

理性诉求指的是广告诉求定位于受众的理智动机，通过真实、准确、公正地传达企业、产品、服务的客观情况，使受众经过概念、判定、推理等思维过程，理智地做出决定。也就是说，理性诉求是以商品功能或属性为重点的诉求方式。在现代广告中，产品科技含量不断增加，使用功能多样化、复杂化，同时受众文化层次也普遍提高，因此，理性诉求在广告中的运用越来越普遍和重要。在广告中突出强调自己的商品所具有的特性或优越性，通常是提出事实或进行特性比较。例如，大宝护肤品的广告“要想皮肤好，早晚用大宝”、保健品黄金搭档的广告“花一样钱，补五样”、王老吉的广告“怕上火，喝王老吉”等都是采用了理性诉求的方式，达到了很好的广告宣传效果。图 8-6 是 ANOLON 刀具广告，作品通过被切碎的分子，表现出 ANOLON 刀具因碳钢锻造而特有的犀利。

在广告实践中，如何判断一个广告是否使用了理性诉求手段，涉及理性诉求标志的问题。有人指出，只要一个广告中包含以下 14 条关于产品的事实性信息线索中的一个或一个以上时，该广告就是理性诉求广告。这些线索有：价格，质量，性能，配料，销售的时间、地点及联系的电话，特价销售，口感，营养，包装，售后服务，产品安全特点，独立研究（由独立研究机构进行的研究），公司研究（由广告主进行的研究），新产品的概念。

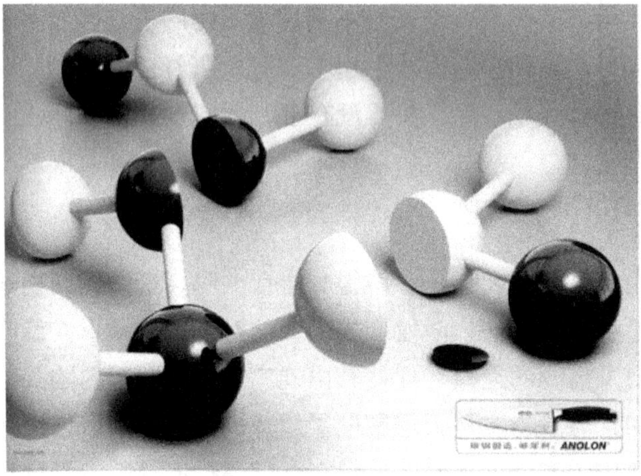

图 8-6　ANOLON 刀具广告

1．理性诉求的心理策略

从心理学角度看，理性诉求广告要想达到预期的最佳效果，必须科学地运用以下策略。

（1）用简短有力的论点强调

广告学家指出：做广告要考虑两个要素，一是够不够直接，二是够不够犀利。因为文字广告不可能很长，形象广告呈现的时间也很短。除了费用的因素外，受众也不可能花很多的时间与精力去细品某则广告。因此，无论从哪个角度来看，在广告宣传中都有必要拟定一个简短有力的论点，即说服受众的重点。并且，这个论点的确定不能是随意的，也不能是一厢情愿的，应当经过反复推敲和论证，得出最能代表当前阶段品牌诉求主题的话，只有这样广告才能出现震撼人心的说服力量。

（2）阐述与论点相符的论据，提高广告的说服力

无可否认，消费者对厂商有一种天然的怀疑与抗拒心理。因此，厂商的说辞再动人、

再有道理，他们也不见得真正相信。“卖瓜的不说瓜苦”这一心理定势无时无刻不在起作用。受众更想看到、也更愿相信的是强有力的论据。因此，在理性诉求广告中，广告主在说产品好的同时，不要忘记加上“为什么好”，理性的论据比漫天说好更重要，也更有说服力。

我们在做论据的时候，可以用精确的数据说话，让人听来更为真实可信。如号称西裤专家的九牧王，其论据是：108 道工序，30 次熨烫，800 万条人体曲线，23 000 针缝制。这样专业的西裤你不想穿吗？

（3）运用双向信息交流，增加广告的可信度

所谓双向信息交流，是指广告主在大力彰显产品优点的同时，也要说出产品的一些不足之处。这样可以有效地消除受众对商业性广告宣传所持有的不相信或半信半疑的态度，从而增加其对广告宣传内容的可信度。例如，有人曾将同一型号的汽车做了两则广告，一则广告说：“这种汽车的内把手太偏后了一点，用起来不顺手，但除此之外，其他地方都很好。”另一则广告中没有这一条，全部讲优点。结果受众大部分都相信前一则广告。细加分析，前一则广告的成功乃是由于采用了“欲擒故纵”的手法。消费者不是具有怀疑心理吗？好的，我先对你的这一心态予以满足，坦诚相告产品的不足之处，使你的怀疑烟消云散，然后再展开正面攻势，这样就可长驱直入，攻占消费者的心理世界。

2．理性诉求的方法

明确传递信息，以信息本身和具有逻辑性的说服力加强诉求对象的认知，引导受众进行分析和判断，这是理性诉求的基本思路。理性诉求的内容多种多样，但在实际运用中，具体的诉求方法主要有以下几种。

（1）阐述利益

消费者购买产品最关心的就是产品给他所带来的利益。当广告集中传达产品特性、性能、购买利益时，阐述的语言要求精练、准确。经常采用直接陈述、提供数据佐证、列图表、与同类产品对比等方法，提供给受众产品信息。例如，舒肤佳香皂主要强调其“杀菌和长时间抑制细菌再生”，广告正是通过告诉消费者如果购买宝洁产品会获得什么样的利益，以达到劝说消费者购买的目的。

（2）解释说明

在传达产品特性时，广告还可以做一系列的特性演示并示范功能和效果，从而加深受众的理解。提供的成因或示范均可以以图文结合的方式展现，增加可信度。而提出疑问并解答的方式可以有效地将受众的关心点引向广告的诉求重点。例如，海王药业为了推销自己的保健品，不厌其烦地对人们进行亚健康科普教育，从而使亚健康概念深入人心。

（3）理性比较

理性比较主要采用理性诉求的方式进行，和竞争对手做比较，以凸显自身优势。既可以含蓄地比较，不指明品牌，也可以针锋相对地比较。优势品牌通过比较可以展示自身的优势；弱势品牌通过比较可以提升品位，展示独特处。例如，著名的阿司匹林就曾经遭到过泰诺的挑战。泰诺在广告中说："有千百万人是不应当使用阿司匹林的。如果你容易反胃或者有溃疡，或者你患有气喘、过敏或因缺乏铁质而贫血，在你使用阿司匹林前就有必要先向你的医生请教。阿司匹林能侵蚀血管壁，引发气喘或者过敏反应，并能导致隐藏性的胃肠出血。"结果泰诺一举击败了老牌的阿司匹林，成为首屈一指的名牌止痛退烧药。

（4）观念说服

理性诉求还可以就本产品或服务给受众带来的新消费观念、产品选择观念、企业的理念或者观点等方面进行深入的诉求。可以从正面来阐述自己的新观念或理念，也可以反驳旧有的错误观点。例如，李维斯牛仔裤广告制造了黑色代表流行的理念。牛仔裤的正统颜色无疑是蓝色，但是李维斯却推出了黑色牛仔裤。广告是这样的：在一个歌舞厅门口，凡是穿蓝色牛仔裤的人不得入内，但是一个帅气的小伙子却因为身穿黑色牛仔裤而备受歌舞厅的欢迎。中国商务通的"呼机、手机、商务通一个都不能少"的广告无疑也是成功运用观念说服手法的代表之作。

8.3.2 广告的情感诉求

如果说理性诉求是一种"晓之以理"的广告诉求方式的话，那么情感诉求就是一种"动之以情"的广告诉求方式。"人非草木，孰能无情"，因此，在广告创意中，通过富于情趣的情感诉求方式，去激发消费者积极的品牌态度和购买倾向，也是一种重要的广告诉求策略。情感诉求是指针对受众的心理、社会或象征性需求，表现与企业、产品、服务相关的情感和情绪，通过受众情感上的共鸣，引导受众产生购买欲望和行为。在一个高度成熟的社会里，消费者的消费意识也日益成熟，他们追求的是一种与自己内心深处的情感和情绪相一致的"情感消费"。在广告创意中有效地运用情感诉求，以亲切、柔和的广告画面，自然流畅的广告语言，诚恳的广告诉求，去打动消费者的情感，这样不仅能够强化人们对企业产品的好感，而且更有助于人们建立对企业产品的忠诚度。因此，以情感为诉求重点来寻求广告创意是当今广告发展的重要趋势。

1. 情感诉求的类型

情感诉求在广告中具有极大的魅力和说服力，在实际运用中，情感表现应注意克服庸俗的感情投入，要使情感自然融入广告诉求点。现代受众比较青睐的情感诉求方法主要有以下几种。

（1）美感

美感是一种积极的情感体验。追求美是人所共有的心态，尤其是年轻人。因此，善于进行美感诉求，可以获得以情动人的效果。一则令人赏心悦目的广告、可以使人心情舒畅的音乐，通过丰富的广告想象力和优美的背景等广告元素，给人带来美的享受。也可以通过对自然、轻松、青春活力等美感体验的追求来设计广告情境，达到美感诉求的效果。

（2）亲热感

亲热感反映着肯定的、温柔的、短暂的情绪体验，往往包含着生理的反应以及有关爱、家庭、朋友之间关系的体验。广告画面中人物的亲热关系，如深情的恋人、嬉戏的母子，都容易使人产生同感。随着社会的发展，人们的生活节奏不断加快，竞争不断加剧，人人都在争分夺秒地工作，忽视了工作以外的很多东西，例如亲情、爱情、友情，而这些都是比工作更重要的东西。亲热感广告会给人和谐的、温柔的、真诚的、友爱的、安慰的感觉，让人们想起他们忽视的美好的东西。图 8-7 衡水老白干广告，通过怀旧方式，勾起人们对童年的回忆，有较强的亲和力。

图 8-7　衡水老白干广告

有些针对老年人的商品不再把老年人作为诉求的对象，而是把目标转移到儿女的身上，父母抚养孩子长大的辛苦，以及父母收到孩子礼物时，脸上那种幸福满足的微笑，都会刺激儿女的心。父母不会开口问儿女要东西，所以很多儿女都会在送礼上发愁。这些广告实际上也为他们提供了一种选择。大家都不太喜欢脑白金的广告，但它的销量却排在第一，就是利用送父母这一点，抓住了儿女的心理。亲热感在公益广告中用得也很多，关爱孩子，关心老年人，关爱残疾人以及希望工程的广告都是利用亲热感来进行情感诉求。亲热感是最重要的、运用最广的、最有效的情感广告的诉求类型，它不会被淘汰，而且它的作用在以后会体现得更加明显。

（3）幽默感

莎士比亚说："幽默和风趣是智慧的闪现。"幽默广告的表现手法使人发笑，产生兴奋、愉快等情绪体验。当今社会商品经济高度发达，大量的信息符号通过广告向社会传播，使受众目不暇接，在一定程度上已显现饱和状态，受众在精神上产生了保护性抑制情绪。在这种情形下，广告采用幽默诉求的方法，可有效缓解受众精神上的压抑情绪，排除其对广告所持的逆反心理。使受众在一种轻松、愉快、风趣的氛围中自然而然地接受广告所传递的商业信息，并完成对商品的认识、记忆、选择和决策的思维过程，从而更有效地达成广告的宣传目的。麦柯克伦 · 施皮曼研究机构曾对 500 则电视广告做过调查，结果表明，逗人发笑的广告更容易记忆，而且更具有说服力。目前在美国黄金时段播出的广播和电视广告中，幽默广告分别占 30.6%和 24.4%。在其他国家，幽默广告所占的份额也不少。在戛纳国际广告节上获奖的作品中，就也有不少是采用幽默诉求的手法。它们超越了民族语言和接受心理的障碍，成为普遍受欢迎的广告诉求方式。

（4）害怕感

害怕的诉求，是指通过特定的广告引起消费者害怕及有关的情绪体验，如惊恐、厌恶和不适等。利用广告中的不幸事件，督促人们要听从广告的劝告，来免除这种不幸的发生。对这类广告应用最多的是那些有关人身安全和免受财产损失的商品，如各种药品、保健品和护肤品的广告诉求是为了满足人身安全，家庭保险的广告诉求则是提醒人们免受财产损失。

2．情感诉求的心理策略

（1）抓住消费者的情感需要

情感诉求要从消费者的心理需要出发，紧紧围绕消费者的情感需要进行诉求，才能产生巨大的感染力和影响力。需要是情绪情感产生的直接基础，若消费者没有类似的需要，任何刺激也无法激发起他的这种情感。广告要想打动消费者，必须针对消费者的需要进行诉求，同时，把产品与消费者的需要紧密联系，使消费者一出现类似需要就联想到该产品，这样才能取得良好的促销效果。情感诉求正是诉求产品能够满足消费者的某种需要，以达到使消费者产生共鸣的目的。

（2）增加产品的心理附加值

作为物质形态的产品或服务，本来并不具备心理附加值的功能，但通过适当的广告宣传，这种心理附加值便会油然而生。正如美国广告学者所言："广告本身常能以其独特的功能成为另一种附加值。这是一种代表使用者或消费者在使用本产品时所增加的满足的价值。"因为人类的需要具有多重性，既有物质性的需要，又有精神性的需要，并且这两类需要常处于交融状态。一方面，物质上的满足可以带来精神上的愉悦；另一方面，精神上的满足又可以强化物质需要的满足，甚至会代替物质需要的满足。人类的如此心态，便给广告制作者辟出了一个发挥聪明才智的广阔空间。如果经由广告宣传，使产品增加了并非本来固有的附加价值，那么受众就有一种超值享受的感觉，在进行购买抉择时，"心理天平"势必向这类产品倾斜。

许多杰出的情感诉求广告都是在这一方面痛下工夫。例如，麦氏咖啡"情浓意更浓"，小霸王游戏机"望子成龙"，丽珠得乐"其实，男人更需要关怀"等，无一不是以"动之以情"的方式来打动广告受众的。

（3）利用暗示，倡导流行

消费者的购买动机是多种多样的，有时购买者并不一定是使用者，许多产品是用来馈赠亲友的，通过馈赠礼品，表达某种情感。如果某产品正好符合这种愿望，他们就会主动去购买，而较少考虑产品的质量、功效等具体属性。当厂商通过广告传播把购买这种产品变为一种时尚或风气后，消费者就会被这种时尚所牵引，去购买这种产品。例如，"脑白金"广告被称为一种广告现象，"今年过节不收礼，收礼只收脑白金"的广告语被高频度播放后，几乎妇孺皆知，但该广告并没有引起人们的积极情感，甚至引起很多消费者的反感，2002年被评为中国十大恶俗广告之首。但不可否认，通过暗示，引导消费，该广告在促进销售方面还是比较成功的。

本章小结

- 受众的心理活动过程，指的是受众对企业形象和商品形象客观现实的综合能动反应，从感觉企业形象、商品形象的存在，到认知企业商品、产生消费需求、采取消费行为，包括一系列的心理活动过程。受众的心理活动过程主要包括认知过程、情感过程和意志过程 3 个阶段。
- 广告要想取得预期的宣传效果，就必须根据广告受众的心理特性和心理需求，分析广告受众的心理，通过吸引注意和增强记忆的广告心理策略，来强化广告作品的感染力。

- 广告诉求，是指广告主运用各种方法，激发广告受众的潜在需要，形成或改变广告受众的某种态度，告知其满足自身需要的途径，促使其出现广告主所期望的购买行为。一般来说，广告诉求可以分为理性诉求和情感诉求两种方式。

专论 8 Focus

广告入侵脑细胞之秘

除了销售额之外，营销人员在调查中衡量绩效的主要指标还包括品牌意识和品牌特征评级。表面看来似乎很有道理，毕竟人类大脑就是如此运作的：找到固定联想模式，再采取相应行动。

但是问题在于，消费者都清楚了解广告所要传达的信息，却意识不到自己是如何被潜移默化影响的。到底是哪个产品特性推动了购买决策，我们往往不得而知，因为这些思维都处于潜意识层面，认知科学家称之为“非陈述性记忆”或“内隐记忆”。

不懂的东西，我们又如何说得清道得明。“我喜欢，但我不知道为什么喜欢。”

当这种隐形联想潜入大脑时，直觉就超越了理性思维，成为决定购买偏好的主要依据。

瑞尔森大学（Ryerson University）的梅兰妮·登普西（Melanie Dempsey）教授与多伦多大学的安德鲁·A·米切尔（Andrew A. Mitchell）证实了这一点。他们将一系列虚构的品牌与正面或负面的不同图文搭配，展示给测试者看。在浏览过好几百张图片、好几百个品牌之后，测试者完全忘记了哪个品牌搭配哪套图文。然而在随后的调查中，他们所偏爱的品牌往往正是配上正面图文的品牌。研究者把这种现象称为“我喜欢，但我不知道为什么喜欢”效应。

在后续实验中，测试者阅读了一系列产品信息，这些信息与他们之前的认知完全相反，意在扭转他们的品牌偏好。但实验结果是，测试者依旧执着于正面的品牌联想。前后矛盾的事实也无法抹去在他们大脑中先入为主的印象，与品牌相关联的主观感觉取代了理性分析。

1．潜移默化

这个思维过程的部分原因在于，大脑的情感系统能独立运作于大脑皮层之外，而大脑皮层正是意识的载体。因此，我们的记忆库和反应库能在不知不觉间默默形成。

关于其原理，神经系统科学家约瑟夫·勒杜克斯（Joseph LeDoux）给出了一个例子。假设你在午餐时与某人发生争执，当时你所坐的位置桌布是红白格子图案的。第二天，你见到一个戴着红白格子领带的男人，直觉告诉你，你不喜欢他。勒杜克斯解释道："从浅层意识来讲，我说这是我的直觉，因为我不喜欢他的长相……实际上，这是外在因素的刺激，只是被隐藏在潜意识里，没被我发现而已。"

同样道理，我们自行编造各种有关品牌属性的正面含义，这其中也是毫无逻辑或意识可言的。举个例子，不少人会同时购买增白牙膏和漱口水，这种双品牌消费行为其实是一种悖论，用医学美白牙膏刷牙，然后用含有1号蓝色染料和5号黄色染料的亮绿色漱口水，脑子进水了才会这么干吧？

通过反复接触各类有色产品，我们的潜意识总结出一个规律，那就是绿色代表清新与洁净，这种无意识联想压倒了购买美白牙膏的理性思维。

这也是20世纪90年代"透明可口可乐"（Coke Clear）和"水晶百事"（Crystal Pepsi）遭遇滑铁卢的原因。消费者并不喜欢透明无色的可乐，因为可乐浓郁的棕色能够唤起我们的美好回忆，它装点的不仅是饮料本身，更是我们的信仰。人类看待事物的媒介不只是眼睛，还有大脑。

2．品牌有如孔雀尾

进化心理学家杰弗里·米勒（Geoffrey Miller）认为，人类展示品牌的行为，就像孔雀开屏炫耀美丽的尾羽一样。对于公孔雀来说，漂亮的尾羽是"健壮的象征"，体现了他们适合当配偶的"高富帅"潜力。孔雀展开错综繁复的羽翼，暗示自己"天生丽质难自弃，优良基因古来稀，觅食养家不用愁，灵敏庞躯躲仇敌"。一般来讲，动物大脑中不存在意识知觉，不晓得炫美耍帅的意义何在。只是在进化过程中，美丽的外表彰显出强大的优势，久而久之便形成了动物的固有直觉。

人类也喜欢在同类面前自我显摆。我们所选择的品牌是一种符号，象征着我们在社会等级中成功和价值的属性。正如孔雀，人类这种行为也是基本无意识的。

3．市场随联想而动

品牌联想一旦改变，市场份额也会随之变动。因为我们认识事物、做出决定，都依赖于庞大的联想记忆神经网络。

以下例子是被许多行业专家推崇为史上最有才、最成功的广告：毁誉参半的万宝路牛仔（Marlboro Man）。

当广告执行总监李奥·贝纳（Leo Burnett）构思出牛仔的创意时，他创造了广告史上最伟大的一次大转变。此前，万宝路是作为一款淡味女性烟进入市场的，甚至过滤嘴还印上了一圈红色带子，用于隐藏口红痕迹，连广告词也是女性化的“温和如五月”（Mild as May），处处以表现温柔女人味为目标。

而粗犷阳刚的美国牛仔一出场，即让品牌形象发生了180度大转变，彰显了人物特征而非产品特点。通过暗示叛逆不羁、敢于冒险、无所畏惧、力量无穷的形象，该广告歌颂了西部片中所宣扬的英雄人物。

1955年，该广告一经推出，万宝路销售额飙升3 241%，达到50亿美元，万宝路牛仔也成为家喻户晓的文化标志之一。

这个万宝路之乡（Marlboro Country）广告表面的信息是“光临风韵之境”（come to where the flavor is），但真正吸引香烟购买者的是人物身上的男性特质，这种放荡不羁、恣意挑衅的牛仔精神令天下男士心驰神往。这种创意对广告人来说似乎很直观，但营销人员对同样的广告进行后端测试时，却往往选用了错误的标准，他们没有意识到“味道不错”和“让我感觉恶贯满盈”是截然不同的两种体验。

即使采用讲故事、形象化、打比喻等主观定性工具来揭示深层含义，我们仍然无法用定量测试对难以捉摸的品牌联想进行确切评估，因为参与测试的人意识不到这些联想的存在，或者干脆否认它们的存在。

摆在营销人员面前的难题超越了逻辑和意识的范畴。我们必须找出有时并不符合逻辑的人类特性，并且在广告中传达出来。香烟广告就是很好的例子，拿抽烟来彰显人类的健壮有力，这未免有点讽刺。不过话说回来，人类大脑不就是这么矛盾的吗？

（资料来源：中国广告网）

问题理解

1. 广告受众的心理过程包括哪些内容？
2. 简述广告中的色彩心理。
3. 简述吸引广告受众注意的方法与策略。
4. 简述增强广告记忆的方法与策略。
5. 简述广告的理性诉求策略和方法。
6. 简述广告的情感诉求策略和方法。
7. 阅读专论8，结合实际谈谈受众对广告信息的心理反应规律。

案例分析

“对比广告”于 1930 年首次出现在美国。美国西尔斯公司设计了一则广告，将其生产的轮胎和另外 8 个国际知名轮胎品牌做了一个比较。1931 年，凡士通公司效仿了西尔斯公司的做法，但是遭到了许多新闻报纸的拒绝。一年以后，普利茅斯汽车公司也设计了一则广告，鼓励消费者在买车前要“货比三家”。同年 6 月，该公司的销售额就比前一年同期增长了 218%。至此，“对比广告”便正式走上历史舞台。使用“对比广告”的目的很简单：找出竞争对手的弱点并全力攻击。

思考题：

1．简述对比广告的受众心理规律。

2．对比广告适用于哪些情况？

3．说说你对“对比广告”的看法。

技能训练

实训项目：观看或查阅近一周内的各广告媒体上的 20 条广告，分析每条广告的心理策略及其诉求方式。

实训要求：

1．将同学分为若干小组，利用课余时间收集不同媒体的广告。

2．在指导教师的指导下，依据所学理论知识对广告作品进行分析。

3．通过分析广告作品，正确判定广告作品的诉求方式。

4．各小组相互交流实训心得，并对本次实训进行总结。

第 9 章

广告效果

引导案例

杜邦公司是一家享誉世界的化工企业。为了扩大产品的销售，公司的颜料部决定先对产品进行广告投放试验，并将56个销售区域分成高、中、低三种市场份额的区域。杜邦公司在其中1/3区域花费了正常数额的广告费，在另一个1/3区域花了正常数额1.5倍的广告费，而在余下的1/3区域花费了正常数额3倍的广告费。杜邦公司想考察一下较高水平的广告支出究竟创造了多少额外销售。结果显示，较高的广告支出所产生的销售增长呈递减效率，而在杜邦公司的市场份额较高的区域里，销售增长也十分微弱。杜邦实验的结论：高密度的广告未必会带来高额的市场收益。

➲ **辩证性思考**：提高广告效果的途径与策略有哪些？

本章学习目标

- 全面理解和掌握广告效果的含义和特性；
- 理解和掌握广告效果测定的意义；
- 掌握广告经济效果测定的方法；
- 掌握广告传播效果测定的内容与方法；
- 掌握广告社会效果测定的方法；
- 掌握影响广告效果的相关因素。

关 键 术 语

广告效果　经济效果　传播效果　社会效果　历史比较法　直接反映法　日记调查法　电话调查法　机械调查法　事前测定　事后测定

9.1　广告效果概述

9.1.1　广告效果的含义

从总体上来看，广告效果有狭义和广义之分。狭义的广告效果是指广告所获得的经济效益，即广告传播促进产品销售的增加程度，也就是广告带来的销售效果。广义的广告效果则是指广告活动目的的实现程度，广告信息在传播过程中所引起的直接或间接的变化的总和，包括广告的经济效益、心理效益和社会效益等。

9.1.2　广告效果的类别

作为一种信息传播活动，广告所产生的影响和变化（效果）是广泛的、多种多样的，可以从不同的角度把广告效果分成很多种类。对广告效果进行分类，有利于对广告效果的更深入的认识，便于根据不同类型的广告效果，采取不同的测定方法，以取得较为理想的测定结果。

1．按涵盖内容和影响范围来划分

按涵盖内容和影响范围，广告效果可分为销售效果、传播效果、社会效果，这也是最常见的划分方法。

（1）广告的销售效果

广告的销售效果也称为经济效果，是指广告活动促进产品或劳务的销售，增加企业利润的程度。广告主运用各种传播媒体把产品、劳务及观念等信息向目标消费者传达，其根本目的就是刺激消费者采取行动，购买广告商品或劳务，以使销售扩大、利润增加。广告的经济效果是企业广告活动最基本、最重要的效果，也是测评广告效果的主要内容。

（2）广告的传播效果

广告的传播效果也称为广告本身效果或心理效果，是指广告传播活动在消费者心理上的反应程度，表现为对消费者的认知、态度和行为等方面的影响。广告活动能够激发消费者的心理需要和动机，培养消费者对某些品牌的信任和好感，树立良好形象，起到潜移默化的作用。广告的心理效果是一种内在的并能够产生长远影响的效果，主要是由广告自身产生的效果。

(3) 广告的社会效果

广告的社会效果是指广告在社会道德、文化教育等方面的影响和作用。例如，广告能够传播商品知识，可以影响人们的消费观念，会作为一种文化而流行推广等。由于广告所具有的特性，广告对社会所产生的效果是深远的，需要重视和引导。

2．按产生效果的时间关系来划分

一项广告活动展开后，从时间关系上看，广告产生的影响和变化会有多种情况。

(1) 即时效果

即时效果是指广告发布后很快就能产生效果。如商场里的 POP 广告发布后采取的购买行动。

(2) 近期效果

近期效果是指广告发布后在较短的时间内产生效果。通常是在一个月、一个季度至多一年内，广告商品（劳务）的销售额有了较大幅度的增长，品牌知名度、理解度等有了一定的提高。近期效果是衡量一则广告活动是否取得成功的重要指标。大部分广告活动都追求这种近期效果。

(3) 长期效果

长期效果是指广告在消费者心目中产生的长远影响。消费者接受一定的广告信息，一般并不是立即采取购买行为，而是把有关的信息存储在脑海中，在需要进行购买的时候产生效应，广告的影响是长期的、潜在的，也是逐步积累起来的。

从时间上分析广告效果的这几种类型可以看出，检测广告效果，不能仅仅从一时所产生的效果来评判广告活动的好坏，更要从长远的眼光来看广告所发挥的作用。广告主在广告活动中，不仅要注意追求广告的即时效果和近期效果，而且应该重视广告的长期效果。在市场竞争加剧，需要运用整合传播的现代营销战略中，广告的长期效果更为重要。

3．按对消费者的影响程度和表现来划分

广告经由媒体与消费者接触，会对消费者产生各种影响，并引起消费者的各种变化。按其影响程度和表现形式，主要可分为到达效果、认知效果、心理变化效果和促进购买效果。

(1) 到达效果

广告能否被消费者接触，要看有关广告媒体的“覆盖率”如何。如目标消费者是否订

阅刊载广告的报纸，是否收视（听）带有广告的广播电视节目。这要注意广告媒体覆盖率的有关指标（如印刷媒体的发行量、电子媒体的视听率等）的测评，为选择广告媒体指出方向。但这种效果只能表明消费者日常接触广告媒体的表层形态。

（2）认知效果

认知效果是指消费者在接触广告媒体的基础上，对广告有所关心并能够记忆的程度，主要测定和分析广告实施后给予消费者的印象深浅、记忆程度等，反映广告受众在多大程度上“听过或看过”广告。一般通过事后调查获取有关结果，认知效果是衡量广告是否取得效果的重要尺度之一。

（3）心理变化效果

心理变化效果是指消费者通过对广告的接触和认知，对商品或劳务产生好感及消费欲望的变化程度，一般经过知晓—理解—信赖（喜爱）等阶段，最后形成购买行动。这些态度变化是消费者欲采取购买行动的酝酿和准备。因此，测评消费者的心理变化过程中的各项指标（如知晓率、理解率、喜爱度、购买欲望率等）备受关注。消费者接触广告时所产生的心理变化，往往只能通过调查、实验室测试等方法间接得到。

（4）促进购买效果

促进购买效果是指消费者购买商品、接受服务或回应广告的诉求所采取的有关行为。这是一种外在的、可以把握的广告效果，一般可以采取“事前事后测定法”得到有关的数据。但是，消费者采取购买行动可能受多种因素制约，对这类效果的评价分析也要注意广告之外的其他因素的影响。

9.1.3　广告效果的特性

广告活动涉及各方面的关系，广告信息的传播能否成功，受到各种因素的影响。由此导致广告效果具有与其他活动所不同的一些特性，主要表现在5个方面。

1．时间推移性

广告对消费者的影响程度受到各种因素的制约，包括时间、地点、经济甚至政治、文化等方面的条件。同时，广告大多是转瞬即逝的，因而消费者在接触广告信息时会有各种各样的反应，有的对广告所传递的信息可能立即接受并产生相应的购买行为，但大多数人接触广告后并不会马上去购买，而需要购买某类商品时，对广告商品可能已忘诸脑后了。从总的趋势看，随着时间的推移，广告效果在逐渐减弱，这就是广告效果的时间推移性。时间推移性使广告效果的表现不够明显。了解这一特点，有助于我们认清广告效果虽然可能是即时的，但更多的是延续的。在进行广告效果测定时，不要仅仅凭短期内所产生的广告效果去判断。

2．效果累积性

广告信息被消费者接触，形成刺激和反应，到最后产生效果，实际上有一个积累的过程。这种积累一是时间接触的累加，通过持续不断的一段时间的多次刺激，才可能产生影响，出现反应；二是媒体接触的累加，通过多种媒体对同一广告的反复宣传，就能加深印象，产生效应。消费者可能在第六次接触某则广告后有了购买行动，而这实际上是前五次接触广告的累积，或者阅读了报纸广告后又收看了电视广告，对这则广告有了较深的印象，这应是两种媒体复合积累起来的结果。制定广告战略应该根据广告效果的这一特性，防止急功近利、急于求成，应从企业发展的未来着眼，有效地进行媒体组合，恰当地确定广告发布的日程，争取广告的长期效果。当然，广告累积到什么程度会产生效果，有一个"阈"的问题，涉及广告费用的边际效用，这需要从另一角度去探讨。

3．间接效果性

消费者在接受某些广告信息后，有的采取了购买行动，在使用或消费了某种商品（服务）后，感觉比较满意，往往会向身边或亲近的人推荐，激发他人的购买欲望；有的虽然没有去购买，但被广告所打动，而劝说亲朋好友采取购买行动。这就是由广告引起的连锁反应，产生了连续购买的效果。广告所具有的这种间接效果性要求广告策划时应注意诉求对象在购买行为中扮演的不同角色，有针对性地展开信息传递，扩大广告的间接效果。

4．效果复合性

由于广告效果受到各种因素的制约和影响，因此往往呈现出复合的现象。从内容上说，广告不仅会产生经济效益、促进销售，还会产生心理效果，对社会文化等发挥作用，需要综合地、统一地去理解和评价。从传播方式说，广告是进行信息沟通的一种有效手段，但在企业整合传播所产生的效果中，这一手段只不过是一个方面，还要看其他传播方式相互配合的复合效果，要与公共关系活动等联系起来评价。从广告自身来看，由于产品的生命周期不同，广告在不同的市场条件下所产生的效果也不一样。广告既有促进销售、增加销售量的作用，在市场不景气、产品处于衰退期时，也有延缓商品销售量下降的作用，因而也不能简单地从是否提高销售量来测定广告效果。

5．竞争性

广告是市场竞争的产物，也是竞争的手段，因此广告效果也有强烈的竞争性。广告的竞争性强、影响力大，就能加深广告商品和企业在消费者心目中的印象，争取到消费者，扩大市场份额。仅仅把广告看做一种信息传递，没有竞争意识，是不够的。而从另一方面来看，由于广告的激烈竞争，同类产品的广告大战也会使广告效果相互抵消。因而，也要多方面地考虑、判断某一广告的竞争力大小。

认识了解广告效果的这几个特性，可以帮助我们更加准确地制定广告战略和策略，以争取理想的广告效果；也使我们能够更加科学、合理的测评广告效果，保证广告活动持续有效地开展下去。

9.1.4　广告效果测定的意义

前面我们对广告效果的类别和特性做了一些分析，这些分析主要是为认识和开展广告效果的测定服务的。但是，如何认定广告是否有效果，有多大效果，并不能凭感觉、靠印象，而是要通过科学的手段和方法进行测评。对广告效果进行测定，有着重要的意义。

1. 有利于加强广告目标管理

广告活动是企业最终争取一定的经济效益的传播活动，有大量的投入，必然希望得到理想的产出。要实现既定的目标，就要加强管理。通过对广告活动的各个过程、每个阶段所产生的效果进行评估，与广告策划方案中的目标进行对照比较，衡量其实现的程度，全面而准确地掌握广告活动的现状，能够及时发现问题、总结经验，控制和调整广告活动的发展方向，确保广告活动能始终按照预定的目标运行。

2. 有利于筹划广告策略创新

测定广告所取得的效果，是对已经开展的广告活动的总结评价，检验广告各要素如广告目标、广告主题的确定、广告媒体的选择实施等是否得当，与企业目标和营销目标、营销组合策略等是否配合，使广告筹划建立在符合客观规律的基础之上。同时，也为正在进行和将要进行的广告活动提供经验教训，为构思谋划新的战略发挥指南的作用，有助于在广告创作上的创新，使广告传播内容和艺术表现形式能有机结合起来，使广告诉求更加有效。

3. 有利于增强企业广告意识

对广告效果进行正确的评价测定，一方面摒弃了单凭经验、感觉主观地判断效果大小的做法，使企业广告活动规范化、严密化、精细化，做到胸中有数，科学决策；另一方面通过具体的数据资料，使企业切实感受到广告所带来的效益，从而增强运用广告传播手段促进企业发展的信心，促进整个广告业的进步和繁荣。

9.2 广告经济效果测定

9.2.1 对广告经济效果测定的理解

以广告作品发布后商品销售量增减的幅度作为衡量的标准而具体实施的效果测定即经济效果测定，这种测定最为广告主所关心。

对于经济效果的测定，存在着两种不同的态度。一种观点认为，除非具备下列条件，否则经济效果的测定是不容易的：广告是唯一的变数；广告对营销组合具有支配力量；像邮购或零售店广告那样，能马上显示成果。但实际情况却不尽然。因此，这种意见认为只能做沟通效果测验，而不可以从事经济效果测定。另一种观点则认为，沟通传播与实际的购买之间有距离，因果关系并不明确，甚至背道而驰。所以，测定广告的经济效果比测定广告的传播沟通效果更容易。这种复杂性在客观上提醒广告人，在从事具体的经济效果测定以前，一定要先端正如下观念。

- 一个品牌的销售量的增减由多方面因素综合而成，广告只是其中一个因素，因此要测定广告销售效果时，必须从企业环境、市场环境全局出发做系统考虑，全面、科学地分析广告的影响力。
- 广告的效力有即时与长期两种表现，不可一味追求即时效应，应在具体的销量中加入更广泛的思考，有区别地对待。
- 广告的效力包括促销与缓降、恢复形象、抵抗恶劣影响等多方面，应当根据情况具体分析。
- 测定广告经济效果有从大处着眼与从小处着眼之别。讨论广告费支出与销售额的关系是从大处着眼的表现，而广告与每一消费者行为关系的讨论，则是从小处求证的努力。经济效果测定者必须选定方向，不可迷失在混乱的运作之中。

9.2.2 常见的经济效果测定方法

1. 历史比较法

历史比较法又称事前事后法或历史销售效果测定法，是一种相对简便的方法。这种方法以刊载广告前后商品销量的状况比较来说明广告的实绩。

2．区域比较法

区域比较法即选择两个条件类似的地区作为检验广告效果之用。在一个地区刊载广告，而另一地区则不刊载广告，在一定时限后比较两地销售效果。

3．促销法

促销法即选择两个条件类似地区，A 地只发广告，停止一切促销配合；B 地既刊发广告，又配合多种促销活动。经过一段时间后，将两地销量做比较，以此来考量广告效力。

4．广告费用比率法

广告费用比率法用来测定广告计划期内，企业的广告总开支对商品总销量的影响，或者广告计划期内某项商品广告费对该商品销售量的影响，其计算公式为：广告费比率=广告费／销售量×100%。例如，某企业某年某季度广告费为 4 万元，某商品销售 100 万元，计算出广告费比率为 4%，比上一季度的 5%下降 1%。用广告费用比率法计算，广告费比率愈小，则广告效果愈好。

5．广告效果比率法

广告效果比率法即广告结束后用销售或利润的增长与广告费用增长做比较，测定广告效果的方法。其计算公式为：广告效果比率=销售量（额）增加率／广告费增加率×100%。例如，某企业为配合旺季销售，第二季度的广告费增加率为 50%，而该季度销售量增长 20%，则其广告效果比率为 40%。用广告效果比率法计算，广告费增加率越小，则广告效果比率越大，广告效果越好。

6．广告效益法

广告效益法又称每元广告费促销法。这种方法是计算每元广告费对商品销售的影响程度，以便用商品增销计划来编制广告预算。一般而言，每元广告效益的得数愈大，则广告效果愈好。

7．弹性系数分析法

弹性系数分析法又称比例变动测定法。这种方法通过计算广告费投入量与销售额之间的变动关系，以确定它们之间的变化是正向比例变化还是负向比例变化，并由之推断其广告费投入的销售效果。

9.3 广告传播效果测定

9.3.1 对广告传播效果测定的理解

广告作品是经过传播媒体与消费者接触的，目标消费者接触到媒体传递的有关信息内容，会产生各种变化。这些变化是由广告自身所产生的影响带来的，也就是广告的传播效果。对广告接触消费者后所引起的变化和产生的影响大小进行考察评估，就是广告传播效果的测定。

测定广告传播效果主要是对广告"认知效果"和广告"心理变化效果"的评定。媒体战略与广告的"认知效果"联系在一起，而广告作品在很大程度上决定着广告的"心理变化效果"。广告传播效果的测定能够更科学、更直接、更客观地反映广告作品和广告媒体的传播效力，是核查广告目标实现程度的最佳手段之一。

9.3.2 广告传播效果测定的内容和方法

测定广告传播效果主要包括广告本身传播效果的测定、广告媒体组合的测定、广告心理效果的测定三大方面的内容。

1．广告本身传播效果的测定

（1）广告作品的测定

广告作品测定就是对构成广告作品的各要素进行检验和测评。广告作品由多种要素构成，包括广告定位、广告主题、广告创意等，广告作品的测评就是对这些要素进行评价分析。

1）广告主题。广告主题是贯穿于广告作品中的红线，要求鲜明、突出，诉求有力、针对性强。测评广告主题主要围绕广告主题是否明确、能否被认可、诉求重点是否突出、与目标消费者的关注点是否一致、能否引起注意、能否满足消费者的需求等问题来展开。

2）广告创意。主要是对表现广告主题的构思进行检测。看创意有无新意，能否准确、生动地表现、突出广告主题，是否引人入胜，感染力如何。不同类型的广告测评要求也不一样。如电视广告可对其创意进行评价，平面广告则对其设计草图进行测试。对广告创意进行测评，便于充分了解目标受众的有关意见和建议，以能及时调整、修正已有的创意，选择最佳的创意方案，减少广告创作过程中的风险和成本。

3）广告完成稿。广告完成稿是指已经设计制作完成，但还未进入媒体投放阶段的广告样品，如电视广告样片、报纸杂志广告样稿等。测试广告完成稿，是对广告主题、创意、制作、表现手法等的进一步检测，有利于最后的修补和完善，以保证广告作品能够完美地与目标消费者接触。

（2）测定方法

1）直接反应法。在广告刊播之前，广告创作人员可对同一商品制作多份广告原稿，然后邀请预定的诉求对象对不同表现的广告原稿进行评价鉴定。一种方法是采用消费者评定法，由消费者进行评判或比较，测验出哪种广告所引起的反应最大、印象最深；另一种是采用要点采分法，即预先根据测评的要求列出评价项目，制成表格，请消费者在表格上给各个广告稿打分，以此测定对各个广告稿的印象如何，确定优劣。

这种方法的理论假设是，倘若一则广告能有效地激发消费者的购买行为，那么，它在表 9-1 中对特性的评价上就应得高分。

表 9-1　广告作品评价表

<table>
<tr><th>评价项目</th><th colspan="5">评价标准</th><th>最后得分</th></tr>
<tr><td rowspan="2">吸引力</td><td colspan="5">该广告吸引消费者的注意力如何</td><td>15</td></tr>
<tr><td colspan="5">该广告对潜在消费者的吸引力如何</td><td>15</td></tr>
<tr><td>可读性</td><td colspan="5">该广告能使消费者进一步详细了解的可能性有多大</td><td>20</td></tr>
<tr><td>认知力</td><td colspan="5">该广告的中心意思突出吗</td><td>20</td></tr>
<tr><td rowspan="2">亲和力</td><td colspan="5">这种广告适合消费者吗</td><td>10</td></tr>
<tr><td colspan="5">这种诉求激起购买欲的有效性有多大</td><td>10</td></tr>
<tr><td rowspan="2">行为力</td><td colspan="5">该广告激起购买行为的作用有多大</td><td>10</td></tr>
<tr><td colspan="5">该广告引起潜在购买行为的作用有多大</td><td>10</td></tr>
<tr><td>广告得分</td><td>0～20</td><td>20～40</td><td>40～60</td><td>60～80</td><td>80～100</td><td></td></tr>
<tr><td>广告等级</td><td>极差</td><td>下等</td><td>中等</td><td>上等</td><td>极优</td><td></td></tr>
</table>

据介绍，在这一方法中最精密的当数汤普逊·露丝测验（Thompson Luce Tests），它系统性地涉及消费者对一则广告的 35 种因素反应。我国优秀广告作品的评选也多用此法。

2）室内测定法。这一方法由美国纽约雪林调查公司参照节目分析法发明。测试主要在室内进行，有以下两种形式。

- 节目测验。对广告表演节目进行测验。召集若干名有代表性的观众到剧场，在节目主持人说明测验方法后，由个人按有趣、一般、无趣三个标准进行评分，并请观众具体说明喜爱或厌恶这个节目的哪部分及其理由，还可进一步征询对节目改进的意见和建议。最后对调查结果进行统计分析，作为今后改进节目内容或形式的参考和依据。

- 广告测验。与节目测验内容大致相似。召集有代表性的观众到剧场或摄影棚，欣赏参加测试的各种电视广告影片。不同的是，入场者要求持票进场，根据票号选择自己喜爱的商品观看。所供选择的广告片，既有广告客户的，也有竞争对手的。在测定之后，请测试对象再次选择自己喜爱的商品。如果参加测试的广告商品选择率高，则说明广告的心理变化效果好；如果不高，则说明广告片还有需要改进的地方。之后还可进行提问，测试观众对于广告商品的记忆程度。

2．广告媒体组合的测定

广告究竟通过哪些媒体可能被消费者接触到？目标消费者接触媒体传达的广告信息会是何种状况？对媒体接触效果进行测定，是对广告受众接触特定媒体和特定广告作品的评判，实际上也是对广告媒体计划的检测。

（1）广告媒体组合测评

在广告活动中，广告媒体是一个非常特殊的角色，它既是连接商品和消费者的桥梁，又是广告主和广告公司之间的纽带。一般来说，80%的广告费用都用在购买媒体的时间和版面上，如果媒体选择不当或组合不合理，不仅会影响广告效果的实现，而且会造成广告费用的极大浪费。所以，对广告媒体组合的测评就显得极为重要。

广告媒体组合测评的内容主要包括以下几方面。

- 广告媒体选择是否正确，能否增加总效果（GRP），形成合力，是否被所有的目标消费者接触到。
- 不同媒体的传播优势是否得到互补，重点媒体与辅助媒体的搭配是否合理。
- 媒体覆盖影响力的集中点是否与广告的重点诉求对象相一致。
- 媒体的一些主要指标如阅读率、视听率近期有无变化。
- 媒体组合的整体传播效果如何，是否降低了相对成本。
- 所选择的媒体是否符合目标消费者的接触习惯，以及其产生的影响力。

（2）不同媒体的测定要素和方法

1）印刷媒体。印刷媒体主要指报纸和杂志。对印刷媒体的测定主要包括 3 个方面：一是发行范围和份数；二是受众成分即读者对象；三是阅读状况。

2）电子媒体。电子媒体主要指广播和电视媒体。测评电子媒体的接触效果主要是通过视听率等内容来完成。视听率是拥有电视机、收音机的个人或家庭在某个时间段或对某个节目收视、收听所占的比率。目前电视方面的收视率调查主要有日记式调查法、电话调查法、机械调查法三种。

3．广告受众心理效果的测定

广告受众心理效果测定主要是测评广告对消费者的影响程度，这种影响程度除了体现在销售额上，更主要体现在对消费者的认识、情感、意志等心理因素的影响程度上。一般认为，广告受众心理效果测定考察的是广告作用下的注意、兴趣、情绪、记忆、理解、动机、行动等变化。著名广告学家樊志育教授较系统地提出了广告表现反应八侧面：知觉的侧面、感情的侧面、情绪的侧面、态度的侧面、学习记忆的侧面、思考的侧面、行动的侧面、其他的侧面。

广告受众心理效果测定的具体内容包括 4 个方面。

（1）感知程度的测定

感知程度的测定主要是测评广告的知名度、受关注度，即消费者对企业、商品等的认知程度。企业或广告公司选择平面媒体的依据主要有两条：一是发行量，二是阅读率。阅读率是衡量一份杂志或报纸品牌价值的系列指标之一，是反映报刊读者规模和构成的客观依据，可以进一步细分为注目率、阅读率和精读率。企业或广告公司评测广播和电视媒体的广告价值主要看媒体的传播范围、收视（听）率等指标。

（2）记忆效率的测定

记忆效率的测定主要是对广告的记忆度，即消费者对于广告印象的深刻程度，能否记住广告内容（品牌、特性、功能等）。消费者对于广告的记忆效率，一般是指对于广告重点诉求的保持或回忆的能力与水平。记忆对刺激潜在的消费者的购买行为具有重大意义，当他们产生购买欲望时，往往经意或不经意回忆起值得信赖的商品，由此影响购买决策。消费者对于广告内容记忆效率的高低，反映出广告策划的水平及影响力。广告要获得好的传播效果，就必须提高人们对于广告信息的记忆效率。

（3）情感激发程度的测定

好感度是测定情感激发程度的主要指标，又称为广告的说服力，主要是指消费者对于广告所引起的兴趣如何，对广告的商品有无好感。好感程度包括消费者对于广告商品的印象和偏爱度。能否激发消费的情感，是广告能否达到心理目标的重要标志。在广告创作中，每个环节、每个部分都有健康的情调，能引导消费者对于美好事物的向往和追求，使之产生有益的情感体验，才能取得较好的心理效应。

（4）态度变化的测定

接触广告的结果是引起消费态度的变化，而态度变化效果又直接影响着购买行为的发生，因此，态度变化的测定是广告心理测定的一项重要内容。广告信息对消费者的心理影响一般要经历认知—理解—确信—行动 4 个发展阶段，态度变化测定主要是在认知度测评的基础上，进一步测评消费者对广告观念的理解和喜好程度，即理解度和喜好度的测评。

9.4 广告社会效果测定

广告主要是通过大众传播媒体将有关信息传达给广大公众的，由于大众传媒的特性，广告信息的传播具有社会性。广告在为广告主企业带来效益的同时，也会对社会产生影响，与社会公众利益密切相连。广告活动应该是社会制度、政策法规、经济、思想文化、艺术风格、民族特征及社会风尚等的统一。

9.4.1 广告社会效果测定的依据

测定广告所产生的社会效果，应进行综合考察评估。其基本依据是一定社会意识条件下的政治观点、法律规范、伦理道德和文化艺术标准。不同的社会意识形态，调整、制约的标准也是不一样的。同时，测定广告社会效果，往往不能量化。因为社会效果不可能以简单的一些指标数字来标示衡量。这既要通过一些已经确定的或约定俗成的基本法则来测定和评价，又要结合其他的社会因素来综合考评，主要有真实性、法规政策、伦理道德、文化艺术 4 个方面。

1. 真实性

广告所传达的信息内容必须真实，这是测定广告社会效果的基本要求，广告发挥影响和作用，应该建立在真实的基础上，向目标消费者诉求企业和产品（劳务）的有关信息、企业的经营状况、产品（劳务）的功效性能等，都要符合事实的原貌，不能虚假、误导。广告诉求的内容如果造假，造成的社会影响将是非常恶劣的。这不仅是对消费者利益的侵害，而且反映了社会伦理道德和精神文明的水平。真实的广告既是经济发展、社会进步的再现，也体现了高尚的社会风尚和道德情操。所以，检测广告的真实性是考察广告社会效果的最重要的内容。

2. 法规政策

广告必须符合国家和政府各种法规政策的规定和要求。以广告法规来加强对广告活动的管理，确保广告活动在正常有序的轨道上运行，是世界各国通行的做法。法规管理和制约具有权威性、规范性、概括性和强制性的特点。一般来说，各个国家的广告法规只适用于特定的国家范畴，如我国于 1995 年 2 月 1 日开始实施的《中华人民共和国广告法》，就是适用于我国一切广告活动的最具权威的专门法律。而有一些属于国际公约性质的规则条令等，则可国际通行，如《国际商业广告从业准则》就是世界各个国家和地区都要遵从的。

3. 伦理道德

在一定时期、一定社会意识形态和经济基础之下，人们要受到相应的伦理道德规范方面的约束。广告传递的内容及所采用的形式也要符合伦理道德标准。符合社会规范的广告也应是符合道德规范的广告。一则广告即使合法属实，但可能给社会带来负面的东西，给消费者造成这样或那样的，包括心理和生理上的损害，这样的广告就不符合道德规范的要求。如暗示消费者盲目追求物质享受，误导儿童撒娇摆阔等。要从建设社会精神文明的高度来认识，从有利于净化社会环境、有益于人们身心健康的标准来衡量。

4. 文化艺术

广告活动也是一种创作活动，广告作品实际上是文化和艺术的结晶。从这方面对广告进行测评，由于各种因素的影响，不同的地区、民族所体现的文化特征、风俗习惯、风土人情、价值观念等会有差异，因而也有着不同的评判标准。总体来看，广告应该对社会文化产生积极的促进作用，推动艺术创新。一方面要根据人类共同遵从的一些艺术标准，另一方面要从本地区、本民族的实际出发，考虑其特殊性，进行衡量评估。在我国，要看广告诉求内容和表现形式能否有机统一；要看能否继承和弘扬民族文化、体现民族特色、尊重民族习惯等；要看所运用的艺术手段和方法是否有助于文化建设，如语言、画面、图像、文字等表现要素是否健康、高雅，摒弃一切低俗的东西。同时也要看能否科学、合理地吸收、借鉴国外先进的创作方法和表现形式。

9.4.2 广告社会效果测定的方法

（1）事前测定

事前测定一般在广告发布之前进行。主要是邀请专家、学者、消费者代表（意见领袖）等，从法规、道德、文化等方面，对即将推出的广告可能产生的社会影响做出预测评析，包括广告的诉求内容、表现手法、表达方式、语言、影响等，综合有关意见和建议，发现问题，及时修订改正。

（2）事后测定

事后测定在广告发布之后进行。可采用回函、访问、问卷调查等方法，及时收集整理广大消费者的意见反映，分析研究社会公众对广告的态度、看法等，据以了解广告的社会影响程度，为进一步的广告活动决策提供参考意见。

对广告的社会效果进行测定，也是关乎企业和产品形象在社会和消费者中确立何种印象、认识等的大事，应予以重视，绝不可认为是多此一举而轻视。

9.5 影响广告效果的因素分析

广告效果往往是一系列创造性的策略组合的结果。美国广告咨询专家克莱德 · 比德尔认为，广告主题定位、广告本身的传播效果及广告之外的营销因素是影响广告效果的三个因素。根据克莱德 · 比德尔的观点，并结合其他专家的观点，本节对影响广告效果的因素进行综述。

9.5.1 广告战略因素

广告战略是广告在宏观层面上对广告决策的把握，是经过周密的调查研究，从全局出发进行长远的、整体的谋划。英国著名的广告学家约翰 · 菲利普 · 琼斯曾这样比喻战略："战略就如同建立在游泳池上面的跳台，它应当牢固地建造在游泳池的深水池一端，这样才能为跳水运动员提供最佳的条件使其安全地进行体态优美的跳水运动。"科学的、创造性的广告战略是广告传播成功的关键，也是整个市场战略获得成功的关键。20 世纪 90 年代中后期曾经红极一时的央视标王大多如流星一样，很重要的一个原因在于这些企业的广告战略出了问题，缺乏对广告战略的研究，往往凭感觉或经验做决策。一些国际品牌如可口可乐、联合利华等，它们在中国市场上的广告战略方向明晰，如可口可乐在 2000 年春节期间打出了富有中国传统文化的广告形象——木偶阿福兄妹，广告通过阿福兄妹迎新年的场景，让人感受到真正的中国传统文化。

9.5.2 市场定位因素

市场定位的实质是使本企业与其他企业明显区分开来，并使顾客感觉和认知这种差别，从而在顾客心目中留下特殊的印象，广告传播活动就是以定位主题来强化顾客对产品的印象。由于现代市场上同类产品同质化严重，品牌差异性也在缩小，加之媒介的信息量暴增，使广告建立独特清晰的品牌形象日益困难，消费者往往更优先选择那些定位明确的品牌。

定位理论认为，消费者存在着“心智阶梯”的心智模式，消费者在购买某类别或某特性商品时，总有一个优先选择的品牌序列，而且一般情况下总是优先选购阶梯上层的品牌，澳大利亚广告学家马克斯·萨瑟兰称之为“议程排序”。因此，企业产品在进行市场推广前，首先应明确自己的定位，这是有效广告的基础。

9.5.3　广告媒介选择因素

广告媒介是广告信息传播的物质载体和中介，现代广告媒介呈现出多样化、碎片化趋势，受众分流明显，除了传统的四大传媒和网络之外，更多的户外媒介和流动媒介被开发出来。近年来，随着手机的日益普及以及 3G 时代的到来，手机已经成为新兴的一种广告媒介。在媒介单一的年代，广告主的选择余地较小，媒介决策也相对简单。随着媒介的多样化和受众的分流化，给广告主带来更多的选择，同时也使广告的媒介决策难度加大。各种媒介的特性及媒介组合策略，在前面关于广告媒介一章已详细分析，这里不再展开。

9.5.4　广告创意与表现因素

广告创意与表现直接影响广告的效果。现代广告的核心在于创意，其魅力也在于创意，根据广告宣传商品特性构思，创作融艺术品位与感人情节于一体的广告作品，是广告创意的基本任务。创意不仅直接决定了广告宣传活动的品位及由此形成的市场吸引力，而且间接影响着企业形象的塑造。美国著名的广告大师威廉·伯恩巴克称创意是广告的灵魂，他强调，广告创意要有“关联性、原创性、震撼性”，这样才能给人留下深刻的印象。大卫·奥格威则强调，好的创意应把消费者的注意力引向产品，甚至不引起受众注意就把产品卖掉了。因此，广告创意与表现的好坏，将直接影响广告效果。

9.5.5　整合传播因素

整合营销传播理论的提出者美国的营销学家唐·舒尔茨认为，在混乱复杂的市场环境中，对消费者、经销商或零售商发布整合性单一信息是关键，唯有经过通盘性的整合后才可能让信息一致地传达给目标对象，而运用整合传播可以提高广告的传播效果。

现代市场信息是海量的，加之受众分流，信息互扰的情况日益严重，企业要想仅仅通过单一的传播就能取得理想的效果是很困难的。因此，应该充分组合运用多种传播工具，如公共关系、事件营销、促销活动、CI、包装、新媒介等，进行最佳组合，发挥整体效应，使消费者在不同的场合、以不同的方式接触到同一主题内容的信息。例如，蒙牛曾在 2005 年通过湖南卫视的超级女声节目进行了整合营销传播活动，取得了非常好的效果。

本章小结

- 广告作品被广告受众接触，会产生各种各样直接的或间接的影响，带来相应的变化。这种影响和变化就是广告效果。
- 广告效果有狭义和广义之分。狭义的广告效果是指广告所获得的经济效益，即广告传播促进产品销售的增加程度，也就是广告带来的销售效果。广义的广告效果则是指广告活动目的的实现程度，广告信息在传播过程中所引起的直接或间接变化的总和，包括广告的经济效益、心理效益和社会效益等。广告效果根据不同的标准有多种分类。
- 广告效果的特性主要包括时间推移性、效果累积性、间接效果性、效果复合性、竞争性。
- 广告效果测定的意义：有利于加强广告目标管理；有利于筹划广告策略创新；有利于增强企业广告意识。
- 广告的经济效果是指广告活动促进产品或者劳务的销售，增加企业利润的程度。常见的经济效果测定方法包括历史比较法、区域比较法、促销法、广告费用比率法、广告效果比率法、广告效益法和弹性系数分析法等。
- 广告的传播效果是指广告传播活动在消费者心理上的反应程度，表现为对消费者的认知、态度和行为等方面的影响。测定广告传播效果主要包括广告本身传播效果、广告媒体组合和广告受众心理效果等方面的内容。不同媒体广告传播效果测定的方法各异。
- 广告的社会效果是指广告在社会道德、文化教育等方面的影响和作用。由于大众传媒的特性，广告信息的传播具有社会性。广告在为广告主企业带来效益的同时，也会对社会产生影响，与社会公众利益密切相连。广告社会效果测定的主要依据是广告的真实性、法规政策、伦理道德、文化艺术。广告社会效果测定的主要方法包括事前测定和事后测定。
- 影响广告效果的因素有很多方面，主要包括广告战略、市场定位、广告媒介选择、广告创意与表现及整合传播等。

专论9　Focus

奥运赛事转播广告效果评估报告

2012年的伦敦奥运会刚刚结束，在中央电视台奥运转播期间，许多企业都在中央电视台上进行了大量的广告投放。那么，这些企业的广告投放效果怎样呢？厦门大学“奥运广告效果跟踪研究课题组”通过奥运前后的大规模调查比较，发现投放企业有以下收获。

1．占领了消费者的心智

成熟的品牌，如可口可乐、耐克、中国移动、青岛啤酒等，往往已经占领了很多消费者的心智，要继续扩大范围，难度很大。但通过这次奥运广告，进一步提升了成熟品牌的认知度。调查显示，短短15天的广告投放，大量消费者通过中央电视台注意到了图9-1所示的这些品牌。

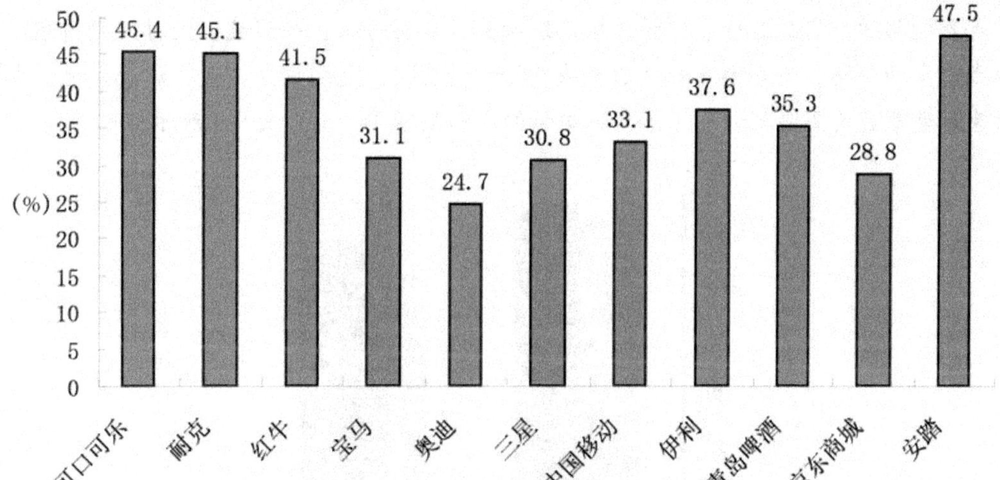

图9-1　奥运会期间通过央视荧屏看到品牌的消费者的比例

成长中的品牌，如京东商城、安踏等，与成熟品牌略有不同，它们投放广告的目的是要占有更多消费者的心智。让更多的消费者知道它们（提高再认率），让更多的消费者在提到产品类别时，会想起它们（提高提及率），甚至会率先想到它们（第一提及率）。调查结果显示，相对年轻的品牌京东商城，再认率和提及率均有显著提高；安踏由于再认率已经很高了，所以奥运央视投放提高的是提及率和第一提及率，如图9-2所示。

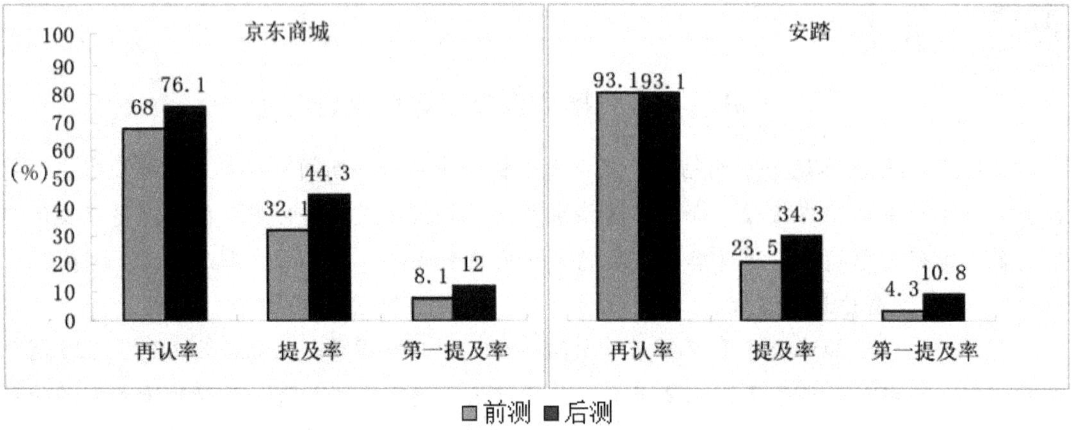

图 9-2　奥运前后品牌再认率、提及率及第一提及率的变化

2．影响了消费者的购买意向

成熟的品牌，消费者对它们的印象已经确立，购买习惯已经形成，短时间之内难以改变。成长中的品牌，消费者随着自己对品牌认识的变化，也会发生转变。调查发现，奥运会后表示未来会购买安踏和在京东商城购物的人明显增多了，如图 9-3 所示。

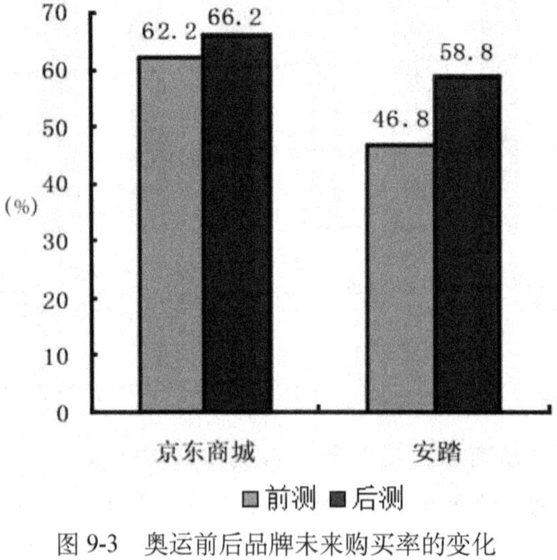

图 9-3　奥运前后品牌未来购买率的变化

3．改变了消费者的行为习惯

调查结果显示，京东商城和安踏在奥运前后，消费者的购买率和使用率均有非常明显地提高，说明奥运期间品牌的营销传播活动，促进了品牌的销售；调查还发现，京东商城

和安踏的忠诚度有大幅度地提高，如图 9-4 所示。这一结果预示，品牌未来的销售也将受到此次奥运期间广告营销活动的影响，销售前景看好。

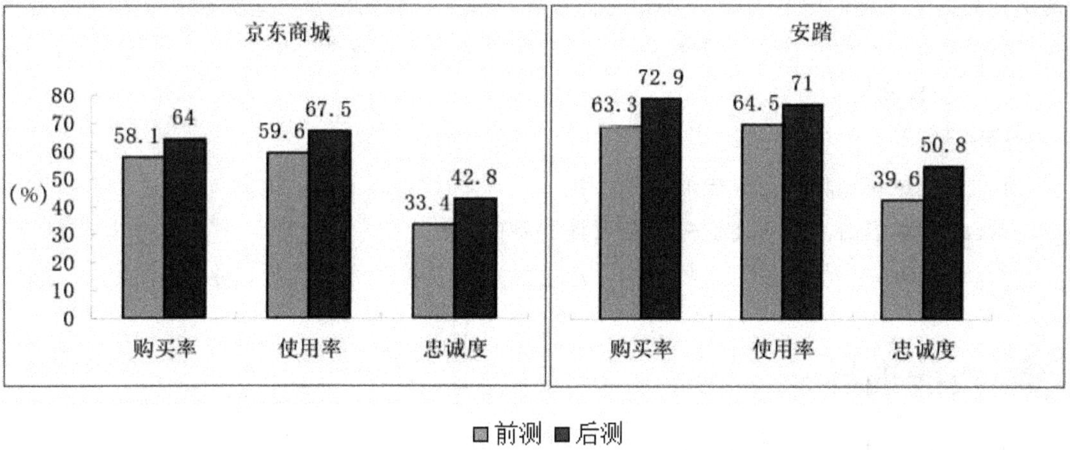

图 9-4　奥运前后品牌购买率、使用率及忠诚度的变化

（资料来源：厦门大学品牌与广告研究所 黄合水）

问题理解

1．简述广告效果测定的意义。
2．常见的广告经济效果测定的方法有哪些？
3．常见的广告传播效果测定的方法有哪些？
4．简述广告受众心理效果测定的具体内容。
5．如何理解广告的社会效果？
6．影响广告效果的因素有哪些？
7．阅读专论 9，请思考奥运会的广告传播价值。

案例分析

曾经一段时间，脑白金的名称可以说家喻户晓，无论是报纸还是电视，脑白金成了一个出现频率比较高的名称。“今年过年不收礼，收礼只收脑白金。”脑白金投放市场之初，以高频度的电视广告、大幅度的报纸广告（尤其是软文），加大各种户外、车载广告等的投放，取得了良好的市场销售效果，曾在2001年1月就创下了单品单月销量2亿多元的佳绩，突破了中国保健品行业单品单月的销售记录。虽然脑白金取得了不俗的市场销售业绩，但是脑白金高频度的广告投放，尤其是电视广告，加上广告创意表现的欠缺，干扰了社会大众正常的生活，而遭受到了公众的普遍批评。脑白金曾经被评为2002年度“十大恶俗广告”之一，并位列首位。

思考题：

1．分析和评价脑白金广告的效果。

2．结合本案例，请阐述优秀广告应该具备的条件。

3．如何解决广告业界因立场不同而产生的广告效果评价角度的差异性？

技能训练

1．实训主题：广告效果测定

2．实训内容：选择一组商业广告，对广告的传播效果进行测定。

3．实训步骤：教师选择一组同类产品的平面广告，采用直接反应法测定广告传播效果。

第10章

广告组织与经营

引导案例

自1935年8月5日李奥贝纳公司开张之日起，苹果就已经被李奥贝纳公司用来表示对来访者的欢迎。那时正值美国经济大萧条最严峻的日子，而特别乐观主义者李奥·贝纳和他的8个伙伴第一次打开了他们新组织的广告代理商的大门。

为使这个地方增添亮色，接待员陈列了一篮苹果，当话题开始围绕芝加哥的时候，李奥·贝纳就把苹果送给他的来访者。有一栏新闻曾这样批评过："李奥·贝纳从把苹果送掉转为开始卖苹果已为时不远。"公平地说，除了李奥·贝纳和他的追随者之外，该栏目只是反映了当时人们显而易见的想法：在经济萧条时期开广告公司是最为愚蠢的事情。但是这些反对者们不能理解李奥·贝纳的倾向和逻辑，"当你陷入经济谷底的时候，唯一走出的办法就是向上。"李奥·贝纳是正确的。

从那个时候开始到今天，李奥贝纳公司能够同世界上任何一家最大的广告公司抗衡，这些苹果依然每天放在公司的办公桌上，公司依然把它们提供给每位来访者和雇员。在最近的10年，芝加哥总部就送出200多万个苹果，每个工作日需送出1000多个，李奥·贝纳在全世界的办公室也遵循了这一仪式。

➲ **辩证性思考**：李奥贝纳广告公司"苹果"的文化内涵。

本章学习目标

- 掌握广告组织的特点和种类；
- 掌握广告代理制的含义及其历史演变；
- 了解广告公司的组织结构和经营管理；
- 了解当前我国广告业的发展状况；
- 了解著名广告公司的运作情况。

关键术语

广告组织　广告代理制　综合性广告公司　专业性广告公司

10.1　广告组织

10.1.1　广告组织的概念和特点

所谓广告组织，是指以一定的宗旨和系统建立起来的，从事广告活动的集体。在广告市场中，广告公司及媒介是两个关键的广告组织。广告公司在整个广告活动运作当中担负着桥梁的作用，广告信息向广大受众发布需要通过媒介来完成。因此，了解广告组织要分别了解这两类广告产业组织。作为从事广告活动的集体，广告组织有以下 3 个特点。

1．广告组织是广告活动的主体

在现代广告活动中，离不开广告组织的作用，广告组织依靠自身的运作机制，使得广告活动更加有计划、有目的、有效果地开展。这些广告组织的存在和运作进一步提高了广告活动的水平和效果，这是广告活动中的人的因素，因而作为主体为广告业的发展起到了决定性的作用。

2．广告组织是广告人的集合

现代广告业作为知识密集、人才密集和技术密集的产业，关键在于有素质、优良的广告从业人员，而广告组织正是这些广告人发挥自己才能的集体。但是，对于一个良好的广告组织而言，最主要的问题不在于人员的多少，而在于其赖以存在和运转的机制。

3. 广告组织体现了不同职能的广告人员分工协作的关系

现代广告运作日益专业化和精细化，这势必要求广告组织内部进行专业化分工。但是，分工并不意味着不同职能部门只要做好本职工作就可以了，广告活动是整体性很强的活动，每个环节都是紧密相连、缺一不可的。如广告公司里的设计人员，如果不领会广告活动的意图，即使设计水平再好，也不能完成满足广告活动需要的广告作品。

10.1.2　广告组织的分类

广告组织的种类很多，通常分为 4 种：企业广告组织、媒介广告组织、专业广告组织和广告行业组织。

1. 企业广告组织

企业广告组织是企业中专门负责和从事广告活动的部门，它与企业的其他职能部门共同构成企业的组织系统。企业广告组织的具体设置常视企业本身的情况而定，有的直接设“广告部”或“企划部”，有的则将其归入“营销部”。一般来说，企业广告组织有以下职能。

（1）参与企业的营销决策

广告作为营销的重要组成部分，广告部门常常参与企业的整体营销计划的制定，并提出广告方面的思路。

（2）做出广告决策

这是企业广告组织的核心职能。通过对市场调研得来的信息，经分析作为广告部门做出广告决策的依据，然后根据企业的营销计划，决定广告的总体策略和方法。

（3）监督广告计划的实施

企业广告组织通常不直接参与广告运动的策划、创意和执行，这些是委托给专门的广告公司进行的，企业广告组织负责对整个广告运动实施监督，以了解广告计划的实施情况，并根据新的情况提出新的要求。

（4）协调与广告公司及媒介的关系

企业广告组织的一个重要职能就是协调。除监督广告计划实施外，还要就企业广告活动中涉及的其他问题，与广告公司及媒介进行协调，以便使广告运动顺利开展。

（5）对广告效果进行评估

广告计划实施后，企业广告组织还要对广告效果进行评估，看是否达到了预定的目的。这种评估可以与广告公司的效果对照进行，以获得更为准确的数据。

2．媒介广告组织

媒介广告组织是指具有广告发布权利的大众媒介或其他广告媒介内部设置的专门负责处理广告发布事宜的职能部门。媒介广告组织一般以“广告部”或“客户部”的形式与客户开展业务关系。其主要职能包括以下几项。

（1）承揽广告业务

这是媒介广告组织的首要职能。广告部要制定广告收费标准，尤其是在媒介之间竞争比较激烈的时候，此项职能就显得极其重要。

（2）发布广告

按照和广告公司或广告主签订的广告发布合同，将客户提供的广告及时、准确地发布。

（3）审查广告的合法性

媒介是审查广告内容的一个主要部门。我国《广告法》第二十七条规定：“广告发布者依据法律、行政法规查验有关证明文件，核实广告内容。对内容不实或者证明文件不全的广告，广告经营者不得提供设计、制作、代理服务，广告发布者不得发布。”

（4）调查媒介的覆盖率和收视率

媒介广告组织应对本媒介的发行量、收视率和覆盖率等基本数据进行准确的调查，并提供给客户，作为制定媒介策略的参考。

（5）协调广告公司或广告主之间的关系

对于广告公司和广告主，媒介广告组织还须就有关问题进行协调和处理。

3．专业广告组织

专业广告组织是指专门经营和从事广告业务的企业，即通常所说的广告公司。与企业广告组织和媒介广告组织不同，专业广告组织是以广告为唯一的经营内容的。其作用表现为以下两个方面。

（1）全面代理广告业务

这是现代广告业的一个主要特点。现代广告业是以“广告主—广告公司—媒介”模式开展广告活动的。广告公司凭借专门的广告策划创意和制作能力，在广告主和媒介之间起着桥梁和纽带的作用，代理广告主和媒介的广告业务。

（2）对广告活动进行整体策划和实施

广告公司之所以成为广告活动中的一个重要环节，就是由于广告公司有专业能力强和经验丰富的广告人才，能够胜任对广告活动的整体策划并付诸实施。这是企业广告组织和媒介广告组织不能胜任的。

专业广告公司通常按其功能可分为综合性广告公司和专业性广告公司。综合性广告公司能全面代理广告业务，而专业性广告公司往往局限于某一工作环节，如专业调研公司、广告策划公司、媒介代理公司、广告设计制作公司等。具体内容在后面章节详细分析。

4．广告行业组织

广告行业组织是指由广告从业组织按一定方式自愿联合起来，为一定的宗旨而活动的广告组织形式。可以说，广告行业组织是广告组织的组织。广告行业组织的目的和宗旨一般都是为了协调行业内的组织之间的关系，维护行业的共同利益，促进本行业的发展。

广告行业组织的类型通常有以下两种。

（1）综合性的行业组织

综合性的行业组织是指从事广告业的各种不同类型组织共同组成的综合性组织，其中包括广告主组织、媒介组织、媒介组织和广告公司，已有广告研究机构等。这类组织如中国广告协会、国际广告协会等，都是各广告组织综合构成，宗旨是促进整个广告业的健康发展。

（2）单一性的行业组织

单一性的行业组织是指专门从事某一类广告活动的广告组织共同组成的行业组织。这类行业组织包括广告主行业组织、媒介行业组织、广告代理行业组织和广告研究机构行业组织等。如美国就有广告主协会、广告代理协会等单一性的行业组织。

相关链接

中国 4A

“中国 4A”的英文名称为：The Association of Accredited Advertising Agencies of China，即“综合代理专业委员会”。中国 4A 是由中国的高端综合性广告公司组成，包括国有、民营、合资及外资等企业组成的自律性、非营利性组织。

中国 4A 最初由原国家工商总局广告监管司司长刘保孚和奥美整合营销传播集团大中华区董事长宋秩铭先生担任顾问。奥美整合营销传播集团中国区副董事长庄淑芬女士担任理事长，以及奥美、广东省广、智威汤逊等 26 家会员单位的代表担任理事。中国 4A 组建有 9 个工作小组，分别在公共关系、媒体、同业、广告主、社团、协力厂商、法规、创意奖和培训方面开展一系列有益于广告业发展的工作。

此外，中国 4A 将协助业界妥善运用所有可能资源与网络，改善上下游作业环境，并吸引更多优秀人才。中国 4A 发行《中国 4A 最佳广告主手册》和《中国 4A 标准作业手册》，向广告主及社会各界宣传4A的专业性、规范性、权威性和国际性，促进广告主深入认识广告代理商的价值，使广告主尊重广告代理商为平等的事业合作伙伴。

国家和地区经济的快速发展通常会拉动广告行业的发展，中国亦是如此。众所周知，中国经济正在经历前所未有的飞速发展。激烈的市场竞争加强了企业对品牌建设的认识。这一切为中国广告业的崛起提供了良好的市场环境。然而，面对日益兴盛的广告业，如何制定业内的操作规范，统一业内的行为标准就成了保持该行业健康发展不可忽视的问题。中国4A正是在这种环境下应运而生的。

（资料来源：《广州日报》）

10.2 广告代理制

10.2.1 广告代理制的含义及意义

1. 广告代理制的含义

广告代理制是国际上通行的广告经营机制，即由广告主委托广告公司实施广告传播计划，媒体通过广告公司承揽广告业务。在广告活动中，广告公司处于中介位置，为广告客户和媒体提供双向服务，发挥主导作用。广告代理制是广告业务发展到一定阶段的产物，它是衡量一个国家的广告业成熟与否的主要标准之一。在广告业比较发达的国家和地区，广告业都已步入了广告代理制阶段。广告主的广告业务一般由广告公司全面代理，媒体只与广告公司打交道，除分类广告外，不直接承揽广告业务。

2. 实行广告代理制的意义

实行广告代理制是为了适应广告业专业化分工发展的需要。市场经济越发达，与之相适应的广告业的专业化分工就会越来越细，正是这种分工促进了广告专业水平的提高。所以，其最大的优势就是体现了广告业内部合理分工，促使各司其职，互相合作，共同发展。实行广告代理制的意义主要体现在以下3个方面。

（1）帮助企业科学合理地使用广告经费

实行广告代理制能消除企业广告活动缺乏整体计划、效益不佳的种种弊端，帮助企业科学合理地使用有限的广告经费，取得较好的广告效果。

商品经济的飞速发展使企业间的竞争越来越激烈。为了提高竞争能力，企业必须加大市场营销的力度，开展包括以广告传播为主的信息交流活动。而要做到这一点，仅仅依靠企业自身的力量是难以胜任的。如果将全部广告业务委托给一家或数家有能力的广告代理公司，为其提供专门的广告策划和市场营销服务，企业只需审核和监督广告策略和预算。这样，企业可以把主要精力投入产品开发和技术革新上，能够保证把广告费投放到最好的方面，避免失控和流失。

(2) 有利于媒体合理有效地发挥资源优势

实行广告代理制能促进媒体全面提供信息服务，合理有效地发挥资源优势，促进传播业的繁荣和发展。

媒体的主要功能是向社会大众提供各种真实有效的信息服务，同时通过广告信息服务等获取补偿和充实进一步发展的资金。但只有获得一定数量和质量的受众，才能得到理想的广告资源。媒体信息服务的优势在于新闻、娱乐等方面的内容，只有发挥这方面的优势，才能拥有受众。如果把主要精力放在广告经营上，一方面业务上不占优势，另一方面势必会分散有限资源，忽略或减弱对受众关注的主体信息的服务，使受众丧失对媒体的兴趣，最终广告经营也难以维持。实行广告代理制，媒体的时间或版面由广告公司来购买推销，使媒体的主要精力可以集中在提高主体信息服务的质量上，而在广告时间或版面方面的经营，可由广告专业公司承担，这样就减少了许多后顾之忧。从媒体发展的全局看，也促使媒体竞争优胜劣汰，优化整体传播环境，使媒体得到良性发展。

(3) 突出专业广告公司的主导作用

实行广告代理制能突出专业广告公司在广告活动中的主导作用，使其能超越不同媒体所具有的功能，向客户提供全面的优质服务。

广告公司由于具有长期积累的经验和知识，专业优势是明显的，任何一家媒体都不可与之比拟。媒体虽然有版面或时间，但媒体的优势更多的是报道新闻、提供娱乐、进行教育等内容的信息服务。只有专业广告公司才能为广告客户提供最好的专业服务，尽可能地满足企业的愿望，实现理想的广告传播效果。同时，由于广告代理制能使广告专业组织的业务得到保证，就能确保行业发展的资金到位，能吸引优秀人才加入广告行业，从而使广告业能够得到持续发展。

10.2.2 广告代理制的历史演变

广告代理制度是伴随着广告经营活动规模的扩大和专业化分工而自然形成的制度安排，在 19 世纪初期就已出现。当时广告媒体主要是大众化的报刊，一些报人或与报业有关的人士为了替报刊招揽广告生意，逐渐形成从事代理业务的专业化公司，广告公司便以“版面推销商”或“版面掮客”的形式应运而生。这些公司当时的主要代理业务就是从报社以

“批发价格”大量购买广告版面，然后再将其分割，高价零售给广告主，以买卖差价获取佣金收入。这样，既为报社确保了广告生意，又为广告主提供了方便，节省了交易费用。

从 17 世纪初出现代理业务开始，广告代理业的作用和职能在不断发展变化。如何划分其变化过程、内容和时期，各个广告学研究者看法不一，我国不少教材中都以台湾广告学者樊志育提出的 4 个阶段来阐述广告代理业的演变；但也有以服务的对象和内容为线索的，大体上将其确定为 4 个时期。

1．为媒体服务时期

大约从 17 世纪初出现广告代理业到 1914 年美国报刊发行核查制度的确立。这一时期，广告代理业基本上是为媒体服务，主要业务活动是为媒体拉广告，出售报纸的版面。广告代理业经历了从媒体中分离到逐渐独立的机构上的变化，从为一家媒体服务到为多家媒体服务、从推销版面到经营批发版面的业务上的转变，扮演的是“媒体掮客”的角色。

2．为广告主服务时期

该时期约从 1914 年到 1960 年。1914 年，美国开始施行 ABC 制度，对报刊发行量进行核查。随着报刊发行量的公开化，报刊更加重视信息服务的质量，以此争取更多的客户。广告代理业原先专门为媒体推销版面，主要在媒体的价格上展开竞争，到了这一时期也不得不相应调整经营方式，转变为在提高为广告客户服务的质量上进行竞争，从而争取更多的业务。比如为广告客户制定广告传播计划、设计制作广告作品、从事有关广告商品的市场调查及开展其他的服务项目等。广告界实行的“一种行业由一个公司代理”和“一种商品由一个公司代理”的制度就是在这一时期形成的，这一制度是从保护广告主的利益出发，树立为广告主服务的观念。

3．全面服务时期

广告代理业在这之前的业务活动，或者为媒体服务，或者为广告主服务，都是不全面的，故也称为半服务时期。从 20 世纪 60 年代以后，企业竞争和广告竞争都更加激烈，广告业的功能必须随之转变。这一时期，以美国的马奇 · 思利科松广告公司总经理在 1960 年提出“广告代理业向市场营销业过渡”的构想为起点，大约延伸至 20 世纪 90 年代中期。广告的信息传播功能在市场营销活动中更加受到重视，广告代理业逐渐成为能够提供多种服务的综合性机构。1976 年，国际商业会议组织曾对广告业所承担的新职能做了比较全面的概括：一般来说，大型的广告公司要能够配合广告主进行市场营销活动；要能与媒体保持良好的、密切的关系，保证信息传播渠道的畅通；要有策划广告活动的能力，能够提出有力度的创意；要具备综合制作广告作品的能力。围绕上述 4 个方面，要能开展市场调查，收集和分析有关市场、流通、商品等多方面的信息，制定广告战略，确定广告媒体策略，设计制作广告作品及进行促销活动、公共关系活动等多种业务活动，能够为广告客户提供全面服务。到 20 世纪 90 年代，广告业一方面由专业性服务向为企业市场营销战略进行综合性服务扩展，不仅仅做广告，而且参与制定产品开发、销售和流通战略，帮助筹划大型文化活动及公共关系活动等；另一方面拓展服务范围，用广告传播的手段和方法，为公共部门、政府机关等机构的活动（如政策宣传、选举）提供服务。广告代理业的强化信息传递和诱导影响受众态度改变的功能，更加受到重视。

4．整合传播时期

1990 年，美国的罗伯特 · 劳特朋在《广告时代》上发表文章，提出以消费者为中心的新的 4C 市场营销观念。因菲利普 · 科特勒在《市场营销管理》1994 年版中予以引用，而得以广泛流传和应用，广告活动由此进入信息传播代理业时期，重在进行整合传播，广告公司逐步向信息交流公司过渡。如美国不少大型广告公司面对新的竞争压力，更加重视和发挥广告信息沟通的作用，并与其他信息传播手段进行整合。日本电通公司近些年来提出综合信息服务的经营理念，为广告主提供全方位的信息交流服务。这些都预示着广告代理业一个新的时代的到来。

10.2.3 广告代理制的类型及特点

1．国际广告代理制度的两大类型

国际上比较流行的广告代理制度，可分为两大类型：西方模式，以美国为代表，实行商品细分的广告代理制；东方模式，以日本为代表，实行媒体细分的广告代理制。

商品细分的广告代理制度，又称“一商品一客户”的广告代理制度，系指广告代理公司在同一种竞争性商品中只接受一个客户，对客户所委托的商品广告营销传播业务全权负责。这样，某一家公司生产几十种产品，为该公司提供服务的广告代理商就有好多家。每家广告代理商以同自己原有的客户不冲突的商品去接受广告代理，而且对所负责的商品不仅提供广告制作与宣传，还要参与商品规划与计划、流通、促销、市场调查等全盘性的广告服务。

而日本的广告代理商，过去主要是以承揽与推销媒体为主，通常是数家广告代理商对同一客户提供的服务是以媒体细分来分担。例如，按报纸类别分，《朝日新闻》、《读卖新闻》属于甲代理商，《每日新闻》、《产经新闻》属于乙代理商；以电视台分，X 电视台系列属于

丙代理商，Y 电视台系列属于丁代理商。这样，以媒体为中心，某一客户或某商品有好几家广告代理商分别提供不同媒体广告服务。广告代理商最关心的是属于自己掌握的媒体如何才能被广告客户大量地采用，而对于全盘性的市场营销服务自然不大关心。

2．商品细分广告代理制度的特点

商品细分广告代理制度与日本媒体细分制比较，其最大优势是广告客户、广告代理商与媒体三者共存共荣。同时，它还具有以下特点。

- 广告代理商不能同时接受两家相互竞争商品的客户，这样也有利于保守商业秘密；广告代理商所拥有的客户相互间不冲突，因此可借用彼此经验对客户提供全过程的一致性服务，将最好的创意提供给唯一的商品客户。
- 广告代理商在确定广告市场营销策略时，会与广告客户站在同一立场上考虑问题。如果广告代理商的服务不能令客户满意，广告客户可解除契约，寻找新的广告代理商；广告代理商为了不被解除契约，一定会全力为广告产品开展各项广告促销活动，以提高广告效果和效益。
- 广告代理商与广告客户的关系依契约而存在，从而使广告代理商之间因相互竞争的激励机制而提高广告服务质量；广告代理商因自己负责的商品销售增加而获得更多的利益，广告客户也会因其服务良好而扩大其商品代理的范围。

可见，商品细分广告代理制度是较为有效、合理并符合国际惯例的做法。

10.2.4　广告代理费的收取方式

随着广告市场和广告产业的不断变化，广告代理制处于动态的发展过程中。首先，广告代理制本身在不断变化和调整，这种变化和调整主要体现在广告代理费的收取方式上。由于广告主的广告预算不断加大，而广告代理公司的成本并不会随广告预算费用相应增加。因此，如果按照 15%的比例收取佣金，则对于广告主来讲就非常不合理。而且，一些广告代理公司为了获取更高的媒体佣金，有可能鼓励广告主增加媒体刊播费用，或者建议广告主选择使用价位更高的广告资源。此外，广告公司为了追求更高的媒体佣金，在与媒体进行价格谈判的时候会有所保留。在这种背景下，广告公司难以在媒介投放和效果评定方面获得广告主的信任，广告主也难免会对广告公司收取代理费用的方式提出质疑。因此，广告代理费用的收取方式不断发生着改变。目前广告代理费有以下几种收取形式。

1．佣金制

佣金制是广告代理中最早形成和确立的一种收费方式。1917 年美国广告业将佣金比率确定为 15%，后成为国际通行的一种收费制度。

2．协商佣金制

协商佣金制是以 15%为标准的固定佣金比率，使广告公司有了一定的收入保障，但有时对广告主不利。20 世纪 60 年代，在美国广告界出现协商佣金制，它是建立在广告主与广告公司协商基础上的。1960 年，奥美公司当时的总裁大卫·奥格威为壳牌提供广告服务时抛弃了收取 15%佣金的办法，采取“成本加成”的“实费制”方法，每年通过协商收取费用。

3．实费制

所谓实费制就是不采取一定比率来支付代理佣金，而是采取按实际的成本支出与实际的劳务支出来支付整个广告代理费用的方式。实费制与协商佣金制几乎同时兴起，由奥格威率先实行。虽然实费制的确可以避免佣金制的许多缺点与不足，但实际操作相当麻烦，工时记录更是要凭良心，因此不受广告界的欢迎。

4．效益分配制

在以往的广告代理中，广告公司只向广告主要求代理权利，一般不承担实际的代理责任。效益分配制将代理的权利和责任联系在一起，要求广告公司承担代理的销售风险。广告公司从广告主实际产生的销售中分配一定的利润，如果不能产生实际的销售，则不能取得相应的利润。

5．议定收费制

根据具体的广告个案，对代理的时间成本和外付成本做事先预估，在预估的基础上，广告主和广告公司共同议定一个包括代理酬劳在内的总金额，一并交付广告公司，在运作过程中，或盈利或亏损，广告主不再过问。

相关链接

零代理

所谓零代理，就是广告公司将从媒体得到的佣金，即代理费（通常是媒体投放费用的 15%）再返给广告客户。我国的《广告法》第 29 条规定：“广告收费应当合理、公开，收费标准和收费办法应当向物价局和工商行政管理部门备案。”零代理明显是与《广告法》的有关规定相违背的。有人认为，这是对中国广告法的践踏。然而多年以来，已经很少有公司按规定的 10%或 15%来收取服务费，大多徘徊在 2%～8%。零代理的出现只是大家发动价格战的一种极端形式而已。而导致广告公司零代理甚至负代理出现的原因，不外乎以下几方面：首先，媒体间为了竞争而竞相压价，致使媒体价格的折扣在某些电视台可以低至1到2折，那些实施零代理或负代理的广告公司，表面上看起来在做赔钱买卖，其实由于媒体价格的巨大弹性，他们仍有足够的空间可以获利，并非真正的零代理；其次，零代理是由部分广告公司所发起的恶性竞争而引起的，对于一些实力雄厚的大公司来说，它们可以利用资金实力用零代理的方式将竞争对手挤垮，这是一种非法的“以本伤人”的竞争方式；最后，一些广告客户的不成熟也是导致零代理产生的原因之一。许多广告客户只看广告公司最后在媒体所拿到的价格，而不去看公司的综合实力和服务，不会用专业的眼光去判断一家广告公司的专业性和价值。零代理给整个广告业会带来巨大的危害，具体表现在以下三方面：首先，零代理将导致整个广告业的服务水平下降；其次，零代理严重地损害了国内广告行业的形象；最后，中国广告业出现的零代理是同业间的相互残杀，将进一步拉大本土广告公司与跨国广告公司之间差距。

（资料来源：寇非. 广告中国[M]. 北京：中国工商出版社，2003.）

10.3 广告公司经营管理

10.3.1 现代广告经营的基本组织形式

所谓广告公司，是指专门经营广告业务活动的企业，实际上是广告代理商（Advertising Agency）的俗称。广告公司可大致分为综合性与专业性两大类。

1. 综合性广告公司

综合性广告公司是可以向广告主提供全面广告代理服务的广告经营企业，是广告代理制的典型组织形式。它接受广告主委托，提供广告调查、策划、创作、传播等各种服务。

综合性广告公司一般规模较大，在广告业中虽然数量不多，但经营额比重较大，其经营规模和专业水平是反映一个国家广告业发展水平的重要标志。

近年来广告业发展趋势显示，中国广告业明显趋于集中，多数大广告公司广告经营额增长率高于同期全国广告经营额增长率，绝大多数大广告公司上缴利税及税后纯利都大幅度增长；媒介代理业务在广告公司经营中举足轻重，绝大多数大广告公司媒介代理额占经营额的绝大份额，但大多数中小型广告公司的利润则相对较低。如何提高人员素质，成为中国大广告公司最迫切、最根本的问题；如何进行经营理念创新，以适应加入 WTO 后面临的市场挑战，是大广告公司的当务之急。

相关链接

奥美（Ogilvy）是世界上最大的市场传播机构之一，由被誉为“广告学之父”的大卫·奥格威创建于 1948 年，奥美隶属于 WPP 集团，是世界上最大的传播集团之一。奥美的全球性政策称为“奥美交响乐团”，它的国际集团集广告、直效行销、促销、市场调研、销售规划、公共关系和视觉设计等多种经营于一身。今天，奥美已经从两个员工成长到跻身全球 8 大广告事业集团之一，有 359 个分支机构分布在 100 个国家和地区。过去的 50 年里，奥美与众多全球知名品牌并肩作战，创造了无数市场奇迹，它们包括美国运通（American Express）、西尔斯（Sears）、福特（Ford）、壳牌（Shell）、芭比（Barbie）、旁氏（Pond's）、多芬（Dove）、麦斯威尔（Maxwell House）、IBM、柯达……

2．专业性广告公司

专业性广告公司是社会化分工的产物，主要从事某类广告业务或经营广告活动某部分业务。近年来，专业性广告公司从一些电子网络等高科技领域分化出来，一般有如下几类。

- 广告调查监测公司。主要提供有关广告信息数据收集和反馈方面的业务，包括市场信息调查、媒体信息咨询及广告效果监测等方面的信息服务。
- 广告策划公司。即专门为广告主进行广告及营销策划和咨询服务业务的专业性广告公司。一般来说，这类业务都是大型广告公司的主干业务，所以专营此项业务的公司一般不多。我国近年来这类咨询公司有转型期特征，主要是一些专家学者组成的小型学术组织和一些以卖“点子”为主的策划公司，鱼龙混杂，行业规范尚未形成。
- 专业媒体代理公司。专门从事各类媒体的代理业务。媒体自营广告业务会造成条块分割、垄断经营、恶性竞争，走代理经营之路是广告业发展的必然趋势。所以，这类专业性广告公司发展前景很好。
- 广告设计制作公司。主要从事广告作品的创意、设计、制作业务，开办这类公司的人员一般是影视行业的艺术创作和传播技术工作者，他们拥有较强的专业影视广告制作力量。

除此之外，还有一些由大公司或企业集团所属的广告公司。我国目前这类广告公司还不少，这是转型时期广告业发展的特殊组织形式。

10.3.2 广告公司的机构设置与职能划分

各广告公司的机构设置可以根据具体情况有所不同。一般来说，广告公司的职能部门大体有 3 个：客户部门、制作部门、媒体部门。

1. 客户部门

客户部门的主要职能是负责与广告主打交道，承揽客户广告委托的业务。具体地说有以下几项工作。

- 分析广告主商品和劳务的优劣及市场竞争关系。
- 确定广告主商品和劳务目前及潜在的目标市场，把握销售的可能地区、销售量、季节变动、市场竞争力。
- 提出广告主营销活动提案，与客户保持长期伙伴关系，提高广告促销作用。
- 保证广告账款及时收回，维护公司利益。
- 根据客户要求，随时与公司内部广告作业人员接触，促进广告经营者、广告制作人员及广告公司策划负责人之间的信息交流。

在西方，客户部门的工作人员一般被称做“AE”。AE 在业务方面一般须具备所谓 5A 素质和能力，即分析、接触、联系、进攻和计算。

2. 制作部门

制作部门承担广告创意、策划和制作业务。主要职能就是依照广告计划完成创意和制作方案，经客户审核同意后进行制作，包括拍片、配音、印刷或摄影等具体工作。主要工作内容包括以下几项。

- 组建创意小组，确定创意理念和文字形态，进行初步创意设计。
- 制定广告创作过程计划表，以保证广告在最终期限前按时刊登或播出。
- 进行广告作品制作，这是广告制作部门的主要工作。
- 审查广告作品，最后确定广告稿，送交媒体部门。

3. 媒体部门

媒体部门是从事有关电台、电视台、报社、杂志社等媒体节目或版面更新、策划广告对策及预算谈判等日常业务的职能部门。具体业务包括以下几项。

- 调查各种媒体的性质、特点、影响力、收视或订阅率及媒体发布费用等信息。
- 签订广告版面、时段等发布契约。
- 将广告信息通过既定程序传送给媒体发布。

- 检查媒体发布效果。
- 履行与广告经费有关的支付手续。

广告公司除三大职能部门以外，一般还要设置行政办公室，负责广告计划、人事、财务、审计、后勤、机要档案等日常管理事务。如图 10-1 所示为达彼思中国公司的组织结构。

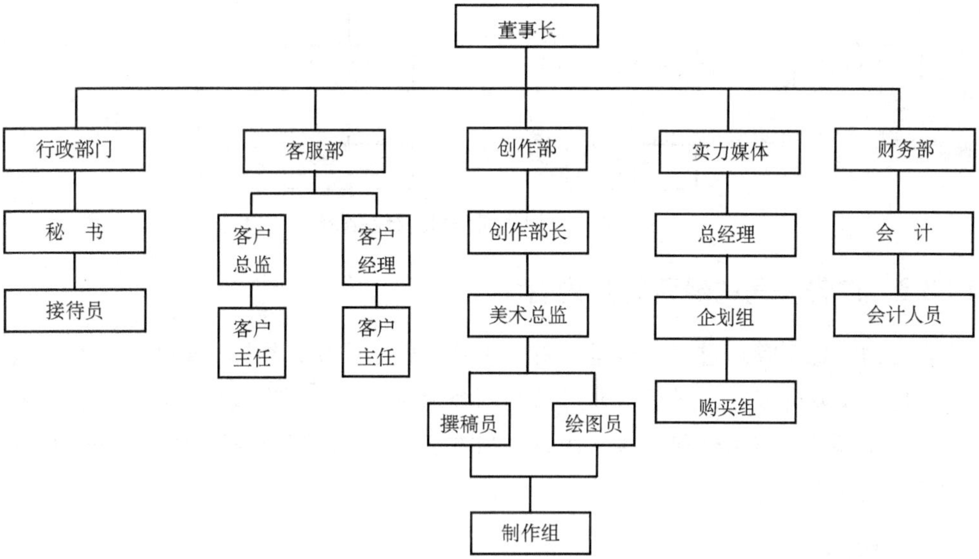

图 10-1 达彼思中国公司的组织结构

相关链接

小型广告代理公司的组织结构

在小型广告代理公司（美国的情况是每年账单在 1 000 万~1 500 万美元的公司），每个职员也许拥有多个头衔。公司的拥有者或总经理通常要监督目前的生意运作，包括客户服务和新的生意开拓。客户执行人员（AE）和客户主管要同客户保持日常接触。客户执行人员也许要做些创意工作并书写广告文案。而美术设计的任务也许会由代理公司的艺术指导制作或从一个独立的画室或自由职业的设计者中买过来。很多小型代理公司有一个制作和流程管理部门，或者一个全面负责完成这些工作的职员。这些公司也许拥有媒体购买者，但在非常小的代理公司里，客户执行也负责购买媒体时间和空间。图 10-2 为小型代理公司的组织结构图。

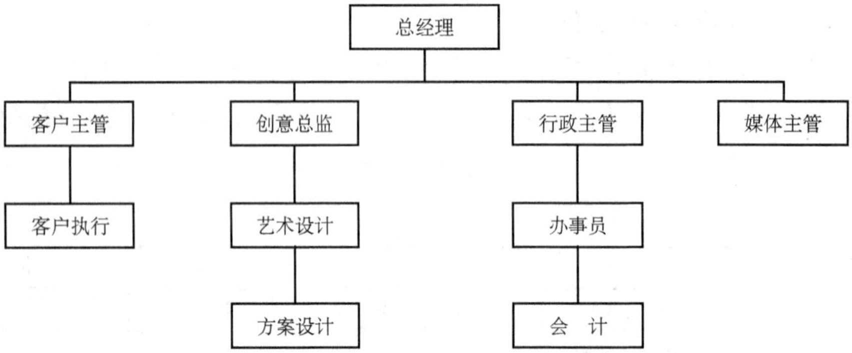

图 10-2　小型代理公司的组织结构

10.3.3　广告公司的经营管理内容

广告公司的经营管理过程一般是：首先接受广告主委托，经过广告策划、创作及实施环节，然后送交媒体发布，最后再通过市场调查和监测，把广告效果反馈给广告主和自身有关部门，以调整广告策略和改善工作方式和方法。具体的经营管理内容一般包括行政管理与业务管理两大部分。

1．行政管理

行政管理以广告计划为中心，围绕计划的制定、组织实施、控制、分工协调展开。计划部门负责长远发展计划、年度工作计划和经营计划的制定和控制工作，包括审计、机要、后勤、财务、人事等行政管理工作。

人事管理的主要职责是，根据业务需要从事录用、聘任、考核及晋级、奖惩等方面的管理事务。财务部门主要对公司财务运作状况实施全面管理，包括制定和监督广告预算，收取广告代理费，缴纳各种税收，核发职员工资，核算企业盈亏，对广告活动和行政性支出实施控制等。

2．业务管理

业务管理包括广告策划、媒体选择、广告制作、有关调查和市场服务业务、专项广告活动企划与执行等，具体包括以下几项内容。

- 了解广告主公司发展情况，广告商品或劳务的市场竞争地位及市场占有率和市场潜力，研究广告主整体营销网络和营销能力。

- 了解各种媒体的性能、特点、传播范围、费用高低、使用情况。
- 向广告主提供广告计划方案及建议。
- 具体组织实施广告计划，进行广告设计制作，选择和确定媒体发布合同，将制成的广告作品送交媒体公司，交付有关账款。
- 协助广告主进行有关营销活动，包括庆典、新闻发布、福利资助等公共活动。
- 其他经营项目，如包装设计、销售调查、人员培训等委托代理业务。

本章小结

- 广告组织是指以一定的宗旨和系统建立起来的，从事广告活动的集体。广告组织主要包括四类：企业广告组织、媒介广告组织、专业广告组织和广告行业组织。各广告组织的职能和作用各不相同。

  广告代理制是国际上通行的广告经营机制，即由广告客户委托广告公司实施广告传播计划，媒体通过广告公司承揽广告业务。
- 广告代理业主要经历了 4 个历史阶段：为媒体服务时期、为广告主服务时期、全面服务时期、整合传播时期。
- 国际上比较流行的广告代理制度可分为两大类型：西方模式，以美国为代表，实行商品细分的广告代理制；东方模式，以日本为代表，实行媒体细分的广告代理制。
- 所谓广告公司，是指专门经营广告业务活动的企业，实际上是广告代理商（Advertising Agency）的俗称。广告公司可大致分为综合性与专业性两大类。
- 综合性广告公司是可以向广告主提供全面广告代理服务的广告经营企业，是广告代理制的典型组织形式。专业性广告公司是社会化分工的产物，主要从事某类广告业务或经营广告活动某部分业务。
- 各广告公司的机构设置可以根据具体情况有所不同。一般地说，广告公司的职能部门大体有 3 个：客户部门、制作部门、媒体部门。
- 广告公司的经营管理过程一般是：首先接受广告主委托，经过广告策划、创作及实施环节，然后送交媒体发布，最后再通过市场调查和监测把广告效果反馈给广告主和自身有关部门，以调整广告策略和改善工作方式和方法。具体的经营管理内容一般包括行政管理与业务管理两大部分。

专论 10 Focus

中国广告产业的战略转型与产业升级

1．转型是中国广告产业实现可持续发展的战略必需

迅速实现广告产业升级是当前我国广告产业发展的核心话语，而实现广告代理业战略转型是广告产业升级的关键所在。目前，广告学界和业界关于广告产业升级的呼声愈加强烈。只有迅速实现广告产业升级，才能提升民族广告公司的竞争实力，有效抵御跨国广告集团在我国的强势扩张，保护中国的民族广告业，这已成为一种共识。然而，实现广告产业升级的路径究竟何在？我们认为，实现广告代理业的产业战略化转型是当前广告产业升级的关键所在。欧美广告业发达国家的广告代理业经历过两次重大转型，每次重大转型都极大推动广告产业的发展。而我国当前广告代理业则是在专业化转型还不是很充分的情况下，迫切需要实现产业战略转型，所以面临的困难和挑战更大。作为广告业后发展的中国，并不是要一味去模仿欧美模式，但其成功的发展路径却值得我国广告产业界借鉴。在中国广告产业融入全球广告市场的背景下，中国广告业只有顺应广告代理业发展的趋势，并结合自身特点，推动广告产业的战略化转型，才能真正实现广告产业的超常规发展，迅速改变目前高度分散与高度弱小的产业现状。

2．转型的核心和目标就是以广告产业为主导整合营销传播的相关领域

广告代理业战略转型的核心是要以广告产业整合企业营销传播服务的相关领域，在实现其业务重组与产业链重构的同时，真正为企业提供整合营销传播的代理服务。整合营销传播代理已经成为广告代理发展的必然趋势，目前各类专业营销传播机构都希望以自己为核心整合其他营销传播手段，从而掌控整合营销传播代理的主导权。事实上，随着市场环境和传播环境的变化，企业对广告公司的要求也随之改变，它们不仅要求广告公司为其提供广告业务，而且更希望广告公司为其提供整合营销传播服务或其中的某些服务，如营销咨询、市场调查、公关、终端促销、网络营销等，而这些领域的服务已经成为企业的迫切需要和广告公司新的赢利增长点。广告公司理应适时调整其经营战略，将其定位于为其企业提供广告服务和营销传播咨询的机构，根据企业的需要及时调整自己的主营业务，集中各方面力量，充分挖掘、发挥自身优势，实现主雇双方的效益最大化，夺回被其他专业公司抢占的市场，重建广告产业链并实现业务重组。

广告代理业战略化转型的目标就是要使广告代理公司成为企业的战略合作伙伴，这就要求广告代理公司必须转型为能够为企业提供包括战略咨询、市场调查、公共关系、终端促销、媒体购买、网络营销和事件营销等服务在内的综合型、整合型广告代理公司，从而真正参与企业的战略决策。可以说，广告产业目前正在经历的转型是更高层次的战略转型，它必将改变广告代理公司传统的代理地位（仅限于企业营销传播战略和策略建议及执行的服务角色），直接进入企业的决策层面，真正参与企业决策，进而提升整个广告产业的核心竞争力。

3．转型的实现途径是通过广告公司价值链的集聚与张大，提升产业核心竞争力

“价值链”的概念有助于我们对广告产业战略转型的理解。迈克尔·波特教授认为，每个企业都是用来进行设计、生产、营销、交货及对产品起辅助作用的各种活动的集合。所有这些活动的集合就构成了企业的价值链，包括基本活动（内部后勤、生产经营、外部后勤、市场营销、服务）、辅助活动（企业基础设施、人力资源管理、技术开发、采购）及在此基础上产生的利润。一个企业的价值链和它所从事的单个活动的方式反映了其历史、战略、推行战略的途径以及这些活动本身的根本经济利益。广告公司作为服务型企业，其价值链表现为广告公司为广告主提供广告或其他营销传播服务所开展的各项基本活动（如市场调研、策划创意、设计制作、媒体计划与购买、广告效果测定与广告战略调整及其他营销传播服务）和辅助活动（广告公司基础设施、人力资源管理、财务管理等）的集合，这些活动最终能为广告公司带来利润。

传统的广告公司价值链主要集中广告专业代理领域，很少涉及营销传播的其他方面，如促销、公关、网络营销等。然而，随着企业营销传播环境的改变，企业对整合营销传播代理需求的增长也促使广告公司必须转型，从而延长或加宽广告公司的价值链。但是，在广告公司的转型过程中，并不是所有的广告公司都需要转型或都有能力转型，这就需要广告公司对自身能力和组织结构进行评估。对于很多中小型广告公司而言，可以集聚价值链，在某些专门的领域发展自己的核心竞争力，成为大型综合型广告公司的下线公司，未尝不是一个明智的选择。而对于国内一些大型的外向型广告公司而言，则可以张大价值链，转型是一种必然的选择。

那么，一些大型的外向型广告公司是如何通过价值链的张大实现企业整合营销传播的代理的。跨国广告公司发展的轨迹为我国广告公司的发展提供了有益启示。广告公司的战略转型主要有以下三种途径：一是自身机体上增设营销传播职能部门，如果客户需要使用多种营销工具，就无须从外部寻找专业营销服务机构合作，可交由一家代理商统一完成，FCB Worldwide 公司就曾经在其全面服务型广告公司中增设了促销和直销部门；二是新组建或并购专业的营销传播公司。许多大型广告公司近年来都积极地收购其他类型的传播服务公司。例如，WPP集团在2002年大约进行了40次收购交易，涉及公关、咨询和医疗保健传播等领域，在进军新市场的同时以收购的方式来增强服务市场的业务能力。三是与其他专业营销传播公司建立战略联盟。广告公司执行媒体广告的工作，帮助客户制定总体战略，并决定采用哪些营销手段，而公共关系、直销和促销等活动则外包给联盟公司。整合工作由广告公司的客户团队承担，即协调各个专业代理机构以确认信息、形象和时间安排等是否得到有效的整合。广告公司到底采取上述何种方式，则视广告公司自身的实力和公司的总体战略目标而定。

但是，无论采取上述何种方式，实现整合营销传播的目标是关键，这就需要广告公司进行组织变革。组织变革可以在广告公司内部展开，如消除传统的层级制组织观念，以团队合作方式将各种“营销专才”编成“客户价值管理团队”。也可以整合集团内部其他公司的人力资源，组建营销传播团队。法国第一大广告传播集团哈瓦斯下属的两个公司就曾作过这方面的努力，哈瓦斯的广告公司“灵智大洋”就曾与市场服务机构“精实整合营销”，充分利用双方的优势，成立“品牌小组”，为客户提供度身定制的广告代理、市场调研、公关活动、品牌推广和营销渠道管理等系列服务。

（资料来源：廖秉宜.中国广告产业的战略转型与产业核心竞争力的提升[J]. 广告大观，2009(2): 41-47.）

问题理解

1．广告组织的特点有哪些？
2．广告组织主要有哪些类型？
3．各广告组织有哪些职能？
4．什么是广告代理制？其意义何在？
5．简述广告代理制的发展阶段。
6．以媒体细分和以商品细分的广告代理制的特点各有哪些？
7．广告代理公司的类型有哪些？
8．简述广告代理公司的机构设置与职能划分。
9．国际上通行的广告代理费的收取形式有哪些？
10．阅读专论10，研究中国广告产业战略转型及产业升级面临的问题及出路。

案例分析

企业价值观是企业精神的灵魂，一个企业的成功与否要看这个企业能否构筑起科学先进的价值体系，有了明确的价值体系才能使全体员工向一个方向前进。

盛世："只有客户成功，我们才可成功。"这是盛世广告一向奉行的经营宗旨，意味着公司着力发展与合作伙伴的长期合作关系。这种对客户关系的价值观，实际在许多方面影响着公司的管理和运营。比如，体现在公司的自身建设上，公司成立伊始，并没有将赚钱作为首要任务，相反是不断大量投资，培养人才资源和建设公司的硬件设备。最突出的就是不断将外国的优秀人才和管理经验引进，深入市场研究，与客户并肩作战，建立长期的合作关系。在选择客户的准则上，盛世长城认为，选择客户跟选择伴侣一样，因而非常慎重。盛世总是选择那些懂得欣赏优质服务，具有赢家头脑，重视广告公司参与，具有长远目光的客户而为之服务。

李奥·贝纳："新客户不能妨碍老客户。"很多人一直认为，李奥贝纳公司的客户有好几百个，理由很简单，因为它是广告界巨擘。其实不然，他们努力把客户数目维持在 35 个左右，不过他们的客户包括了牛肉协会、家乐氏、麦当劳、宝洁、锐跑、索尼、联合航空等大客户。李奥·贝纳的想法是，新业务的成长不能牺牲掉现有客户，因此新业务不得超越或阻碍公司与现有客户的关系。绿巨人自 1935 年，菲利浦摩里斯自 1954 年，奥斯摩比自 1934 年，斯达吉斯特自 1958 年以来，都一直与李奥贝纳广告公司合作。在广告界，客户经常动不动就换广告公司，李奥贝纳公司居然能维持如此长久的客户关系，这不能不说与公司的经营理念有关。

思考题：

1. 简述价值观对广告公司发展的影响。
2. 结合案例研究国内某广告公司的企业文化。

调查研究

一、实训项目一：对当地广告业的整体发展态势进行调查。

要求：由指导老师组织，将班级分成几组，分别对广告公司、广告主、广告媒介及政府相关部门和行业协会进行全方位的调研，设计调查问卷并实施调研。根据调研的数据，分别撰写专题报告，包括广告公司专题、广告主专题、广告媒介专题、广告行业管理专题。

二、实训项目二：请你针对本地一家知名度较高的广告公司的发展现状、组织架构和经营理念、人才要求等方面撰写一份调查报告。

第11章

广告管理

引导案例

柯诺克咒语

法国有个医生叫柯诺克，他来到一个叫圣莫希斯的山村，当地居民个个身强体壮，根本不必看医生。柯诺克来到这里开诊所只能被饿死。怎样才能吸引充满活力、精力旺盛的居民来诊所呢？柯诺克心生一计，决定拉拢村里的老师办几场演讲，向村民夸大宣传微生物的危险。他还买通村里通报消息的鼓手，公告民众，新医生是帮大家免费义诊的，义诊的目的是要“防止各种疾病大幅传播。我们这个一向健康的地区，近年来已遭到各种疾病的入侵。”于是，候诊室挤满了人。诊疗室里，没病没痛的村民被柯诺克诊断出了大病大症，还被再三叮嘱要来定期诊治。许多人从此卧病在床，最后整个村子简直成了一所大医院。于是村民看病的钱源源不断流入柯诺克的腰包。每到晚上，病房灯火通明，柯诺克兴奋不已：“健康的人都是病人，只是他们自己还不知道而已。”这就是“柯诺克咒语”。如今，这个故事还在延续着，只不过“柯诺克”已摇身变成了制药企业、医生和媒体广告商。

➲ **辩证性思考**：从“柯诺克咒语”现象思考广告管理的意义。

本章学习目标

- 理解广告管理的含义与意义；
- 了解广告管理的主体；
- 掌握广告法规管理的内容；
- 掌握广告行业自律的内容；
- 掌握广告社会监督管理的内容；
- 掌握广告伦理的相关内容。

关键术语

广告管理　广告行业自律　广告的社会监督　广告伦理

11.1 广告管理概述

11.1.1 广告管理的含义

广告管理分宏观管理和微观管理两个部分。宏观广告管理主要是指国家、社会等对广告活动进行指导、控制和监督。微观广告管理则是指广告业的经营管理。我们在讨论广告管理的含义时，一般指广告的宏观管理。

11.1.2 广告管理的意义

从社会的视角来看，如果放任广告活动根据自身利益最大化的行为逻辑发展，而不对其参与的主体（广告主、广告公司、广告媒体）加以制约，广告活动必然对社会产生消极甚至负面影响。所以，广告活动和其他经济活动一样，是一种受到一定约束、限制和控制的活动。在整个广告活动中，广告主、广告组织必须清楚与其有关的一些具体规定、行为规范、权利和义务。世界各国无论其经济体制、法律制度还是文化背景的差异，均对广告活动实施不同程度的管理与控制。重视广告管理具有以下4方面的意义。

1．保证广告业正常运行和健康发展

广告活动是一种广泛涉及社会经济生活和精神文明生活的市场行为。作为一种竞争手段和一种市场经营方式，其形式、内容、运作方式是否合法，对社会经济秩序有着直接的影响。健康有序的广告活动可以成为社会经济发展的润滑剂，而缺乏规范、混乱无序的广告活动则会扰乱市场秩序，危害社会经济生活。广告管理是国家发展广告业的方针、政策得以落实的具体措施和手段，只有通过广告管理和立法，才可能抑制各种消极现象和不利因素，排除障碍，推动广告业沿着健康的轨道运行。

2．保护消费者合法权益

广告宣传与消费者息息相关，这就要求广告必须真实地介绍商品或服务，不允许有欺骗、误导消费者的现象，不能为了牟取非法利益而损害消费者的利益。广告真实与否、合法与否、健康与否，对消费者利益有着直接的影响。广告管理就是要对广告传播行为进行监督，对广告活动主体的各方严格要求，使广告主、广告经营者和广告发布者在思想上、认识上能够重视发布违法广告的危害和后果，震慑和打击各种广告违法分子，从而保障消费者和用户的合法权益。这也是广告管理和广告立法的最终目的。

3．保护合法企业的权益

良好的社会经济秩序不仅是社会经济活动正常运行的前提，也是社会稳定和繁荣市场的基本保障。广告作为一种竞争手段，其形式与内容是否合法，对社会经济秩序有着直接的影响。广告管理就是依法管理广告市场，使工商企业和广告经营企业的合法经营得到保护。如果广告活动处于混乱无序状态，那就必然扰乱市场秩序，危害社会经济生活。而完善广告法规，通过行政、社会和行业等多方面加强广告管理，就能在保护企业的合法权益、抵制不正当经营、促进竞争、推动经济发展等方面起到积极作用。

4．正确引导消费

广告的信息传播发挥的作用是多方面的。不仅在经济领域产生影响，而且在社会文化领域起到日积月累、潜移默化的效果。这种传播效果，如果不引起注意，产生偏差，其后果是很严重的。因此，保证广告从形式到内容都能健康向上，也是推动我国社会主义精神文明建设的重要部分，需要重视和加强。

11.2 广告管理的主体

广告活动的社会管理主体要包括三大类：政府职能部门、广告行业组织和消费者组织。这些主体在广告活动的社会管理体系中具有不同的功能与作用。

11.2.1 政府职能部门

《中华人民共和国广告法》规定，县级以上工商行政管理部门是广告的管理机构。而其他政府部门只是不同程度参与了广告活动的管理。在我国，工商行政管理部门代表国家行使广告监督管理的职能，已形成了较为完善的广告监督管理机构体系。

在 1999 年以前，我国实行的是分级管理体制，地方政府与当地工商行政管理局是行政隶属关系，上级工商行政管理局对下级工商行政管理局是业务关系。随着市场经济体制的逐步建立，原有的分级体制制约了工商行政管理职能作用的发挥。自 1999 年以后，我国采取了省级以下工商行政管理机关垂直管理模式，即省、自治区、直辖市工商行政管理局为同级人民政府的工作部门，地市工商行政管理局为上一级工商行政管理局的直属机构。垂直管理模式的实行有利于工商行政管理机关排除地方保护主义的干扰，集中精力加大执法力度，强化对市场的管理。

虽然工商行政管理部门被确认为广告主管部门，但广告涉及社会生活的方方面面，因此，几乎所有的政府部门均直接或间接参与了广告行政管理。表 11-1 简单列举参与广告管理的部分政府管理部门及其主要职责。

表 11-1 参与广告管理的部分政府管理部门及其主要职责

政府管理部门	主要广告管理职责
国家工商行政管理总局	广告行政管理主管部门，负责广告的日常监管，独立或联合其他部门制定广告管理的部门规章
国家食品药品监督管理局	协同工商行政管理部门进行食品、药品、医疗器械等广告的监管，并会同工商行政管理部门制定食品、药品等广告管理的部门规章
卫生部	协同工商行政管理部门进行医疗卫生广告的监管，并会同工商行政管理部门制定医疗卫生广告管理的部门规章
广播电影电视总局	协同工商行政管理部门进行广播、电影、电视等广告的监管，并会同工商行政管理部门制定广播、电影、电视等广告管理的部门规章
住房和城乡建设部	协同工商行政管理部门进行户外广告的监管，并会同工商行政管理部门制定户外广告管理的部门规章
新闻出版署	协同工商行政管理部门进行报刊、书籍广告的监管，并会同工商行政管理部门制定报刊、书籍广告管理的部门规章
农业部	协同工商行政管理部门进行种子、农药等广告的监管，并会同工商行政管理部门制定种子、农药等广告管理的部门规章

11.2.2　广告行业组织

我国最早的广告行业组织是诞生于 1927 年的中华广告公会。新中国成立后，由于长期实行计划经济体制，广告行业自律组织基本消失。改革开放后，广告行业组织才得以重建和发展，形成了综合性与专业性、全国性与地方性、半官方与半民间的广告行业组织并存的局面。

1．中国广告协会

中国广告协会创立于 1983 年 12 月 27 日，是经民政部批准登记的具有社团法人资格的全国性广告行业组织，其办事机构是国家工商行政管理总局的直属事业单位。其主要职责是宣传、贯彻广告管理法律法规，协助政府进行行业管理，反映广告主、广告经营者和广告发布者的要求与意见，制定行业发展规划，在国家工商行政管理总局的指导下，按照国家有关方针、政策和法规，对行业进行指导、协调、服务、监督。

2．中国广告主协会

中国广告主协会成立于 2005 年 11 月 27 日，其接受国务院国有资产监督管理委员会和国家民政部的业务指导和监督管理，是全国性协会，是我国在世界广告主联合会中的唯一合法成员。中国广告主协会的主要职能包括：积极发挥桥梁和纽带作用，推动建立有利于广告投资的社会环境；代表本会会员同媒体、广告商及其代表组织进行协调、沟通、磋商，维护会员合法权益；反对不正当竞争行为和恶性竞争行为；积极推动相关的学术研究、经验交流和专业培训；致力于会员服务体系建设工作；协调会员在市场竞争中产生的相关问题，促进企业间的沟通与合作；促进营销传播服务业的发展；充分利用与世界广告主联合会的交流平台，与世界广告主联合会各成员及跨国公司建立广泛联系；办理政府有关部门委托的其他事项。

3．中国商务广告协会

中国商务广告协会（原为中国对外经济贸易广告协会）成立于 1981 年，是我国最早成立的全国性广告行业组织。

中国商务广告协会的主要职责包括：宣传贯彻国家有关法律法规、方针政策，协助政府做好对商务广告活动的管理，制定行规行约和诚信规范，加强行业自律；为会员单位提供相关的政策法规咨询和信息服务；充分发挥协会在政府与广告行业、企业和社会之间的桥梁和纽带作用，组织开展有关行业发展、行业改革、行业现状等重大问题的调研，代表行业参与制定、修改有关行业发展和行业管理的政策、法规，或提出相关建议；代表行业利益，维护会员的合法权益；通过组织报告会、研讨会、经验交流会和组织国内外交流考察等活动，帮助会员及时了解掌握国内外有关广告、品牌、营销、媒体、公关及创意产业方面的最新理论和动态，积极引进和推广上述有关产业方面的新理念、新思想、新媒体、新技术，积极倡导自主创新，提升中国广告和创意产业及自主品牌的整体实力和水平；组织开展对广告、品牌、创意产业、传统媒体、新媒体及公关等相关产业从业人员的培训，开展法律或政府所授权的资质认证；组织举办国内或国际性的有关上述产业和相关行业的展览、展示和业务洽谈活动；组织编辑出版专业刊物、书籍和信息资料；组织开展对优秀会员和优秀作品的评选活动，积极向社会推荐综合实力和创新能力强，服务水平高，讲诚信的会员单位，树立广告业应有的形象和地位；组织会员开展公益活动；开发信息资源，运用网络等技术，为会员单位和企业提供信息咨询服务；积极开展国际交流与合作；承担法律法规授权、政府委托及协会章程规定的其他职责。

11.2.3 消费者组织

中国消费者协会成立于 1984 年 12 月 26 日，是经国务院批准成立的全国性社团组织。消费者协会是由工商行政管理、技术监督、进出口检验、物价、卫生等部门及工会、妇联、共青团中央等组织共同发起，经同级人民政府批准建立和民政部门核准登记，具有社会团体法人资格，挂靠在同级工商行政管理局的“官办民意”的消费者组织。

11.3 广告法规管理

所谓广告法规管理，是指工商行政管理部门和其他部门依据《中华人民共和国广告法》及其他政策、法规，对广告活动的参与者进行监督、检查、控制和协调、指导的过程。

1994 年 10 月第八届全国人大常委会通过了《中华人民共和国广告法》（以下简称《广告法》），1995 年 2 月 1 日起正式实施。《广告法》的制定和实施，标志着我国广告管理真正纳入法制化轨道，对于进一步促进广告业的健康发展，充分发挥广告在社会主义市场经济中的积极作用，加强广告业的管理，规范广告活动，制止虚假广告和不正当竞争行为，维护广大消费者的合法权益，促进两个文明建设，具有十分重要的意义。

11.3.1 对广告内容的法规管理

广告法规的主体内容之一是对各种类型广告内容及表现形式的管理规定。

1．对各类广告主通用的一般准则

各种类型的商品广告主在开展广告宣传的过程中，必须遵守最基本的法律规定和准则。关于这方面的具体内容，主要有以下两方面。

（1）广告宣传内容的要求

总体而言，广告宣传内容必须真实、合法、健康。《广告法》第三条规定：“广告应当真实、合法、符合社会主义精神文明建设的要求。”《广告法》第四条规定：“广告不得含有虚假的内容，不得欺骗和误导消费者。”

（2）广告宣传的基本准则

这是指广告法律、法规规定的广告内容和形式应当符合的基本要求。我国的《广告法》从广告的内容和形式两个方面，对广告内容的导向、广告禁止的内容、广告的可识别性、广告内容的组织等做了明确的规定，这方面的内容主要在第七条至第十三条。

2．对特殊广告主的法律准则

有些商品比较特殊，与人民健康和生命密切相关，如药品、医疗器械、农药、烟草、食品、化妆品等一些特殊商品，以及其他法律、行政法规中规定的应当进行特殊管理的商品。对这些特殊商品，广告法规中一般有比较明确的特殊规定（具体规定请查阅《中华人民共和国广告法》）。

11.3.2　对广告活动的法规管理

1．关于广告经营者、广告发布者资格的认定

（1）广告经营者资格认定

申请经营广告业务的企业，除符合《公司法》、《公司登记管理条例》、《企业法人登记条例》及有关规定之外，还要具有特殊的业务专项条件。根据广告经营业务的不同，广告公司应当具备的条件又有不同的规定。

（2）广告发布者资格认定

根据《广告法》规定，广告发布者主要是指兼营广告业务的媒介单位，如电台、电视台、报社、杂志社、出版社等。这些单位的主要职能是政策宣传和出版业务，是党的喉舌和国家的舆论工具，同时兼营广告业务。而发布广告属于一种广告经营行为，所以必须对其实行专门管理。关于广告发布者的资格认定，在我国的《广告法》第二十六条有明确规定。

2．关于广告经营活动的规定

广告经营活动是广告宣传活动的基础。如果经营行为不合法、不严格、不科学，就可

能创作出损害公众利益的广告作品。因此，各国的广告法规对经营活动都有比较详细的规定。我国关于广告经营活动的相关规定，请查阅我国的《广告法》，这里不一一赘述。

3．关于户外广告活动规范

我国《广告法》规定，有下列情形之一的，不得设置户外广告：利用交通安全设施、交通标志的；影响市政公共设施、交通安全设施、交通标志使用的；妨碍生产或人民生活、损害市容市貌的；国家机关、文物保护单位和名胜风景点的建筑控制地带；当地县级以上地方人民政府禁止设置户外广告的区域。户外广告的设置规划和管理方法由当地县级以上地方人民政府组织广告监督管理、城市建设、环境保护、公安等有关部门制定。

4．关于网络广告活动规范

一般来讲，只要是发布广告，就要遵守《广告法》，但有关在网络媒体上发布广告的规定，《广告法》中未提及。对于管理部门而言，除了规定网络公司承接广告业务必须对其经营范围进行变更登记外，如何界定网络广告经营资格，监测和打击虚假违法广告，取证违法事实，规范通过电子邮件发送的商业信息，对域外网络广告行使管辖权等一系列新的课题，都尚待探讨。但网络广告接受法律监督势在必行。2000年5月29日全国20家知名度较高的网络公司在北京首次获得国家工商局颁发的经营广告业务的通行证——广告经营许可证。2000年9月25日，国务院颁布了《因特网信息服务管理办法》。这些都标志着国家对网络信息传播管理的重视。

5．关于广告合同的规定

《广告法》规定："广告主、广告经营者、广告发布者之间在广告活动中应当依法订立书面合同，明确各方的权利和义务。"广告主和广告经营单位在签订书面合同之前，广告主应出示符合广告管理法规要求的证明文件。若齐全无误，广告经营单位可以代理和发布；反之，则不然。倘若双方不能严格履行验证手续，出现重大事故，将由工商行政管理机关视情节轻重追究责任。验证手续完毕后，方可签订书面合同，以明确双方的责任。双方按规定及相互协议的结果形成书面合同后，必须严格遵守，不得单方面撕毁，否则就要向对方支付违约金。

11.3.3 对广告违法行为的法规管理

广告违法行为是指广告主、广告经营者、广告发布者违反《中华人民共和国广告法》和有关法律、法规的行为。在广告活动中，凡是违反了上述有关法律、法规的，必须承担相应的法律责任，接受相应的处罚，直至刑事制裁。

我国现行的《广告法》，对广告活动中的各种违法行为规定了严格的法律责任，主要有以下 3 个方面。

（1）民事责任

《广告法》第三十八条和第四十七条规定了发布虚假广告对消费者的侵权行为及其他侵权行为应承担的民事责任。

（2）行政责任

广告当事人违反《广告法》，应当承担的行政责任主要有两个方面：行政处罚和行政处分。

（3）刑事责任

《广告法》对发布虚假广告，违反《广告法》关于广告内容的基本要求及广告禁止的情形，伪造、变造广告审查决定文件，以及广告监督管理机关和广告审查机关工作人员的渎职行为构成犯罪的，按规定依法追究刑事责任。

11.4　广告行业自律

11.4.1　广告行业自律的含义及特点

1．广告行业自律的含义

所谓广告行业自律，就是指广告主、广告经营者和广告发布者自发成立的民间性行业组织，通过自行指定的广告行业自律章程、制度、工作守则、职责公约和会员守则等，对自身从事的广告活动进行自我约束、自我限制、自我协调和自我管理，使自己的行为符合国家的法律法规和职业道德、社会公德的要求。建立广告行业规范、实行广告行业自律，是广告业组织与管理的重要内容。

2．广告行业自律的特点

（1）自发性

广告行业自律的自发性表现在广告行业组织不是政府的行政命令和强制行为的结果，而是由广告主、广告经营者和广告发布者自发成立的；广告行业组织用以自我管理的依据——广告行业自律规则，是由广告主、广告经营者、广告发布者和广告行业组织共同商议自行制定的，体现出广告行业的共同愿望。

（2）自愿性

遵守行业规范、实行行业自律，是广告活动参加者自愿的行为，不需要也没有任何组织和个人的强制，更不像法律、法规那样，由国家的强制力保证实施。他们一般是在自愿的基础上组成行业组织，指定组织章程和共同遵守的行为准则，目的是通过维护行业整体的利益来维护各自应得的利益。所以，行业自律主要是依靠参加者的信念，即社会和行业同仁的舆论监督作用来实现，违反者也主要依靠舆论的谴责予以惩戒。

（3）广泛性

广告行业自律调整的范围比法律法规调整的范围更加广泛。广告活动涉及面广，而且处于不断发展变化之中，广告法律法规不可能把广告活动的方方面面都规定得十分具体，而行业规范可以做到这一点，它不仅在法律规范的范围内，而且在法律没有规范的地方也能发挥其约束的作用。

（4）灵活性

广告法律、法规的制定、修改和矫正，需要经过严格的法定程序，而行业规范等自律规章、准则只要经过组织参加人的大多数同意即可修改、补充，便于按发展情况随时制定或改进新形式的规范，使参加者遵照执行。

11.4.2 广告行业自律组织规范

广告行业自律组织一般包括广告主协会、广告公司协会和广告媒介协会等。中国广告协会成立于 1983 年 12 月 27 日，是中国广告界的行业组织。中国广告协会于 1990 年制定了《广告行业自律规则》，对广告应当遵循的基本原则，广告主、广告经营者、广告媒介在广告活动中应体现的道德水准，做出了相应的规定。国际广告协会于 1983 年创立，是目前世界上最大和最具权威的广告行业组织。

1. 广告主自律

生产、销售产品的企业、公司为避免在其广告活动中与政府管理机构产生矛盾，并体现其对社会负责、对消费者负责的态度，一般都在广告活动中建立审查和评价制度。企业广告代理商制作的广告稿或通过其他方式获取、掌握的数据资料都需要提交到相关单位的研究制作部，进行分析评判后，再送交法律部审批，才能通过。为了能更有效地建立起这类自审制度，交流经验和接受指导，同时也为了维护自身的利益，不少国家的企业、公司都成立了广告主协会，如美国全国广告主协会（ANA）几乎吸纳了全国所有大企业作为会员，每年的广告费支出占全美广告费 80%的 200 家企业都参与该协会的活动。该协会代表广告主的利益，为广告主提供各类信息，进行广告业务培训，并介绍推荐各种审查机构。

2. 广告经营组织自律

我国广告业界的自律组织是不断发展的，如我国成立较早的中国广告协会、中国广告联合总公司和中国对外经济贸易广告协会等组织在国家工商行政管理局的指导下，对全国广告行业进行指导、协调、咨询、服务等活动。各省市还相继成立了一些地区性广告行业组织、媒介协会组织等，在各地进行一些协调工作。中国广告协会是最主要的行业自律组织，它下设各种专业工作委员会，并设立了地方协会，形成了全国性的自律组织网络（见图 11-1）。

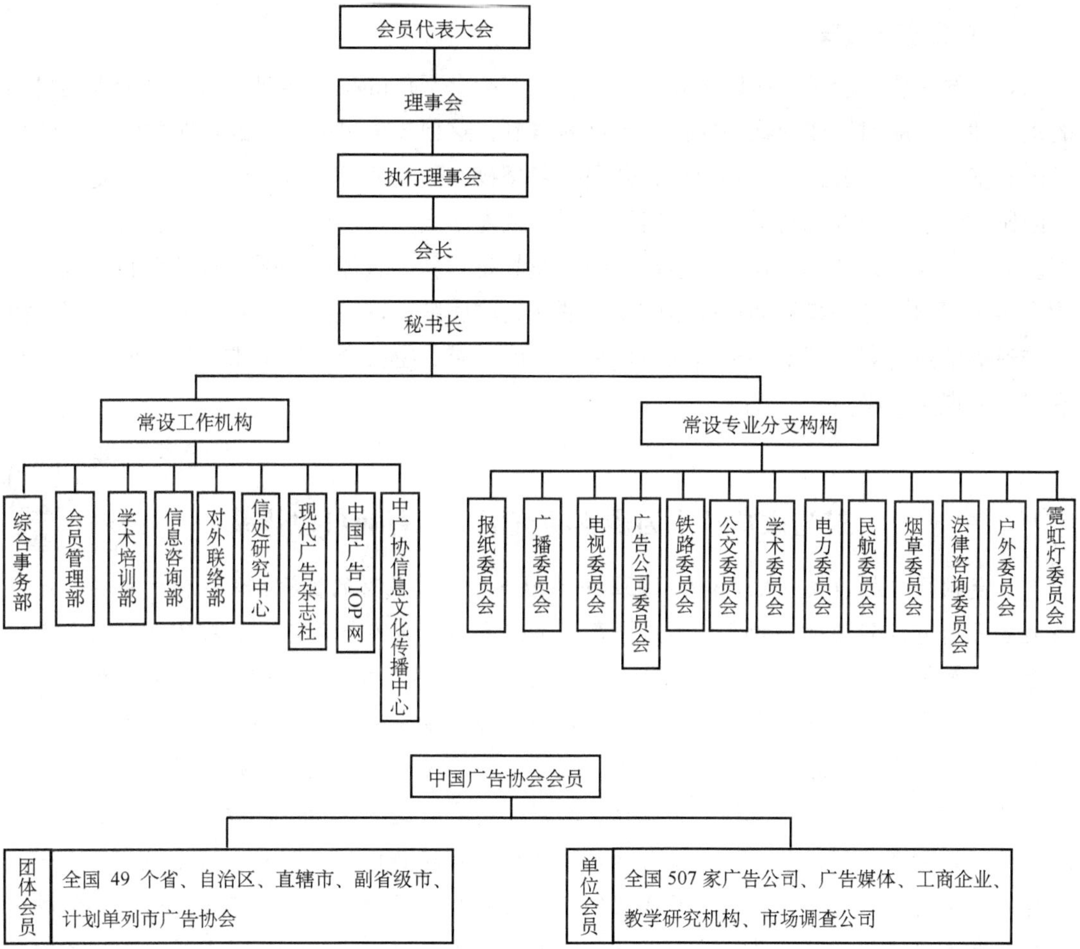

图 11-1　中国广告协会管理结构及会员

中国广告协会于 1983 年 12 月在北京正式成立，它是全国广告经营单位联合组织的行业组织，是具有法人资格的社会团体。中国广告协会按照国际有关方针、政策和法规对全国广告宣传与经营进行指导、协调、咨询、服务，协助政府进行行业管理，并接受国家工商行政管理局的领导。

从目前看，我国广告行业组织在行业自律管理方面的功能尚未完全、充分发挥出来，因此，今后我国广告行业各级组织、团体都应强化自身的功能作用，在对广告业进行指导、制定自律准则、配合政府维护行业竞争秩序、制裁不良广告行为、提高广告业整体服务水平等方面发挥更重要的作用。

3. 广告媒介自律

媒体的主要功能是传递信息和监督社会，实际上行使的是表达自由权。鉴于表达自由的重要性，政府对媒体的管制应当有严格的限制，这已成为世界各国的普遍共识。尽管出于国家安全、司法公正、公共道德、公民的名誉权、隐私权等原因，媒体的活动受到一定的限制，但总的来说，对于媒体的表达自由，政府应当实行“保护为主，限制为辅”的原则。因此，媒体通常享有较大的活动空间，尤其是对新兴媒体因特网，政府管制的范围更为有限。因此，加强媒体的自律是防止和消除新闻腐败，恢复和提升媒体公信力，保证媒体传递的信息客观、真实、全面的一项重要措施，是赢得公众、赢得市场的重要途径，具有极强的现实意义。

相关链接

最为成功且广为借鉴的英国广告行业自律体系

英国广告标准局（ASA）从1962年开始成为一个成熟的机构，该机构的首要目标是确保所有在英国播放的非广播广告都合法、得体、诚实和真实。ASA不处理来自竞争对手的投诉，这些投诉相应地由广告实践协会（CAP)负责。CAP由23名广告组织的代表组成，分别包括广告主、广告中介和各种媒体。ASA和CAP在伦敦拥有共同的秘书处，该组织由60名工作人员和1名执行总裁组成。英国广告行业对于广告标准局条例的服从体现出明显的非强制性。如果一个广告违背了标准，相应的广告主便会被要求改换或撤离广告。如果该要求未能达成，最终将由市场贸易局根据误导性广告管理条例对其提起诉讼。但在现实案例中，这种终极的处罚还很少使用。同时英国的广告行业自律体系特别关注外部成员在理事会的参与。ASA由12名成员组成，其中2/3的成员是完全中立的，其他的1/3才来自广告行业。英国的广告自律体系建设在公开性的基础上，即“它的有效性要为人所知”。这样，英国既拥有欧洲最快的广告增长速度，又拥有世界上最为发达和有效的广告自律方案，成为世界上许多国家广告自律体系建设的榜样。

11.5 现代广告的社会监督管理

广告的社会监督是指人民群众通过某些社会组织和社会团体、舆论机关、各种群众自治组织或公民，自行对广告活动各个方面进行的监督，包括消费者监督、新闻舆论监督等。

11.5.1 消费者监督

消费者监督是指通过消费者组织行使的监督，是消费者组织从保护消费者利益出发，依照国家广告管理的法律法规，对广告进行日常监督，向有关部门举报与投诉违法或虚假广告。同时，针对广告活动中存在的问题，向有关管理部门提出立法请求与建议。其目的在于限制虚假或违法广告对消费者权益的侵害，以维护广大消费者的正当权益，确保广告市场健康有序的发展。

1983 年 5 月我国第一个消费者协会在河北省新乐县宣告成立。1984 年 12 月中国消费者协会成立，标志着我国消费者运动的开端。中国消费者协会的宗旨是对商品和服务进行社会监督，保护消费者的利益；指导广大群众的消费，促进社会主义市场经济的发展。以后，各级地方性消费者组织纷纷建立起来，现在全国县级以上的消费者组织就有两万多个，工商企业建立的各种监督站一万多个，形成了一个全国性的消费者组织网络。

通过消费者组织实行的广告社会监督有如下 4 个特点。

1. 监督主体的广泛性

广告主的商品或服务信息通过一定的大众传播媒介发布出来，就要受到广大受众的全方位监督。这些受众构成了广告社会监督的主体，其每个成员都可以对广告的真实性、合法性进行监督，从而构成一支庞大的广告社会监督大军。消费者每天都会从不同的媒介或途径接触到成百上千条广告，因此消费者只要留心，随时都有可能发现广告的问题，及时反馈给广告主、广告经营者、广告发布者及广告监督管理机关，以使它们及时改进广告的表现形式、规范广告的内容，使之符合法律的有关规定和大众的欣赏品位。

2. 监督组织的“官意民办”性

在西方，广告社会监督组织，即各种消费者保护组织，都是自发成立的，代表消费者的利益，在社会上扮演着“消费者斗士”的角色，几乎不带任何官方色彩。我国各级消费者协会则更多地带有“官意民办”的性质。由这种“官意民办”性质决定了广告社会监督组织具有双重使命，既要在一定程度上体现官方意志，又要体现消费者意志，保护广大消费者的合法权益。

3．监督行为的自发性

广告受众依法对广告进行监督，这并非是广告管理机关和广告社会监督组织的指令所致，而是一种完全自发和自愿的行为。在此过程中，几乎不存在任何的行政命令和行政干预。广告受众这种自发行为主要来自：第一，广告受众对自己接受真实广告信息的权利加强了认识；第二，广告受众保护自身合法权益的意识提高。这一切皆取决于人的素质的提高和广告受众自我保护意识的加强。因此，社会越发展，其文明程度越高，人的素质越高，广告受众的自我保护意识越强，对广告的监督行为也就越自觉。

4．监督的无形权威性

广告主发布广告，向社会公众传递商品和劳务信息，使潜在的购买欲望发展成为现实的购买行为，但社会公众是否愿意接受广告信息，是否能够产生购买欲望和发生购买行为，主动权在于广告受众。广告信息是否真实，广告主的承诺是否可信，将直接影响广告受众对它的认可与接受，并决定其购买愿望和行为的产生。因此，以广告受众为主的广告社会监督主体对广告的监督结果具有一种无形权威性。

美国是世界上最早开展消费者权益保护运动的国家，美国消费者监督广告活动的最主要团体是商务改善协会（Better Business Bureau，BBB），其前身是全国广告监督委员会，1915 年改为现名，拥有 130 多个地方商务改善协会，接受消费者的诉愿和质询，提供详细解答，调查虚伪与欺骗性广告并予以揭发，保护消费者利益。1970 年 8 月，全国商务改善协会和国际商务改善协会合并，成立了商务改善协会（CBBB），除对广告业和广告主进行监督外，还对国家的广告管理提出建议。美国消费者同盟是美国消费者最大的组织，他们除了进行经常性的商品比较试验，将试验结果向消费者公布，以便消费者购买商品时识别，还设立了最差广告奖，每年评选一次。

在各个国家都注意“广告净化运动”的同时，国际性的民间组织也加大了自律的力度。国际消费者联合协会（International Organization Consumers Union，IOCU）是各国消费者的国际机构，成立于 1960 年，拥有 120 多个会员机构，分布在 50 多个国家，总部设在荷兰海牙。国际消费者联合协会的任务是交流各国消费者工作情况；协助建立新的消费者组织；向联合国等国际性组织陈述消费者的利益；监督多国公司。

11.5.2 新闻舆论监督

传媒作为社会公器，理应承担起“社会守望者”的角色。在新闻传播实践中，传媒在引导舆论、监督舆论等方面也发挥了十分重要的作用。众所周知，在社会生活中，企业运作、消费者消费都是以信息的及时反馈为前提的，而舆论实际上也是一种信息反馈。舆论监督是公众在了解情况的基础上，通过传播媒介行使法律赋予的监督权利，表达舆论影响公共决策和社会行为的一种社会现象。有些严重的虚假广告案件，是通过媒体曝光才在更大范围内引起消费者的关注，同时也引起有关部门重视的，所以媒介的监督力不可低估。随着大众传播事业的发展，新闻舆论的社会作用越来越重要，它在揭露虚假广告、促进广告健康发展方面，有着极其重要的作用。尤其是当它与消费者协会联合起来后，对广告的监督作用就更加强大。

我国《广告行业公平竞争自律守则》中明确规定，违反广告业公平竞争自律守则情节严重或坚持不改的，由中国广告协会在公开出版物上曝光。因此，对广告信息受众投诉的虚假或违法广告，最常见的做法是通过一定的社会监督组织，向新闻传媒进行发布，然后再由新闻传媒对其进行曝光，借助社会舆论的力量，防止虚假或违法广告的出现和蔓延。现在每年 3 月开展的“3 · 15 维护消费者权益活动”更给打假扫劣增添了声势。消费者监督与新闻舆论机关结合起来，使广告的全面管理得以落实，保证社会监督和管理更实在、更有效。

11.6　广告伦理

广告伦理是指与广告活动有关的伦理现象，它包括两方面的含义：一是与广告和广告活动有关的伦理因素，二是广告与伦理的关系。前者是指广告中的伦理观念、道德准则、文化观、审美观、人生观、价值观等；后者是指广告与伦理的“反映关系”、“制约关系”、“利用关系”及“引导和催化关系”等。

11.6.1　广告职业的伦理规范

伦理规范是要求人们遵循的行为准则，是人们的道德行为和伦理关系普遍规律的反映，是一定社会或阶级对人们行为的基本要求的概括，是人们的社会关系在道德生活中的体现。而在目前广告伦理失范现象日益严重的情况下，伦理规范对于正确发挥广告的商业功能、社会功能和促进社会主义精神文明建设的功能显得尤其重要。

我国广告职业伦理规范主要有以下 5 个方面内容。

1. 以诚为本，真实可信

广告遵守以诚为本、真实可信的道德原则，不仅是市场经济内在的道德要求，也是广告业健康发展的根本保障。

2．公平竞争，保持廉洁

我国处于转型期，市场经济运行机制中还存在很多薄弱环节，这就为不公平、不道德的广告行为提供了温床，所以，强调广告职业要公平竞争，保持廉洁。竞争活动必须遵循等价交换、平等交易等市场经济的内在要求，反对歧视性的不公平竞争。

3．文明向上，净化风气

广告是一种经济现象，也是一种文化现象。因此，广告的品质健康、格调向上成为现代广告所倡导的时代精神和道德要求。

4．爱国爱民，自尊自重

广告中的国民意识和民族情节常常引发广告的文化争端。因此，在涉外广告活动与国际广告交流中，要保持我们不卑不亢的行为风范，既增进与各国人民之间的交流与了解，尊重他国的文化传统，促进对外合作与交流，又要传播我国优秀的文化成果与科学技术，维护我国各民族的尊严，禁止崇洋媚外，禁止有损于我们民族形象的广告表现形式出现。

5．遵纪守法，正人正己

法律是最基本的道德规范，也是广告业健康发展、合理配置的最基本保障。广告从业者的任何广告行为都必须在法律允许的范围内进行，广告创作要坚持创新，尊重版权，不得抄袭他人创意，不得侵犯公民的肖像权。广告主应坚持广告的代理制，不委托未取得广告经营权的单位代理广告活动。在广告活动中，各方应自觉签订合同，并严格执行合同条款，坚持重合同、守信用。

11.6.2 广告伦理缺失的界定

1．背离诚信经营原则

在市场经济中，诚信原则通过人们的道德自律和市场对机会主义行为的谴责来减少交易成本，所以，市场经济也是一种诚信经济。在当今的传播环境中，诚信经营也必然成为广告传播中最基本的伦理要求，有无背离诚信经营原则是界定广告伦理缺失的首要因素。

2．背离公平竞争原则

亚里士多德认为，公平就是按比例报答：如果商品之间有了比例的均等，互惠的行为就会发生，否则交换就是不平等的，也是不能进行的。从我国广告业的情况来看，“作为公平的正义”问题已成为现实问题。各广告主之间的机会与获取市场利益的不均等、各广告公司之间不公平竞争、各广告媒体之间占据的媒介资源的不公平等，已成为不争的事实。广告业要能得到健康发展，必须遵循公平竞争原则。因此，公平竞争原则是评价广告伦理缺失的重要标准。

3．背离行业属性原则

广告既是一门科学，又是一门艺术。一则优秀的广告既要做到能准确地广而告之，又要做到思想性和艺术性并重，才能完美地体现广告的行业属性。就思想性而言，是指广告传播应以“善”作为广告宣传的出发点和归宿点，有利于社会精神文明和政治文明的建设；而就艺术性而言，则是指在广告宣传活动中必须应用艺术的手法，去表述和传递信息，从而增强广告的宣传效果。如一些广告手段单调，缺乏艺术性，高频度重复刊播，丝毫不顾及受众的感受，这些广告就明显偏离了行业属性。

4．背离生态友好原则

生态友好原则是现代生态伦理观念在广告传播活动中的具体体现，反映了人与社会协同进化思想的本质要求。生态友好原则是指要从现有的效益中扣除对资源消耗和对社会氛围的破坏因素，考虑到对民风、社会风气、国家政治稳定各方面的正面推动、维护作用，从而要求广告业的各行为主体在广告活动中确立尊重环境的基本价值观，养成保护行业环境发展的自觉性。

11.6.3　广告伦理的实现途径

1．广告的社会责任分配

所谓广告的社会责任，是指广告从业人员或组织在广告活动中，在处理有关自身的权利和义务关系时应当坚持的伦理观念、职业道德及社会行为规范。广告业发展水平如何，可以从其职业道德及社会行为的规范程度来衡量。

广告发挥什么样的社会责任就会体现相应的社会价值。新时期广告的社会责任发生了一定的变化，从整体上讲，广告的责任在于通过沟通信息和参与竞争搞活市场，创造经济效益；通过艺术感染形式繁荣文化，提高社会精神文明水平；通过信息传递实现政治渗透和影响。

2．开展全民道德教育

全民道德是公民在参与公共事务时所应持的适宜态度及表现出来的合理行为方式。在社会主义条件下，我国全民道德的要求就是以为人民服务为核心，以集体主义为原则，以爱祖国、爱人民、爱劳动、爱科学、爱社会主义为基本要求，以社会公德、职业道德、家庭美德为内容，以胡锦涛同志提出的“八荣八耻荣辱观”为基本道德规范，构建社会主义和谐社会。

公民道德建设是一个系统工程，具有时代性。在新的历史条件下，我们要坚持以构建社会主义和谐社会为目标，推进社会主义公民道德建设。具体有以下3个着力点：一是以时代道德精神为共识，培育和谐的利益关系；二要以公民基本道德规范为着力点，培育和谐的人际关系；三要建立健全社会道德监督机制。

3．发挥公益广告的教化功能

公益广告是一种不以营利为目的的特殊广告，旨在引起公众对某些社会问题的关注，支持或倡导某种社会事业和社会风尚，促进社会进步。公益广告作为社会传媒文化教育中的重要形态，能够对社会公众起到教化功能，引导公众态度，规范社会行为，促进正确观念的形成和发展，培养社会公德，提升公众伦理水平，为社会主义精神文明建设服务。

过去，在我国，公益广告的制作和播出一直被忽略，分析其原因，主要是：广告主过分注重经济利益而忽视对公益广告的投入；一些企业即使做一些公益广告，其中也带有强烈的商业目的，失去了公益广告作用；大众媒体的逐利行为使公益广告的制作和播出的“质”和“量“都大打折扣；此外从市场运作机制来看，政府介入公益广告最多，企业参与较少。

所以，要提高我国广告伦理水准，应该充分发挥公益广告的教化功能，政府要进一步加大对公益广告投入力度，建立公益广告的专业组织机构，完善公益广告的规制，同时还要培养消费者的关注意识和参与度，通过多种方式、多种途径，共同促进公益广告的发展。

本章小结

- 广告管理分宏观管理和微观管理两个部分。宏观的广告管理主要是指国家、社会等对广告活动进行指导、控制和监督。微观的广告管理则是指广告业的经营管理。我们在讨论广告管理的含义时，一般指广告的宏观管理。
- 广告管理的主体包括政府职能部门、广告行业组织和消费者组织，不同的主体在广告管理中发挥不同的作用，各主体的管理职能形成互补关系。
- 广告管理的意义：规范广告活动，保证广告业正常运行和健康发展；保护消费者合法权益，促进社会安定；保护合法企业的权益，维护正常的社会经济秩序；正确引导消费，促进社会主义精神文明建设。

- 广告管理的对象主要包括广告活动主体和广告活动自身两大部分。广告管理的途径主要包括法规管理、广告行业自律和社会监督三种。
- 广告法规管理是指工商行政管理部门和其他部门依据《中华人民共和国广告法》及其他政策、法规，对广告活动的参与者进行监督、检查、控制和协调、指导的过程。
- 广告行业自律是指广告主、广告经营者和广告发布者自发成立的民间性行业组织，通过自行指定的广告行业自律章程、制度、工作守则、职责公约和会员守则等，对自身从事的广告活动进行自我约束、自我限制、自我协调和自我管理，使自己的行为符合国家的法律法规和职业道德、社会公德的要求。建立广告行业规范、实行广告行业自律，是广告业组织与管理的重要内容。
- 广告的社会监督是指人民群众通过某些社会组织和社会团体、舆论机关、各种群众自治组织或公民，自行对广告活动各个方面进行的监督，包括消费者监督、新闻舆论监督等。
- 广告伦理是指与广告活动有关的伦理现象。我国广告职业伦理规范主要有以下几个方面：以诚为本，真实可信；公平竞争，保持廉洁；文明向上，净化风气；爱国爱民，自尊自重；遵纪守法，正人正己。广告伦理缺失主要从四个方面进行界定：是否背离诚信经营原则；是否背离公平竞争原则；是否背离行业属性原则；是否背离生态友好原则。广告伦理的实现途径主要有：广告的社会责任分配；开展全民道德教育；发挥公益广告的教化功能等。

专论 11　Focus

广告宣传须尊重科学

在各类夸大宣传的广告面前，我们必须保持清醒的头脑。别让有违科学常识、不实的虚假广告损害消费者的权益和品牌的声誉。

广告作为市场经济的重要组成部分，日益成为消费者选择商品的重要信息来源和商品经营者开拓市场的重要营销手段。无论从宏观经济效应、微观经济效应还是从社会效应来看，它都具有重要的地位和作用。但是，在市场竞争激烈的今天，有些企业为牟取暴利，无视广告管理法规的规定，违反广告的“真实性”原则，利用虚假广告进行不正当竞争，误导、欺骗消费者。中国消费者协会曾对全国大中城市进行“中国消费者权益保护状况”

调查，结果显示，约73.4%的消费者权益受到不同程度、不同类型的伤害，而近38%的消费者对此选择沉默，不作反应。

美国联邦贸易委员会认为，如果广告表达形式不妥或因信息不完整而给消费者造成了错误的印象就是虚假广告，不管广告是否造成消费者受骗的事实。我国广告业并没有给出虚假广告明确的概念界定，通常认为虚假广告是指“广告主、广告经营者或发布者利用各种媒介和形式直接或间接向消费者传授不真实信息，用虚假事实欺骗和误导消费者，使购买商品或接受服务的消费者的合法权益受到损害，以期达到赚钱营利等商业性目的的一种不良大众化传授方式”。

以近年来备受推崇的高端矿泉水为例，其产品打入市场的广告宣传中，也存在某些有违科学精神，夸大功能、产地不实等误导消费者的问题，给名牌矿泉水产业的持续发展埋下了不安全的隐患。

纵观当前推出的一些雪域高原名牌矿泉水广告，有以下两方面需要特别重视的问题。

问题之一是，夸大了矿泉水对人体的保健医疗作用。稍有科学知识的人都知道，矿泉水和许多富含某种营养物质的蔬菜、水果等食物一样，只有长期、经常、足量地饮（食）用，才可能对人体有一定程度的有益作用。但它们绝对不是保健品、营养品，也不是医疗矿泉水，更不是治病的良药。可是如今不少矿泉水广告却有违上述原则，肆意夸大其保健医疗作用。一些广告语的表述会让人认为矿泉水是一种既能强身健体又能抑制多种顽疾的神水。这显然有违矿泉水的科学定义，同时也违反了国家消费者权益保护法和广告法关于“食品、酒类、化妆品广告的内容必须符合卫生许可的事项，并不得使用医疗用语，或者易与药品混淆的用语”的规定。

矿泉水广告中的另一个问题是，在矿泉水产地与水源环境上进行不实宣传。比如，许多冰川矿泉水广告都称自己的产品产自“原生态无（零）污染的环境”等，以此提高品质和声誉。其实以严格的科学标准审视，这些宣传均言过其实。例如，由于大气粉尘的飘移，极地和喜马拉雅山的积雪中都曾检测出某些微量污染物，世界上已基本不存在“原生态无（零）污染的环境”，即便没有人为污染还可能存在原生污染。此外，更不能在矿泉水产地上进行不实的虚假宣传，误导消费者。

纵观近五六年国内媒体推出的多款冰川雪域名牌矿泉水广告，似乎都把比拼矿泉（水）的海拔高度作为提升品质和声誉的主要手段。矿泉水水源的海拔高度，一款赛过一款，初推出时都称自己是“世界上海拔最高的矿泉水”。但是，我们认真地分析一下广告中的用语就会发现，他们是借用含混不清的矿泉水补给区内的山峰海拔代替矿泉水产地（泉口）的海拔，以此诱惑公众、推销产品。

虚假广告之所以得以产生、泛滥，主要有以下 4 方面原因：一是经济利益的驱动。一些企业和不法经营者在广告上大做文章，通过吹嘘把自己的商品推销出去以赚取巨大的利润；二是法律法规的不健全。现行广告法律法规不够完善，对虚假广告处罚不力，广告管理部门对虚假广告打击力度不够，处罚不严；三是消费者对虚假广告缺乏科学头脑和识别能力，不能理性地消费，即使发现上当受骗，也往往由于起诉赔偿的投入成本太高而放弃，结果为虚假广告留下了可乘之机；四是监督管理不到位，有些地方政府立足于地方的利益，对社会上的虚假广告采取放任的态度，严重影响了监督和制裁机制的正常运行。

在各类夸大宣传的广告面前，我们必须保持清醒的头脑。别让有违科学常识、不实的虚假广告损害消费者的权益和品牌的声誉。在虚假广告的治理对策上，有以下几点可以进一步落实：修改完善广告法律法规，建立权威、统一、协调的法律法规体系，同时健全广告法律责任制度；严格依法办事，真正做到有法必依、执法必严；实行行业自律和社会监督；提高消费者对虚假广告的鉴别能力，增强消费者的自我保护意识及赋予其对虚假广告的起诉权；建立健全对虚假广告的监督机制。

（资料来源：廖资生．广告宣传须尊重科学[N]．中国科学报，2013-8-5(7).）

问题理解

1．广告管理的意义是什么？

2．简述《广告法》中关于特殊商品的法律规定。

3．广告行业自律的内容有哪些？

4．广告社会监督的作用是什么？

5．我国广告职业伦理规范的主要表现有哪些？

6．简述广告伦理的实现途径。

7．阅读专论 11，理解广告必须尊重科学的含义。

案例分析

医药广告虚假一直是虚假广告的重点，医药产品作为特殊的产品，《广告法》中有明确的规定，但虚假医药广告仍然是国内广告的一大问题。虚假医药广告误导消费者的手法主要有以下 8 种。

虚假误导手法一：根治或包治。这类广告多为一些个体医院、门诊或科室的宣传手段。

就目前的医学水平而言，除了天花可以彻底根治外很少有疾病可以根治。糖尿病这样终身性疾病可以根治完全就是谎言。

虚假误导手法二：虚高有效率。像“乙型肝炎”这种疾病，有的药品大肆宣扬治愈率高达 98.8%！事实上，据权威医学专家介绍，就目前的医学医药水平，如果谁能研制出治愈率能够超过 40%的药物，谁就可以获得诺贝尔医学奖了！

虚假误导手法三：假借高科技。有些产品本来就是普通药品，但是为了蒙蔽消费者或患者，经常把自己的产品冠以“纳米技术”、“超级临界萃取”、“激光振荡”等高科技名头，大肆进行虚假宣传。

虚假误导手法四：拉大旗做虎皮。不法商人知道，在医学界患者最信赖权威。于是一些医院或产品不惜大量银两买通缺乏良知的所谓名人或权威，利用这些人已有的威望来提高自己产品的知名度和可信度，从而提高产品的销量。

虚假误导手法五：崇洋媚外。有些产品在宣传自己时，利用了一些人盲目崇拜西方技术的心理，说自己的产品获得某某国外机构的认证，美国人在吃，日本人在用，事实上这些产品根本在外国就没有销售！

虚假误导手法六：医托药托。在收看医药广告过程中你最好保持冷静，不要让媒体中的一张张流满泪水的脸所迷惑。有很多广告中的病例都是花钱雇来的“托儿”！

虚假误导手法七：食品、保健品当药卖。大家知道，保健食品在国家食品药品法里面规定约定：说明书上必须注明“本产品不能代替药品”。因此，保健食品只能起到保健作用，那些夸大功效的保健品无非是想捞点儿不义之财而已。

虚假误导手法八：起死回生。对于一些黑心的商人或医生来说，治什么病来钱最快也最容易呢？当然别人都治不了的病，如癌症。于是“他与死神擦肩而过”、“是谁把他从地狱夺回！”等一些乱七八糟的广告砸向那些正在为生命奔走的患者，然而，直到花光了所有的积蓄以致离开了人世有些人还没弄明白为啥自己的命这么苦！

思考题：

1．结合《广告法》的有关规定，对上述虚假医药广告进行分析。

2．查阅有关资料，思考虚假医药广告的成因及应对策略。

调查研究

1．调研主题：广告失范状况调查。

2．调研内容：选择某类产品，收集该类产品广告，对照相关的广告法规和条例，梳理广告传播中失范的表现形式，并思考应对策略。

3．调研要求：将班级分成若干小组进行调研，调研成果为调研报告，各小组可以将调研内容和报告制作成 PPT 进行汇报和交流。

4．调研评价：根据调研报告的内容质量和成果汇报交流质量进行评价。

第12章 新媒体广告

引导案例

2012年小米与新浪微博完美结合开展首单微博社会化网购，2012年12月21日，5万台全球首款28mm四核手机小米手机2新浪微博进行专场销售，2日内发货。活动过程为2012年12月19日—12月20日新浪微博预约，12月21日中午12点新浪微博开放购买！

活动规则：

1．5万台1999元16G小米手机2新浪微博专场开放购买，仅限新浪微博预约用户参与。预约、抢购、付款环节均在新浪微博平台完成，发货及售后由小米网负责。

2．每个微博账号仅限购买一台，填写完收货信息并生成订单即视为抢购成功。

3．支持微博钱包在线支付，请在预约后提前开户及预充值。请在下单后24小时内支付，小米网将参照支付顺序在2日内发货。

4．本次预约和抢购活动均支持PC和移动端（移动端只支持微博钱包余额支付）。

5．参与微博预约，即可拥有小米手机专属勋章。

预约时间：12月19日10点—12月20日24点

链接地址：http://e.weibo.com/2202387347/event/102505

最终，5分14秒5万台小米手机2已售罄，130万人预约、33万次转发、81万条评论。此次活动对于小米和新浪微博可谓优势互补，新浪微博开展一站式社会化团购为其带来了新的盈利模式，对于小米来讲，和新浪微博的合作几乎可以说没有任何弊端，它省去了在微博广告投放的费用，同时也没有硬推广给人的那种排斥性。更重要的是，这不仅仅是一个免费宣传，同时还能给小米带来销量。

➲ **辩证性思考**：如何发挥新媒体在营销传播中的作用？

本章学习目标

- 掌握新媒体广告的含义、形式及特点；
- 掌握网络广告的形式；
- 了解手机广告的主要形式；
- 了解虚拟广告的含义及分类；
- 了解新型电视广告的形式及特点。

关键术语

新媒体　网络广告　分类广告　搜索引擎广告　工具广告　微博广告　富媒体广告　手机广告　IPTV 广告　车载电视广告　楼宇电视广告

12.1　新媒体广告概述

12.1.1　新媒体广告的含义

新媒体是新的技术支撑体系下出现的媒体形态，如数字杂志、数字报纸、数字广播、手机短信、移动电视、网络、桌面视窗、数字电视、数字电影、触摸媒体等。相对于报刊、户外、广播、电视四大传统意义上的媒体，新媒体被形象地称为“第五媒体”。所谓新媒体广告，则是借助新媒体技术或载体进行的营销信息传播。

12.1.2　新媒体广告的特点

1．隐蔽性

新媒体的许多形式隐身于日常环境的各种空间、物体中，它最低限度地减少了与受众之间的抵触性，使广告同娱乐结合得更为紧密。

2．分众性

新媒体可以更有效地针对产品的消费群，加上一些新媒体属于主流媒体，信息传播率高，所以它能够很好地找到每个人单独的时间，通过这些零碎的时间，得到传统广告难以获取的好环境。

3．高科性

新媒体具有鲜明的时代个性与广泛的应用性，适合于不同场所，可以产生更好的视觉效果，具有生动性和真实感，具备了较好地表现商品的各种特性，使商品的广告大大降低了整个环节的成本，又充分提高了广告的传达率。

12.1.3 新媒体广告的形式

根据广告载体的不同，常见的新媒体广告有网络广告、虚拟广告、手机广告、新型电视广告等，这四种常见的新媒体广告将会在下面的内容中分别介绍。

12.2 网络广告

12.2.1 网络广告概述

1994 年 10 月 27 日是网络广告史上的里程碑。美国著名的 Hotwired 杂志推出了网络版的 Hotwired（www.hotwired.com），并首次在网站上推出了网络广告，立即吸引到 AT&T、Sprint、MCI、ZIMA 最初的 4 家买主，至此网络广告正式诞生。国内网络广告诞生于 1997 年 3 月，广告媒体是 IT 专业网站 ChinaByte，首批广告厂商是 Intel、IBM 等国际知名公司。网络广告（Internet Advertising）是指以 Internet 为传播媒介，通过一定的交互和互动的方式来发布和传播数字型广告信息的广告形式。

12.2.2 网络广告本质特征

网络广告的本质是向用户传递营销信息的一种手段，是对用户注意力资源的合理利用。相对于传统广告形式，网络广告有其自身的特点。从表面来看网络广告具有交互性、广泛性、针对性、表现形式多样、易统计等特点。在对网络广告现状进行充分分析研究的基础上，其具有更深层次的本质特征。

1．网络广告需要依附于有价值的信息和服务载体

用户为了获取对自己有价值的信息来浏览网页、阅读电子邮件或使用其他有价值的网

络服务如搜索引擎、微博等。网络广告是与这些有价值的信息和服务相依赖才能存在的，离开了这些对用户有价值的载体，网络广告便无法实现网络营销的目的。

2．网络广告的核心思想在于引起用户关注和点击

由于网络广告承载信息有限，因此难以承担直接销售产品的职责。网络广告的直接效果主要表现在浏览和点击，因此，网络广告策略的核心思想在于引起用户关注和点击。网络广告本身所传递的信息不是营销信息的全部，而是为吸引用户关注而专门创造并放置于容易被发现之处的信息导引。

3．网络广告具有强制性和用户主导性的双重属性

从理论上讲，互联网用户是否浏览和点击广告具有自主性，但越来越多的广告商采用强制性的手段使得用户不得不浏览和点击，如弹出广告、全屏广告、插播式广告、漂浮广告、浏览器插件广告等，而且现在广告商采用的强制性手段越来越多。目前对于广告所存在的强制性并没有形成统一的行业规范，更没有具有普遍约束性的法律法规，因此，网络广告的双重属性仍将继续存在下去。

4．网络广告应体现出用户、广告客户和网络媒体三者之间的互动关系

网络广告具有交互性，因此常被称为交互式广告。网络广告的交互性主要是从用户的角度来考虑，如一些富媒体广告用户可以根据广告中设定的一些情景做出选择；在即时信息广告时可以实时地和工作人员交流，但这并不能完全表示网络广告的交互性。事实上现在大部分的广告只是被动地等待用户的点击。

网络广告交互性的真正意义在于体现了用户、广告客户和网络媒体三者之间的互动关系。网络媒体提供高效的网络广告环境和资源，广告客户则可以自主地进行广告投放、更换、效果监测和管理，而用户可以根据自己的需要选择自己感兴趣的广告信息及其表现形式。现在搜索引擎营销中常用的关键词广告、竞价排名等形式已经初步显示了其价值。

12.2.3　网络广告形式

1．横幅广告（Banner）

横幅式广告一般放置在网页上的不同位置，在用户浏览网页信息的同时，吸引用户对广告信息的关注。横幅式广告有多种表现规格和形式，其中最常用的是 486*60 像素的标准标志广告，这种广告还有如横幅广告、全幅广告、条幅广告、旗帜广告等称呼。除了标准标志广告，早期的网络广告还有一种略小一点的广告，称为按钮式广告（Button），常用的

按钮式广告尺寸有 4 种：125*125、120*90、120*60、88*31。

2．关键词广告

关键词广告不同于基于网页发布的网络广告或 E-mail 广告，其所依附的载体是搜索引擎的检索结果。虽然关键词广告也是显示在网页上，但这个网页的内容和上面的关键词广告都不是固定的，只有当用户使用某个关键词检索时才会出现。

常见的依托搜索引擎的广告形式包括百度竞价排名广告、GoogleAdWords（关键词广告），以及部分搜索引擎在搜索结果页面的定位广告等。

相关链接

百度竞价排名的表现形式

当我们在百度搜索引擎检索信息时，在搜索结果页面部分检索结果后面会出现【推广】字样，这些标注了【推广】的信息就是百度的竞价排名推广服务。如图 12-1 所示，输入关键词“网络广告”时，推广的内容会出现在第一页的前面，但当某一类别的广告信息比较多时，则出现在搜索结果右侧单独列出的一列竞价广告信息中。

图 12-1　出现在搜索结果页面的竞价关键词广告

Google 的关键词广告

Google 的关键词广告一般出现在搜索结果的右侧，并在关键词广告上面标注了“广告”。对于一些热门的关键词广告，有时也会在自然搜索结果的上面出现一两项广告信息。比如，当用“网络广告”作为关键词进行检索时，会出现如图 12-2 所示的广告信息。

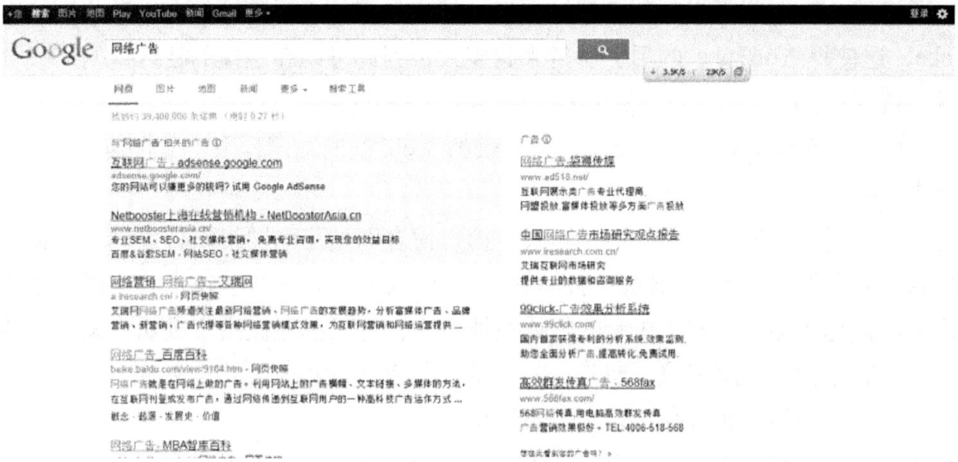

图 12-2　出现在搜索结果页面的 Google 关键词广告

3．分类广告

分类广告是网上信息发布的一种形式，在专业的分类广告服务出现以前，一些网络营销人员往往在网络社区中发布商业广告。不过一般社区并不欢迎大量的广告信息，因此在网络社区做广告必须具有一定的隐蔽性，而在分类广告区则可以光明正大地为产品和服务做宣传。

分类广告常见的发布途径包括专业的分类广告服务网站、综合性网站开设的相关频道和栏目，网上企业黄页，部分行业网站和 B2B 网站的信息发布区，网上跳蚤市场，部分网络社区的广告发布区等。一般来说，专业性的分类网站通常功能比较完善，分类比较全面，用户很容易在合适自己产品的类别发布广告。同样，用户查找信息也比较方便，从而保证了分类广告信息的效果。综合性网站的分类广告栏目可以从众多的网站访问者中吸引一部分人的注意，行业网站和 B2B 综合网站则容易直接引起买卖双方的关注，广告效果甚至略胜一筹。

4．社区型网络网站广告

2005 年之后，互联网领域发展最快的是各种 Web2.0 网站，尤其以美国社区网站 Myspace 和网络视频内容 YouTube 最为引人注目。2006 年 10 月 9 日，Google 宣布以价值 16.5 亿美元的股票收购美国著名视频娱乐网站 YouTube。此前，2005 年 7 月，美国新闻集团以 5.8 亿美元收购了美国最大的社区网站 Myspace。这两个站点拥有庞大的用户群体，用户每天通过 YouTube 观看视频数量超过一亿，越来越多的正规资源都会主动将资源上传到 YouTube，这使得 YouTube 的用户量越来越庞大，因此可以在这样的社区型网络投放形式各样的广告。

在国内，以博客和网络社区及微博为代表的 Web2.0 网站同样取得了快速的发展，涌现出一批有影响力的社区类网站。

博客广告是一种付费的网络广告形式，即将博客网站作为网络广告媒体，在博客网站投放广告，利用博客内容互动性的特性获得用户的关注。现在一些技术含量高、用户需要获取多方面信息才能做出购买决策的行业在博客广告方面已经做出了成功尝试，这些行业包括 IT 产品、汽车和房地产等。博客要有一定的知名度才能起到广告效应，现在一般名人博客或能帮到用户的专业博客具有较强的影响力。

微博，即微博客（MicroBlog）的简称，是一个基于用户关系的信息分享、传播及获取平台，用户可以通过 Web、Wap 及各种客户端组建个人社区，以 140 字左右的文字更新信息，并实现即时分享。最早也是最著名的微博是美国的 Twitter，根据相关公开数据，截至 2012 年 7 月 1 日，Twitter 的用户数已经突破 5 亿人次，达到 5.17 亿人次。2009 年 8 月中国最大的门户网站新浪网推出“新浪微博”内测版，成为门户网站中第一家提供微博服务的网站，微博正式进入中文上网主流人群视野。有报告显示，截至 2013 年 3 月底，新浪微博注册用户数增长到 5.36 亿人次。

微博广告就是在微博中嵌入自己产品或品牌及相关的信息，如图片、视频、声音。加入你要宣传的信息就是属于微博营销。单纯的微博营销的效果并不明显，必须配合其他的后续信息，让接受者能全面了解。

5. 工具广告

QQ、MSN 等即时信息（IM）获得了广泛的应用，已经成为常用的互联网服务，各主流网站对即时聊天工具都很重视。目前即时聊天工具的主要收益模式来自各种形式的广告，是网络广告一个非常好的载体。

目前主流聊天工具都支持多媒体广告，如美国在线 AOL 的即时通信工具 AIM 就在用户的联系人名单上显示 Banner 广告。Yahoo 则利用聊天工具将用户引导至他们的盈利服务，像中国用户使用量最大的即时聊天 QQ 也是如此。MSN 的用户可以下载皮肤，该皮肤在联系人名单和信息串钩有品牌广告，如可口可乐。同时，MSN 还通过视频聊天在缓冲时增加 7 秒钟的广告。除此之外，还可以利用 E-mail 开展各种形式的电子邮件式广告。

6. 富媒体广告

富媒体是指 2D 及 3D 的 Video、Audio、Java 及动画等组成的效果。除了提供在线视频的即时播放之外，内容本身还可以包括网页、图片、超链接等其他资源，与影音做同步的播出，大大丰富了网络媒体播放的内容与呈现的效果，因此称为富媒体。

富媒体天生就能有一种吸引力，能同时得到广告主和受众的青睐，它在乱糟糟的网络广告中非常醒目。尽管富媒体的价格在网络广告中是比较高的，但是影响力大，有时点击率比传统网络广告高几十倍。由于可以结合所有广告形式，富媒体具有极强的表现力，几乎可以达到电视的表现效果，为创意人员提供了极大的发挥空间。

富媒体的接触方式不仅吸引了访问者的注意力，并实现受众与广告的互动，同时也帮助企业树立正面的品牌形象，营造有趣的媒体环境。

12.3 虚拟广告

12.3.1 虚拟广告概述

关于虚拟广告的定义，不同的组织有不同的描述。例如，欧洲广播联盟认为虚拟广告是采用电子图像系统通过对电视画面中的赛场广告替换、添加来修改电视信号的商业行为。澳大利亚广播局认为虚拟广告是把通过计算机处理的 Logo 或广告图像插入直播的赛事中的行为。国际足联认为虚拟广告是通过计算机技术对图像进行相应处理，以及为了把广告信息插入通过电视或网络传输的信号中，而替换图像中不同元素的行为。

因此，虚拟广告对电视终端来讲不占用广告时段，不截断播出节目，不遮盖电视画面。而对于个人终端来讲具有较强的互动性，还可以融入虚拟环境。除此之外，虚拟广告具有融广告载体模型于拍摄场景之中，融广告宣传于节目（游戏）内容之中的特点，并且企业虚拟广告还可以提高广告目标受众到达率，增强观众广告收视有效性。

12.3.2 虚拟广告分类

1. 电视虚拟广告

在一些大型体育比赛或其他节目的现场直播过程中，电视台（或转播方）利用虚拟现实技术，把客户的广告插入到现场环境中而代替赞助商的广告牌，这种广告播出方法即为电视虚拟广告。这种方法插入的广告牌可以随着摄像机的推拉摇移跟升降角度的变换使得广告牌的透视角度具有强烈的现场感。

2．网络游戏虚拟广告

网络游戏虚拟广告是一种以大型线上游戏的固定用户群为基础，通过固定的条件允许，在游戏中适当的时间、适当的位置上出现的广告。游戏运营商通过买卖虚拟物品，在游戏中出售冠名权及虚拟广告位获利。举例来说，目前好多人在玩 CS，可以利用视频插入技术，将制作的视频或图片广告插入 CS，CS 玩家在玩游戏时可以看到该广告，这种形式的广告和 CS 即时动画一起运动，感觉是 CS 场景的一部分。

12.4 手机广告

12.4.1 手机广告发展背景

目前，我国的移动电话用户总数已居世界首位。中国电信和中国移动官网公布的数据显示：中国电信手机用户数量在 2012 年 2 月升至 1.323 亿户，包括 4 115 万的 3G 用户；中国移动用户规模达到 6.614 亿户，包括 5 658 万 3G 用户。而中国联通在 2012 年 3 月 15 日提交给港交所的文件中称，公司拥有 1.601 亿的 2G 手机用户及 4 590 万的 3G 用户。三者相加，中国手机用户已达 9.997 亿。三网融合的大趋势背景下，手机成为与电视，计算机一样重要的媒体终端。人们通过手机不仅可以通话，还可以上网浏览、收发 E-mail、游戏娱乐、订购商品与服务等。手机已不仅是现代通信工具，而成为一个移动媒体。

随着网络科技的创新，彩信、Wap 等一些新的技术得到广泛应用，手机的通信功能渐渐被淡化，娱乐游戏、网络社区、信息服务等附加功能不断增加，继手机上网、手机游戏之后，手机小说、手机报纸、手机电视、手机电影等新业务都已出现，手机正在改变人们的生活。

移动广告业务的亮点在于把移动电话和广告结合起来，形成客户、商家和运营商三方受益的局面。

一方面，手机作为一种新型媒体，广告公司和商家通过移动通信网络发布广告信息，广告效果好，针对性强，信息的抵达率几乎可至 100%，是一种行之有效的经营方式和促销手段。

另一方面，对于移动公司来说，移动广告业务使网络承载的业务量大为增加，在获得丰厚业务收入的同时还提高了网络利用率。

12.4.2 手机广告发展现状

现阶段手机广告仍处在市场导入期，产业链尚未成形，发展模式尚未明确。目前，中国移动通信公司和中国联通公司都还没有对外开放广告发布业务，主要是一些小规模的公司在提供短信广告（SMS 广告）业务。并且，手机广告的市场接受度较低；对很多用户来说，手机广告属于垃圾信息。国家对于手机广告的地位尚无明确规定；因短信诈骗事件而对短信广告加强限制，手机短信的效果评估尚无有效的体系。

虽然手机广告的发展存在一些问题，但其一些鲜明的特点对于广告投放者来讲非常具有吸引力。因为手机广告的载体手机之类的移动媒体都具有个性化特点，可以说，移动媒体不是面向大众，而是面向个人。通过移动媒体，传受双方可以相互实施影响。对于一则广告，消费者可以使用移动电话、短信、邮件、登录网站等形式向广告商作回应，甚至还会将广告转发给自己的朋友们，形成所谓病毒式营销，还可以在正确的地点和时间锁定目标用户，例如，当一位顾客从麦当劳餐厅旁边经过时，麦当劳可以用短信形式向他发出一张炸薯条免费券。广告主可以选择用户感兴趣的或能够满足用户当前需要的信息，确保消费者所接受的就是他所想要的信息。通过对广告的成功定位，广告主就可以获得较高的广告阅读率。

12.4.3　手机广告的主要形式

1．短信广告

短信广告是现阶段手机广告的主要形式，因为其发布费用低廉。例如，1 万条 1 000 元，即每个用户每次 0.1 元/条，如果数量巨大，更会有相应的折扣产生。短信广告低廉的发布费用成为其一大不可比拟的优势。而且，短信广告只需要根据要传播的广告信息编辑相应的短信内容便制作完成。短信广告到达率和阅读率也非常高，短信一旦发出，基本上可以百分之百到达对方手机当中，当然随着手机的智能化，有些短信会被自动屏蔽，这也成为制约其发展的因素之一。

2．彩信广告

为了使得短信广告的效果更好，内容更为生动，表现形式更加丰富，便出现了彩信广告，但其费用高于短信广告，对于制作和接收要求都更高。

3．视频广告

随着手机的不断普及，以及移动网络的发展，需要更加生动、互动性更强的形式来展示手机广告。视频广告表现形式丰富、个性化及高接受度的特点将会成为未来手机广告发展的方向。

12.5 新型电视广告

12.5.1 IPTV 和 IPTV 广告

1. IPTV 概述

IPTV 即交互式网络电视，是一种利用宽带有线电视网，集互联网、多媒体、通信等技术于一体，向家庭用户提供包括数字电视在内的多种交互式服务的崭新技术。用户在家可以通过 3 种方式享受 IPTV 服务：① 计算机；② 网络机顶盒+普通电视机；③ 移动设备（手机、平板等）。

IPTV 的特点有以下 4 点：一是用户可以得到高质量数字媒体服务；二是用户可有极为广泛的自由度选择宽带 IP 网上各网站提供的视频节目；三是实现媒体提供者和媒体消费者的实质性互动；四是为网络发展商和节目提供商提供了广阔的新兴市场。

2. IPTV 广告

IPTV 广告将传统电视媒体和网络媒体的传播优势相结合，解决了过去传统模拟电视和数字电视广告分频、定时、单向传播的问题，使广告主在广告策划和广告运作上有更大的创造和选择空间。

12.5.2 车载电视广告

1. 概述

车载电视是通过无线数字信号发射，地面数字设备接收的方式，进行电视节目的播放和接收。载体包括火车、公交车、出租车、轮船等移动交通工具。

播放的内容主要包括站点内容介绍、公交形象广告、服务用语 Flash，喜剧小品、流行 MTV，儿童动画和近期上映的国内外大片的精彩预告等，可循环播放。

车载电视的功能已经由提供简单的 VCD 播放提升到 DVD 音响视觉效果，原来的 CRT 显示器正逐渐被更轻更薄的液晶显示器替代，有些产品已经与卫星导航系统融为一体。

2. 车载电视广告的特点和优势

(1) 高关注度

车载电视使乘车的过程充满了乐趣，并且由于其传播方式的强制性，使得受众接触和收看车载电视的时间较长。

（2）高到达率

车载电视媒体有效到达率在 90%以上，并且在车身狭小和相对封闭的空间，观众对播放内容错过的概率相对较低。

（3）低传播成本

车载电视广告的价格是电视台电视广告平均价格的 10%左右。

（4）受众的更集中

相对其他电视媒体，车载电视系统的观众与企业的目标消费人群更接近。

总之，车载电视广告具有很好的发展空间，遍布全国的各种交通线路搭建了强大的传播网络；良好的收视条件与时间、无干扰的媒体环境创造了几乎 100%的到达率。但其也存在一定的缺点，例如，由于周围环境太吵，声音有时不起作用，信息传达不完整，广告效果也会打折扣；乘坐公共汽车的流动人群大多是这个城市最普通的人，购买力有限。

当然，随着技术的发展，车载电视可以通过配置耳机、电视屏幕个人化等措施来保障人们对电视节目和广告的选择权，但这需要相当的资金，运作成本会大幅提高。

12.5.3　楼宇电视广告

1．概述

楼宇视频媒体最先是由 Captivate Network Inc.在北美及加拿大创立的一种新媒体形式，2002 年开始在中国出现。经过几年的发展，国内楼宇电视广告已辐射到主要城市绝大多数的楼宇电梯、大卖场、连锁超市等，形成了一个规模颇大的广告媒体平台。到 2005 年 9 月底，国内两大巨头分众传媒和聚众传媒占据了国内楼宇电视广告的主要市场份额，分众传媒的商业楼宇联播网已经覆盖全国 54 个城市，共拥有 35 000 个显示屏，聚众传媒覆盖全国 43 个城市，拥有 25 000 多个显示屏。2006 年 1 月，分众传媒并购聚众传媒，成为国内最大的楼宇电视广告媒介公司，控制了国内 75 个城市的楼宇电视广告市场。

2．楼宇电视广告的特点

- 更有效地拉近与受众的距离，无孔不入的信息传播方式。
- 精准到达目标受众，受众价值相对较高。
- 受众相对传统户外广告媒体而言更精确，相对传统电视广告而言又更广泛。

强制传播，受众注意力更为集中。（根据第三方调查机构的数据，在接触频率调查中，“每次乘坐电梯都会收看”的比例高达 45%。）

3．楼宇电视广告的优势

（1）环境相对封闭

当人们进入楼宇之后就进入了一个相对封闭的环境当中，它不像户外的其他广告媒体，如建筑物、公交车上的广告，只是周围环境的一点装饰，除了建筑物和公交车之外人们还有很多观看的选择，而楼宇广告有它自身相对独立、整体的环境，甚至可以说是其构成了周围的环境。因此相对于其他的户外广告拥有更高的关注度，自然有更高的回忆率。

（2）目标受众相对比较固定

楼宇广告的受众相对比较固定，广告对该楼宇内的相关人员有较稳定的传播效果。

随着越来越多数字设备的出现和网络状况的改善，人们利用各种终端设备在各种场合都能获得想要的内容，新媒体的发展是科技发展和人们需求提升的必然结果。在这种形势下，广告投入和消费者的注意力都在向新媒体转移。新媒体的前景是美好的，走在信息大潮前列的新媒体，必将为广告业带来更为丰厚的回报。

本章小结

- 新媒体是新的技术支撑体系下出现的媒体形态，如数字杂志、数字报纸、数字广播、手机短信、移动电视、网络、桌面视窗、数字电视、数字电影、触摸媒体等。相对于报刊、户外、广播、电视四大传统意义上的媒体，新媒体被形象地称为“第五媒体”。所谓新媒体广告，是指借助新媒体技术或载体进行的营销信息传播。新媒体广告具有隐蔽性、分众性和高科性等特点。根据广告载体的不同，常见的新媒体广告有网络广告、虚拟广告、手机广告、新型电视广告等。
- 网络广告是指以 Internet 网络为传播媒介，通过一定的可交互和互动的方式来发布和传播数字型广告信息的广告形式。网络广告的本质是向用户传递营销信息的一种手段，是对用户注意力资源的合理利用。相对于传统广告形式，网络广告有其自身的特点。从表面来看网络广告具有交互性、广泛性、针对性、表现形式多样、易统计等特点。网络广告的形式主要包括 Banner 广告、关键词广告、分类广告、社区型网络网站广告、工具广告、富媒体广告等。
- 虚拟广告是采用电子图像系统通过对电视画面中的场景广告替换、添加，进行修改电视信号的商业行为。虚拟广告对电视终端来讲不占用广告时段，不截断播出节目，不遮盖电视画面。而对于个人终端来讲具有较强的互动性，还可以融入虚拟环境。

除此之外，虚拟广告具有融广告载体模型于拍摄场景之中，融广告宣传于节目（游戏）内容之中的特点，并且企业虚拟广告还可以提高广告目标受众到达率，增强观众广告收视有效性。虚拟广告的形式包括电视虚拟广告和网络游戏虚拟广告两种。

- 移动广告业务的亮点在于把移动电话和广告结合起来，形成客户、商家和运营商三方受益的局面。一方面，手机作为一种新型媒体，广告公司和商家通过移动通信网络发布广告信息，广告效果好，针对性强，信息的抵达率几乎可至 100%，是一种行之有效的经营方式和促销手段；另一方面，对于移动公司来说，移动广告业务使网络承载的业务量大为增加，在获得丰厚业务收入的同时还提高了网络利用率。手机广告的形式主要有短信广告、彩信广告及未来可能大行其道的视频广告。
- 新型电视广告的主要形式有 IPTV 广告、车载电视广告、楼宇电视广告等。

专论 12　Focus

媒体融合背景下的微电影广告

最近几年，互联网的快速发展，尤其是移动互联网的广泛应用及智能手机等新兴终端的普及，各种媒体资源的有机整合呈现加速态势。媒体融合是时代发展的必然要求，也是多种客观因素的综合作用。广告作为一种依托信息传播而生存和发展的行业，对媒体环境的变化极为敏感。媒体环境的新变化必然会带动广告传播形式的变化。微电影广告虽然不能说是新媒体环境下最适宜的广告形式，但它有独特的发展优势，会给整体广告业带来强劲的推动力和新的增长点。

微电影（Micro Film），又称微影，是继微小说、微博之后又一依托网络环境而盛行的新生事物，2010 年凯迪拉克推出《一触即发》作品，首次正式提出了这一概念。微电影广告则是伴随微电影的广泛传播而催生的新型广告形式，通常指播放时长在 5～50 分钟，采用电影的创作、拍摄和表现手法，具备电影情节和特征，直接或间接宣传某个特定品牌或产品的短片。几乎所有著名的微电影作品都是由广告主投资拍摄的，直接或间接具有广告目的。正是由于微电影广告与微电影的这种联系，造成了微电影和广告之间产生了一种天然的伴生关系。微电影广告一般有两种产出方式：第一，由专业的团队进行剧本的创作和电影的拍摄，而品牌或产品广告多以植入的方式放置其中，成为电影的一部分，没有明显的广告痕迹，以《老男孩儿》为代表；第二，由广告主提出、广告公司策划并拍摄，以推广品牌或产品为目的，带有浓重的广告色彩，以《一触即发》为代表。

在媒体融合的新环境下，微电影广告具有以下特征。

1．内容的“微”特征

“微时”（30～300秒）放映、“微制作”（1～7天或数周）和“微投资”（几千至数万元）是微电影广告最基本的三个特征。

2．平台的新型化

在传播平台上，微电影广告具有鲜明的特色，它有别于传统广告的传播渠道，而是采用互联网、移动终端等新媒体平台进行传播。

3．专业性与草根性并举

一方面，从策划到剧本的创作再到拍摄和发布，微电影广告吸引了越来越多的专业团队进行运作；另一方面，随着门槛的降低和拍摄器材的普及，越来越多的“草根”阶层加入到微电影的创作大军中。

4．时效性强

由于微电影广告制作周期短，片长短，信息量有限，作品大多紧扣时事热点，几乎无法提供让人长久保持兴趣的信息，因此微电影广告具备极强的时效性。

5．注重互动

微电影广告与新媒体紧密结合，它改变了传统媒体单向传播、以点向面传播的模式，具有双向传播、交互传播的特点。特别是与微博等社交网站的结合，使其从创作到推广，都能与受众保持高度互动，实现了信息传播的主动性。

当然，微电影广告从诞生至今不过短短几年时间，理论研究明显滞后于业界的实务应用，难免存在制约其发展步伐的诸多问题。

1．界定模糊，过度广告化

微电影广告虽备受热捧，发展迅速，但一些概念的界定还很模糊，并未达成共识。目前微电影广告过度广告化趋势很严重，诸多打着微电影广告旗号的作品，却毫无电影的特征，通篇只有大量的广告堆砌。例如，名义上号称微电影、由英特尔投资、王珞丹出演的《超级本来了》，全片仅仅搬弄几个场景和大片儿桥段，生硬地呈现英特尔的广告。出现过度广告化趋势的原因主要是投资方约束过多，导致创作自由度受限；另外，创作团队思维僵化，不能很好地领会微电影广告的本质，导致作品跳不出旧有窠臼，也是一个不能忽视的原因。

2．泥沙俱下，低质量作品泛滥

一方面，由于许多人看好微电影广告的发展商机，且制作成本低廉，出现了扎堆儿追风的现象；另一方面，微电影广告发展时间尚短，还处于监管盲区，因此导致这种泥沙俱下、低质量作品泛滥的局面，甚至于诸多微电影广告的思想性和价值观都存在较大的偏差，需引起足够的重视。

3. 协同程度不高，规模效益差

当下，受众的分众化趋势日益凸显，传统广告那种通过单一媒体自上而下、灌输式的线性传播显然不合时宜。然而，很多所谓的媒体融合只是媒体形式上的聚合，在本质上还是各自为营，一些相对弱势的媒体，往往被当做补充角色，既没有发挥应有的作用，也没有在利益分配上得到公平对待。在这样的媒体环境下，就造成了微电影广告的传播协同程度不高，也就无法获得规模效益。

4. 公关介入太强

就现状而言，微电影广告常常借助公关活动大肆宣传，而传媒的过度渲染，让微电影中原本隐形的商业目的昭然若揭，这样一来，观众从电影里获得的期待和效果就会大打折扣，且很容易产生抵触情绪。公关介入性太强，导致广告目的过于明显，反而降低了传播效果。

5. 电影定位与广告目标脱节

微电影广告具备电影和广告的双重属性，虽然这一特性给微电影广告的传播带来了许多帮助，但是如果处理不好两者的平衡，不但不能创作出好的作品，反而会使广告效果大打折扣。许多微电影广告都出现了“顾此失彼”的情况，要么过于偏重电影的艺术性，导致品牌信息过于含蓄，要么过于注重传递品牌或产品的信息，导致作品生硬别扭，更有甚者，有些微电影主题和品牌定位根本就是背道而驰的。

总之，微电影广告尚处于起步阶段，虽发展势头迅猛，但所面临的瓶颈也不容乐观且不可忽视。微电影广告如何避免走传统广告的弯路，在媒体融合的大环境中探索出良性发展的特色道路，为新媒体广告领域提供示范和借鉴，是需要进一步探索和面对的核心问题。

（资料来源：康初莹．媒体融合背景下的微电影广告发展探讨[J]．新闻界，2012(15)：45-49.）

问题理解

1．新媒体广告的形式有哪些？

2．网络广告主要有哪些基本形式？

3．简述虚拟广告的原理。

4．手机广告的形式有哪些？

5．新型电视广告有哪些形式？

6．阅读专论12，研究我国微电影广告的发展策略？

案例分析

1．凯迪拉克“二维码，双屏互动”新媒体广告在众商家的应用

凯迪拉克利用二维码、HTML5技术在新浪首页打造了“用手机遥控试驾计算机屏幕上的凯迪拉克”病毒应用。网友只需用手机二维码软件扫描页面上的二维码，新浪首页便会出现一辆红色的凯迪拉克。此时，手机终端跳转至HTML5技术制作的Wap页面，用户可将手机当做PS3游戏中的手柄，控制计算机屏幕上的红色凯迪拉克运动轨迹，在新浪首页上任意驰骋。

2．可口可乐“加入中国节拍”

将“节拍”作为助威的行动，凝聚“全中国的节拍”一起为奥运中国军团助威。可口可乐引入奥运及品牌专属的相关音效，并将其与愤怒的小鸟游戏、百度网页App和CNTV直播窗口结合，所有上传自己的节拍的消费者，都会收到感谢视频和随时更新活动近况短信。

3．大杨创世“微信摇西服”

每天YOUSOKU和网友同时摇手机，被YOUSOKU官方微博摇到的第一位网友可获得西装一套，同时为活动制作的创意视频和趣味话题图片在社会化媒体上传播，有趣的参与方式和“摇中即得”的惊喜刺激增加了网友与官方微博的黏性。

4．卡地亚“奥德赛”

15年没有制作过品牌形象短片的卡地亚，在今年推出了3分半钟史诗微电影：《卡地亚奥德赛》。作为奢侈品不多的社交媒体营销主，卡地亚整合其优酷空间和新浪微博，引导微电影线上传播。

思考题：思考四则案例所反映的新媒体营销传播的特点。

技能训练

1．实训项目一：浏览相关网站，了解当前我国网络广告的发布形式。

2．实训项目二：根据网络广告受众对网络广告的认识和当地的中小企业开展网络广告

情况，撰写调查报告。

要求：由指导老师组织，将班级分成若干组，分别对网络广告受众和当地的中小企业开展网络广告情况进行调研，设计调查问卷，并实施实地调研。根据调研的数据，分别撰写调查报告。

参考文献

[1] 何修猛．现代广告学（第七版）[M]．上海：复旦大学出版社，2012．
[2] （法）路克 · 杜邦．1001 个广告法则[M]．赵静，译．北京：中国华侨出版社，2012．
[3] 黄升民，杜国清，邵华冬，等．中国广告主营销传播趋势报告[M]．北京：社会科学文献出版社，2011．
[4] 符绍强．央视广告营销策略[M]．北京：中国广播电视出版社，2011．
[5] 张金海，余晓莉．现代广告学教程[M]．北京：高等教育出版社，2010．
[6] 陈刚．网络广告[M]．北京：高等教育出版社，2010．
[7] 吴柏林．广告策划实务与案例[M]．北京：机械工业出版社，2010．
[8] 黄合水．广告研究经典案例[M]．厦门：厦门大学出版社，2010．
[9] 李政敏．广告实务（第二版）[M]．大连：大连理工大学出版社，2009．
[10] 俞雷．觉醒的时代[M]．北京：中信出版社，2009．
[11] 董天策．新闻公关广告之互动研究[M]．广州：暨南大学出版社，2008．
[12] 朱海松．手机媒体[M]．广州：广东经济出版社，2008．
[13] IAI 中国广告作品年鉴 · 2008[M]．北京：中国传媒大学出版社，2008．
[14] 李宗诚．广告文化学[M]．郑州：郑州大学出版社，2008．
[15] 陈培爱．中国广告案例精解[M]．厦门：厦门大学出版社，2008．
[16] 陈正辉．广告伦理学[M]．上海：复旦大学出版社，2008．
[17] 方茜．广告创意[M]．上海：上海交通大学出版社，2008．
[18] 马谋超．广告心理学[M]．北京：中国市场出版社，2008．
[19] 郭庆然，吴磊．广告理论与实务[M]．北京：对外经济贸易大学出版社，2008．
[20] 黄合水．广告心理学[M]．北京：高等教育出版社，2007．
[21] （美）杰里米 · 莱特．博客营销[M]．洪慧芳，译．北京：中国财政经济出版社，2007．

反侵权盗版声明